赵宏林 著

获聊城大学科研基金资助

清末民初山东知名教育家研究

中国社会科学出版社

图书在版编目(CIP)数据

清末民初山东知名教育家研究/赵宏林著.—北京:中国社会
科学出版社,2013.6
ISBN 978 - 7 - 5161 - 2909 - 8

Ⅰ.①清… Ⅱ.①赵… Ⅲ.①教育家—人物研究—山东省—
近代 Ⅳ.①K825.46

中国版本图书馆 CIP 数据核字(2013)第 148641 号

出 版 人　赵剑英
责任编辑　郭　鹏
责任校对　韩海超
责任印制　戴　宽

出　　　版　中国社会科学出版社
社　　　址　北京鼓楼西大街甲 158 号(邮编 100720)
网　　　址　http://www.csspw.cn
　　　　　　中文域名:中国社科网　　010 - 64070619
发 行 部　010 - 84083685
门 市 部　010 - 84029450
经　　　销　新华书店及其他书店

印刷装订　三河市君旺印装厂
版　　　次　2013 年 6 月第 1 版
印　　　次　2013 年 6 月第 1 次印刷

开　　　本　710×1000　1/16
印　　　张　12
插　　　页　2
字　　　数　209 千字
定　　　价　46.00 元

目　　录

序言 ……………………………………………………………… （1）

引言 ……………………………………………………………… （1）

第一章　王朝俊 ………………………………………………… （9）

　第一节　求学岁月 …………………………………………… （9）

　第二节　教育活动 …………………………………………… （13）

　第三节　教育思想 …………………………………………… （20）

第二章　鞠思敏 ………………………………………………… （29）

　第一节　求学与革命 ………………………………………… （29）

　第二节　投身教育 …………………………………………… （35）

　第三节　教育思想 …………………………………………… （43）

第三章　王世栋 ………………………………………………… （52）

　第一节　求学经历 …………………………………………… （52）

　第二节　致力教育 …………………………………………… （58）

　第三节　教育思想 …………………………………………… （72）

第四章　范炳辰 ………………………………………………… （82）

　第一节　求学经历 …………………………………………… （82）

　第二节　教育活动 …………………………………………… （84）

　第三节　教育思想 …………………………………………… （96）

第五章　丛涟珠 ………………………………………………… （103）

　第一节　留学与革命 ………………………………………… （103）

　第二节　教育活动 …………………………………………… （108）

　第三节　教育思想 …………………………………………… （115）

第六章 曹兰珍 ……………………………………………… （119）
　第一节 求学经历 ……………………………………… （119）
　第二节 教育活动 ……………………………………… （122）
　第三节 教育思想 ……………………………………… （133）

第七章 清末民初山东知名教育家特征剖析 ……………… （138）

第八章 清末民初山东知名教育家历史地位评析 ………… （148）

参考文献 …………………………………………………… （159）
附录《鸿泥自忆》 ………………………………………… （164）
后记 ………………………………………………………… （182）

序　言

　　山东是孔孟的故乡，民众的传统观念意识比其他地域更加根深蒂固，故其近代化历程亦更为艰难。就教育而言，山东教育的近代化起步较晚，且发展缓慢。它始于 1889 年成立的威海卫水师学堂，但此后便停滞不前，直至清末，山东巡抚袁世凯建立山东大学堂，它才进入新的发展阶段。又在继任巡抚周馥的主持下，新式学堂普遍建立，其近代教育呈现出新的景象。民国建立后十数年，由于种种原因，山东教育改革又陷入低谷，落后于全国许多省份。《清末民初山东知名教育家研究》以王朝俊、鞠思敏、王世栋、范炳辰、丛涟珠和曹兰珍六位山东知名教育家为中心，对清末民初山东教育的起起伏伏作一梳理，无疑有益于深化对其近代化历程的认识。

　　在借鉴已有研究成果的基础上，该书将个案探讨与整体评析相结合，既分别介绍了王朝俊、鞠思敏等六位知名教育家的生平事迹，又对他们作了宏观的群体透视。在广泛、深入挖掘资料的基础上，作者对这六位知名教育家的求学经历、教育思想及活动作了较为全面和深入的考察，更为完整地揭示了他们的人生历程与业绩。作者又从特征及其异同等方面作了总体剖析，并从各个角度探讨了他们在山东教育史上的地位及贡献。通过人物研究的视角，对上述颇具代表性的教育家作专题论析，文章较为客观地展现了清末民初山东近代教育兴起发展的历程。

　　这些人物在山东教育改革中有着共同的追求，体现了共性的一面，同时又因经历和其他因素而存在着差异。该书对这些同异作了剖析，提出了自己的见解，由此更深入地揭示了这些知名教育家及其山东教育改革的复杂面相。例如，这几位教育家均是从封建旧式知识分子蜕变而来的接受过新式师范教育的新型知识分子。作者通过分析他们的求学经历，剖析了他们的思想倾向，认为他们深受传统文化，特别是儒家文化影响，有着深厚的文化底蕴，而他们对封建教育的弊端又有着深刻的体会和认识，并由此萌生了变革的想法。这些对他们办学的指导思想，产生了直接的影响，如王朝俊的"先养后教"、"政教养合一"，王世栋的"法治"，等等。同时，作者又剖析了他们的不同之处，例如，王朝俊与鞠、王、范、曹四人不同，极力推崇中国传统文化，主张复兴以孝悌为中心的伦理文化，并融合西方的民主和科学观念，予以改造，赋予其时代内涵。但是，他对"五四"所重点宣传的马克思主义则持保守，甚至抵牾的态度。诸如此类的论析，进一步深化了对这些教育家的认识，也由此对山东教育变迁的概貌有了更具体的了解。

作为处于社会变革时代的知识分子，他们并非仅仅局限于传统教育领域，而是从更广的视野关注各项社会事业和重要问题。作者注意到这一特征，对他们在变革政治、革新文化、改良风俗、改善民生等方面的作为，亦作了较为详细的探讨。如认为他们是山东辛亥革命的重要发起者和推动者，在策划和推翻清山东政权的武装斗争中作出重要贡献；他们又是民初山东政治民主运动的主要倡导者、参与者和领导者，在抵制专制、争取民主的斗争中作出了诸多努力，推动了山东政治民主化的进程。其他如推动新文化在山东的传播，编写与研究地方志，倡导移风易俗，改善民生，维护社会稳定等，均卓有功效。这些探讨，不仅丰富了对王朝俊、鞠思敏等人的了解，而且揭示了这个特殊时代教育家的思想特征。

作为教育家，他们大半个人生都奉献给了教育事业，为山东教育的发展作出了显著的贡献。作者对他们推进山东教育的近代化进程，一定程度上改变了山东教育的落后局面，缩短了与先进省份的差距等重要业绩，作了充分肯定。此外，作者还注意分析他们的性格与教育实践及其成就的关系，对他们涉及家庭教育、基础教育、中等教育和师范教育等各层级和种类的教育教学主张，亦作了较为详细具体的探析。这些探讨，不仅较为完整地揭示了他们的思想和实践的全貌，而且折射了清末民初山东教育发展演变的状况，给读者提供了一幅简明扼要的缩影。

概而言之，该书虽篇幅不大，但亦颇有创获，对山东教育史的研究有着一定的学术价值。作者曾从事近代中外关系史研究，用功颇勤，现克服种种困难完成该著，体现了作者崇尚学术的可贵精神。然由于新近转到教育史领域，如作者自己所言，对教育学的相关理论的把握仍有不足。这一不足，不免使得理论剖析不够透彻，从而影响到对某些问题的深入认识。由于资料收集和挖掘仍不够广泛，对某些重要人物如于丹绂未能纳入研究计划，不能不说是一大缺憾。其他如论述的严谨，内容的详备，等等，亦有待改进和充实。相信作者在此基础上继续努力，进一步完善这一研究，取得更为显著的成绩。

李育民

2013 年 1 月于长沙

引　言

这是一本薄薄的小册子，它扼要探讨了清末民初山东知名教育家中的杰出代表王朝俊、鞠思敏、王世栋、范炳辰、丛涟珠和曹兰珍六人的求学经历、教育活动和教育思想，在借鉴已有研究成果的基础上，剖析了他们的群体特征，并对他们的历史功绩做了评价。

（一）

从历史学的角度看，人作为社会历史中的个体，他的活动自然被置于他所生活的宏观的社会和历史时代中。换言之，个体是无法离开他所生活的特殊的社会和历史条件而存在的。19 世纪末 20 世纪初的中国政局动荡，经济萧条，灾难深重。当源于山东的义和团运动席卷京津时，英、美等列强为维护在华的既得利益，并且趁机"火中取栗"扩大侵华权益，悍然出兵攻陷北京。慈禧太后裹挟光绪皇帝仓皇逃离京师，途中不但下令屠杀义和团民，而且旨令李鸿章和庆亲王奕劻尽快与帝国主义各国进行议和谈判。各列强经过激烈的分赃争吵，终于在 1901 年 9 月达成妥协，强迫清政府签订《辛丑条约》。八国联军的侵略和《辛丑条约》的签订给中国带来空前的灾难，从此这个有着数千年悠久历史文化传统的国度完全陷入了半殖民地半封建社会的深渊。

义和团运动被中外反动势力无情地绞杀了，但是英勇无畏的中华儿女的反帝反封建的斗争并未终结。以孙中山为首的资产阶级革命党人高举民主、共和的旗帜在南方各地掀起一波又一波的武装斗争，成为清末反清斗争的主体力量。1905 年，孙中山联合黄兴、宋教仁等人，以兴中会和华兴会为基础，在日本东京成立近代中国第一个全国性的资产阶级革命政党——同盟会，提出了"驱除鞑虏、恢复中华、创立民国、平均地权"的革命纲领。为宣传这一革命纲领，发展革命力量，革命党人在留日学生中积极活动的同时，还在国内创办学校，暗中从事革命活动。很快，全国各地涌现出大量由革命党人以各种名义创办的学校。这些学校的创建，不仅有力地推进了资产阶级革命运动的发展，而且在中国近代教育史上留下了值得浓墨重彩的一页。

处于内忧外患中的清王朝仍想苟延残喘，重拾改革是这个末日王朝的最高统治者所能找到的能延长其寿命的唯一途径。当李鸿章、奕劻还在和列强进行艰难的谈判之时，慈禧太后就迫不及待地下令变法，宣布参酌西法，实施新政。1901 年到 1905 年期间，清廷的所谓新政逐步展开。教育改革是其中的一项重要内容，包括"废科举"、"设学堂"、"奖游学"三项主要内容。1901 年 9 月，清廷命令各省城书院改为大学堂，各府及直隶州改设中学堂，各县改设小学堂，并多设蒙养学堂。1902 年 8 月，颁布由管学大臣张百熙等官员主持拟定的《钦定学堂章程》。1904 年 1 月，清廷又颁布了由张百熙、荣庆和张之洞主持拟定的《奏定学堂章程》，形成了近代中国第一个由中央政府颁布并实施的全国性法定学制系统——癸卯学制。1905 年 9 月，清廷宣布废除科举，中国历史上延续了 1300 多年的科举制度寿终正寝，科举取士与学校教育实现了彻底的脱钩。1901 年 9 月，清政府正式要求各省选派学生出洋，对学有成效者，给予奖励。1902 年，外务部制定《出洋游学办法章程》，除由政府派遣大批官费生外，并鼓励自费留学。《章程》颁布后，中国大地出现了一股留学热潮。

山东，孔孟的故乡，儒学的发祥地，虽有着深厚的儒家文化底蕴，但在清末的狂风骤雨中，不能不受到影响。义和团运动虽然起于山东，但它的势力并未在这里得到充分发展，其活动能量远不像在天津、北京那样大。这主要是因为袁世凯上任山东巡抚后没有执行清廷对义和团招抚的政策，相反，他采取了严厉限制、绞杀、驱赶的措施，使义和团无法在山东境内继续立足而转向京津。客观地说，这一政策对维护山东局势的稳定，避免义和团盲目排外的狂热行为造成严重破坏具有积极意义，为以后的各项改革提供了有利的外部环境。富有改革思想的袁世凯是清末新政的积极响应者，正是他揭开了清末山东教育改革的帷幕。在清廷颁布新政诏书不久，他就立即上奏，提出新政管见，并将泺源书院改为山东大学堂。山东大学堂设立的重大意义在于它"开山东清末教育改革之端始"。尽管它仍设有四书、五经，并保留了许多封建管理形式，但由于它从根本上否定了 2000 多年来学校教育"皆所以明人伦"的教育目的，使学校教育与社会对人才的需求紧密联系，从此，学校不再是各级官吏的养成所，"学校的社会功能发生了根本性的变化"。①

山东大学堂成立不久，袁世凯升任直隶总督。实际上，竭力经营山东新式教育的是继任巡抚周馥。上任后，他即委派藩司胡廷幹、分省补用道张士珩、在籍翰林院编修孔祥霖总理全省学务，并委直隶补用道陈思橐总办省城高等学堂，加强对新式教育的管理。他重视师范教育，建立起近代山东第一所师范学堂，并派遣第一批留日学生。此外，在他任职期间，青州建立了桑蚕学校，兖州设立了初级农业学堂，历城办起了工艺学堂和商会学堂。总之，经他竭力经营，各级各类新式教育出现蓬勃发展的好局面。

王朝俊、鞠思敏、王世栋、丛涟珠、范炳辰、曹兰珍六人生活在这样的历史背景和社会现实中。他们生于 19 世纪 60—80 年代，而且都生于贫苦的农民或市民家庭。幼稚的童年就体验了内忧外患带来的社会动荡、经济凋敝和民众生活的艰辛。幼小的心灵逐渐萌生了对现实的不满和变革社会的想法。20 世纪初，他们已经接受了相当长的时间的传统封建教育，并通过科举考取了功名，但是清廷废科举、兴学堂的举措，堵塞了士子们科举入仕的道路。而且在最初的求学过程中，他们也逐渐意识到仅仅学习四书、五经等儒家经典已经无法满足适应社会发展的需要，无法实现自己救国救民的梦想。如果要实现自己的理想，就必须另择途径。资产阶级革命党的活动和清廷的兴学堂正好为他们提供了这样的机会。他们从革命党人前赴后继、英勇无畏的流血牺牲中看到了希望，毅然接受了同盟会的革命纲领，参加了同盟会，成为民主主义者。山东高等学堂和师范学堂的建立，为他们学习新型知识提供了场所。结束在乡村的传统教育后，他们离开家乡，考入这些新式学堂，并成为学生中的佼佼者。从学堂毕业后，他们中的有些人得以赴日留学继续深造。从新式教育中，他们学到新的教育理论知识，加深了对传统教育弊端的认识，立下了投身教育事业，改革传统教育，发展新式教育的坚定志向。

尽管山东在清末教育改革中走在了全国前列，而且起初的发展也表现出良好的势头和局面，但在进入民国后相当长的时间里，新式教育的发展却是非常迟缓的。表 1 所列 1902 年至 1921 年山东官立和省立中学的数量（民国元年，官立中学堂一律改为中学校，并去"官立"字样），一定程度上能反映出民国后山东新式教育的发展情况。

---

① 赵承福：《山东教育通史》（近代卷），山东人民出版社 2001 年版，第 29 页。

表1　　　　　　1902—1921 年山东官立与省立中学堂（校）数①

年	1902	1903	1904	1905	1906	1907	1908	1909	1910	1911
校	3	8	11	13	15	17	17	19	21	20
年	1912	1913	1914	1915	1916	1917	1918	1919	1920	1921
校	16	16	10	10	10	10	10	11	11	11

从表1可看出，清末山东官立中学堂的数量是稳步增加的，到1910年已经达到21所。但是进入民国后，学校的数量不增却减。与1911年相比，1914年的学校数量，已经减少了一半，仅剩10所，而且此后连续4年没有变化。1919年虽新增1所，但此后又是连续两年的未变。与省立中学相比，县立中学也好不了多少。1912年全省仅有1所县立中学，1913年增至4所，此后连续5年未变。1921年，县立中学为6所。纵向比较看，民初的山东新式教育就发展速度而论是比较缓慢的。横向比较看，山东教育落后于先进教育省份。这里说的落后，并不仅指发展规模和速度，更指教育观念、教学方式等方面。1920年，在新文化运动的推动下，北洋政府发布训令，在全国采用12种新式标点符号。许多教育先进城市都相应地改为白话文教学。然而，此时的山东大地，却找不到一家使用白话文和标点符号的报刊，全省也没有一所开设白话文课的大、中、小学校。总之，民国成立后的十数年里，山东教育发展几乎停滞不前。

与清末新政时期相比，民初的山东教育迟滞不前，原因复杂。1930年第3期的《山东教育月刊》刊登了署名CA的文章《山东教育十数年来进步迟滞之原因》。文章分析指出，导致民初以来山东教育进步迟滞的原因主要是军阀蹂躏、官僚破坏、政客利用和意见分歧。军阀执政下的山东，不但教育经费得不到扩充，而且教育界进步人士屡遭迫害。官员对教育，既无主张，又不负责。"每以私意颠倒是非，其敷衍塞责之罪恶，不减于有意迫害者"。自"五四运动"以来，政客屡屡插足教育界，包办学校，致使学校派系林立。办教育者不但依附政客为护符，而且以其母校为派系，尽地自限，狃于所习，不知集思广益，教育精神，日渐涣散。② 这种分析主要基于政治层面。如果从思想的角度看，封建

---

① （中华民国）教育部编：《第一次中国教育年鉴》，开明书店1934年版，第266—267页。
② CA：《山东教育十数年来进步迟滞之原因》，《山东教育月刊》1930年第3期，第11—12页。

思想浓厚，观念守旧是最主要的原因。山东是孔孟的故乡，民众受儒学影响远比其他省份强烈，因此这里的封建气息更浓烈，封建势力更强大，民众对新生事物有着本能的强烈抵触。我国史学家山东临邑人邓广铭说："清末初办学堂，山东士绅，颇多反对，遂致山东教育较他省落后。"① 古典文学专家、王世栋的好友张默生也说，山东民众在接受新思想方面远远落后于其他省份。思想上的守旧导致山东教育在质的发展上落后于诸如江苏、浙江等教育先进省份。

改变山东教育的落后局面，推动其发展，使它合乎时代发展要求，已经成为摆在山东教育志士面前迫切需要解决的课题。

总之，清末民初这个大动荡、大变革的历史环境，不仅影响到王朝俊等人的人生观和价值观，而且也为他们的自身发展和才能施展提供了广阔的空间。可以说，他们之所以能在清末民初山东教育界大有所为，展一时之风骚，成一时之俊彦，是与社会环境和时代需求分不开的。

（二）

历史不应被忘记，正如列宁所言，遗忘历史就意味着背叛。那些曾经为推动历史发展，为社会进步作出重大贡献的人们更需要我们牢记。以王朝俊、鞠思敏、丛涟珠等为代表的清末民初山东基层教育家在艰难困苦的社会环境中为改革和发展山东教育事业作出了重大贡献。正是经他们的不懈努力，山东教育才一改落后的局面，缩短了与教育先进省份的差距。他们不仅是育人的楷模，更是做人的楷模。他们所表现出的忧国忧民的历史责任感，热爱教育、以校为家的高尚职业道德，不计私人得失与个人荣辱的宽阔胸襟及不惧权势、勇于革新的大无畏胆识和勇气深深影响了几代人。他们的许多学生在回忆自己的学生生活时，还常常提到他们，感激与敬佩之情流于字里行间。他们对自己的教育教学实践不断反思与总结，形成了内容丰富的教育观，充实了近代教育思想史的库存，值得我们认真研究，而其中许多观念对当今教育教学改革仍具有一定的参考价值。

唐太宗曾说："以铜为镜，可以正衣冠；以古为镜，可以见兴替；

---

① 邓广铭：《邓广铭全集》（第10卷），河北教育出版社2005年版，第402页。

以人为镜，可以知得失。"① 英国史学家爱德华·霍列特·卡尔也指出："只有借助于现在，我们才能理解过去；也只有借助于过去，我们才能充分理解现在。使人理解过去的社会，使人增加掌握现在社会的能力，这就是历史的双重作用。"② 时过境迁无法割断历史，历史总有惊人的相通之处。在当前推进教育改革的过程中，我们不可避免地会遇到诸多难题。回头追溯过去，我们会惊讶地发现，当今教育教学改革中遇到的诸多问题在那时也曾出现过。借助过去，我们或许可以找到解决当前问题的线索或启迪；而要从历史长河中寻找这样的线索或启示，就需要我们了解并熟悉那段历史。

学术界对清末民初山东知名教育家的研究已经取得了一些成果。就笔者力所能及查阅到的主要研究成果有：属于研究性著述的主要是张默生的《王大牛传》、察应坤的《王鸿一传略》、王玉琳与张鹏的《泰山青松范明枢》、马德坤与张晓兰的《民国山东四大教育家研究》。张默生与王世栋是好友，《王大牛传》不仅是一部记述王世栋生平事迹和思想的传记，也可以作为后人研究他的原始资料。察应坤考察了王朝俊在曹州的办学经历和教育改革思想，分析了其教育思想的特点。王玉琳等对范柄辰的一生做了轮廓式的描述，在"扶桑秋光"和"拓荒'红二师'"两章中对他的留学经历与任职省立第二师范的历史做了考察。马德坤的《民国山东四大教育家研究》是第一部比较全面的研究鞠思敏、王世栋、范明枢和于丹绂四位教育家的专著，对他们的求学、办学和教育思想做了探讨，分析了他们教育思想的特点，评析了他们对山东教育发展的功绩。论文方面，有宋思伟等在《济宁学院学报》2009 年第 3 期上发表的《古代士君子儒中国近现代的人格蜕变与转型：以近现代山东省著名教育家、曲阜师范学校原校长范明枢为案例》、马德坤 2007 年的硕士学位论文《王祝晨教育思想研究》与发表于《人民论坛》2011 年第 17 期的《王祝晨教育改革思想的当代借鉴》等等。宋思伟通过对范炳辰人生转变的考察，指出在中国近现代阶级矛盾和民族矛盾空前激烈的碰撞交汇中，传统士子一方面自觉不自觉地秉承着传统文化的深质，另一方面面对现实与时俱进，以大无畏的君子人格和历史责任感，融会中西文化，投身于拯救

---

① 司马光著，萧放、孙玉文点注：《资治通鉴》（下），中国友谊出版公司 1993 年版，第 562 页。

② ［英］爱德华·霍列特·卡尔著，吴柱存译：《历史是什么》，商务印书馆 1981 年版，第 57 页。

民族危亡的运动中，从而从历史不绝如缕的承续关系上，完成了古代士子向近现代社会知识分子的转变。现有的研究成果无疑为本选题的研究提供了有益的启发。

尽管目前已经取得了一定成果，但总体看，对清末民初山东知名教育家的研究还相当薄弱。当前的研究大多集中于鞠思敏、王世栋、范炳辰和丛涟珠四人，即被时人称为的"山东四大教育家"（亦有将鞠思敏、王世栋、丛涟珠和于丹绂称为"山东四大教育家"的。《王大牛传》说："民国初年，在山东有大家常常称说的四大教育家，一是鞠思敏，一是于丹绂，一是丛禾生，一是王大牛。此外在最近加入共党的八十三岁老翁范明枢，也是常被人提起的"①）。而四人中，又以王世栋和范炳辰二人最为研究者关注。尽管他们四人多受关注，但对他们的教育活动和教育思想的研究却不够全面、不够深入，对他们的历史地位的评析也缺少多角度、多层次，等等。对王朝俊的研究，更多的是聚焦于他的"村本政治"思想。对曹兰珍的研究则极少。

造成已有研究缺陷的主要原因是缺乏史料。对他们的研究，主要是借助于他们的学生、同族、同事或子女的回忆和追述。尽管他们有着丰富多彩的教育实践活动，却很少将在实际中总结的经验付诸笔端；即使撰写过一些文章或著述，"文革"期间，多被抄、被毁。因此，可供后人研究的原始资料很少。另外，研究者对资料的挖掘不够细致、深入和广泛，这也是导致已有研究存在某些不足的原因。但很少不是没有，只要细致地、广泛地发掘和搜集，仍能找到一部分第一手资料。

笔者在梳理、分析、借鉴现有研究成果的基础上，广泛查阅，深入挖掘史料，试图解答下述主要问题：一是王朝俊、鞠思敏等六人的求学经历及其对他们的人生转变和职业选择的影响；二是他们的教育思想；三是他们为改变山东教育的落后局面，推动其发展所做的主要工作；四是他们六人的群体特征；五是他们的历史地位的评析。为较好地解决上述问题，本文以史料分析法为基本研究方法，借鉴了教育学和心理学等相关学科的研究成果。

如果说这本小册子具有什么价值的话，那么其意义主要在于：它向我们展示了清末民初这一特定历史时期王朝俊等六位知名教育家本着教育救国的理念为改善山东教育的落后局面，推动其近代化历程所做的努力，以及在此过程中所彰显的教育家的高尚道德情操。他们将

---

① 张默生：《王大牛传》，东方书社 1947 年版，第 14 页。

激励我们这些教育工作者以无畏的勇气和胆识投身到当前的教育教学改革中。

最后，需要说明的是，本书所探讨的山东教育家是指出生于山东，成长于山东，主要活动地域在山东的知名教育家。

第一章　王朝俊

王朝俊（1875—1930 年），字"黉一"，别号"鸿一"，鄄城人，清末民初著名教育家、实业家和社会活动家。1906 年至 1926 年期间，曾任山东提学使、省教育司长、省议会副议长、议长、省立第六中学校长等职，先后创办了菏泽县学堂、县立第一、第二公立小学堂、曹州官立中学堂、土匪自新学堂、曹州警务学堂、南华初级师范班、师范讲习所。他长期关注和支持省立六中的发展，在六中发展史上占有极其重要的地位。他"开创鲁西南现代教育之先河"，[①] 为山东教育事业的发展作出了重大贡献。

第一节　求学岁月

1875 年，王朝俊生于山东省濮州河东沈口刘楼一个农民家庭，先祖是山东郓城县人，自其曾祖、祖父移居此地后，世代均为濮、鄄籍。父亲王瑞珍早逝后，家计艰难，他只得随母投靠外祖父杨邦礼生活。

8 岁时，王朝俊开始跟随举人朱儒宏读书，学习《三字经》、《千字文》、《古文评注》及"四书"、"五经"等，由于成绩突出，深受老师喜欢。朱老师便给他取字"黉一"。"黉"在古代称学校，"黉一"即在学校学习第一之意。朱举人上课很少讲解文义，多让学生死背书本，这让他很苦恼，感觉这样的读书生活枯燥无味，加之天性好动，便"不甘伏案咕哗。"由于这个缘故，村人背后悄悄议论，责他不认真读书，将来不会成大器。他的自尊心由此受到刺激，便立定决心，非一两年内考取秀才不可。从此，他勤奋苦读，据说甚至达到"冬不解衣，夏抹辣

---

① 蔡应坤、邵瑞：《毕生尽瘁为民生：王鸿一传略》，黄河出版社 2003 年版，第 9 页。

椒"的境地。① 1902 年，县考临近，他趁着月夜，坐在打麦场的滚石上，默诵所读书卷，接连数夜，"心境顿莹朗"。应试毕，竟以第一名的成绩成为附生，村人皆感惊讶。

曹州地处鲁西南，地贫民瘠，匪盗横行，民众生活困苦，这给王朝俊幼小的心灵很大刺激。他在《三十年来衷怀所志之自剖》中写道：

> 吾幼年每到邻家睹其寒苦状况颇感不安（吾一生之行动无论为政为学皆受此不安之一念所支配），归即代为想法而无如何……及长，有童年狎友沈某及同学于某皆因为盗丧命，吾心理上复受有极大感动。因此推知为盗者多由生计压迫，实可怜悯。而曹属多盗原因并非生性使然也。②

乡民生活的贫苦及童年好友的因盗丧命让他深受触动，萌生了变革社会现实的念头。考取秀才后，他无意走科举取士之路，决定一展宏图，实现自己救民于苦难的理想。为此，他将自己的字"簧一"改为"鸿一"，以表其宏大志向。

1902 年，王朝俊以优异的成绩考入山东省立高等学堂。省立高等学堂是近代山东省第一所高等学堂，也是清末新政时期全国出现最早的一所省立高等学堂。1901 年 1 月，慈禧太后以光绪帝的名义在西安颁布"预约变法"的上谕，承认"世有万古不变之常经，无一成不变之治法"，令军机大臣、大学士、六部九卿、出使各国大臣、各省督抚，"各就现在情形参酌中西政要，举凡朝章国故、吏治民生、学校科举、军政财政，当因当革，当省当并……各举所知，各抒所见，通限两个月内详悉条议以闻"。③ 4 月 25 日，山东巡抚袁世凯向清廷呈递筹办新政十条管见，其中"崇实学"一条，提议"将京师本有之大学堂认真整顿，竭力扩充"、"各行省厚筹经费，多设学堂"等等。④与此同时，他又与部属唐绍仪等人拟订章程，筹集款项，准备在济南创办新式学堂。9 月，清廷颁布《兴学诏书》，袁世凯随即又呈递

---

① 刘广然：《王鸿一先生生活片段》，鄄城县政协文史资料委员会：《鄄城文史资料》（第 4 辑），鄄城县政协文史资料委员会 1991 年版，第 206 页。

② 王鸿一：《三十年来衷怀所志之自剖》，《村治月刊》1930 年第 11 期，第 1 页。

③ 沈桐生辑：《光绪政要》，台湾文海出版社 1985 年版，第 1553 页。

④ 袁世凯：《遵旨敬抒管见上备甄择折》（光绪二十七年三月初七日），天津图书馆、天津社会科学院历史研究所编：《袁世凯奏议》（上），天津古籍出版社 1987 年版，第 270 页。

《遵旨改设学堂酌拟试办章程折》，并拟订了详细具体的《山东省城试办大学堂暂行章程》。10月，新政时期山东第一所高等学堂在济南泺源书院成立，根据《山东省城试办大学堂暂行章程》，正式定名为山东大学堂。学堂以"宗圣尊王"为第一要义，教法以"四书、五经为体，以历代史鉴及中外政治、艺学为用，务各实事求是，力戒虚浮"。① 中学课程以"正心术、敦品行、明伦理、知大体"为主要教育内容，西学课程也应"以伦理为重"。大学堂办学所体现的是"中学为体，西学为用"的指导思想。山东大学堂成立的第二年，清廷颁布《钦定学堂章程》，规定各省省会所设学堂为高等学堂。按照这一规定，山东省立大学堂又称山东省立高等学堂。也就是在这一年，王朝俊进入这所学堂学习。

当时高等学堂学风不好，很多学子并非为学习知识，而是为寻求晋升的阶梯而来。他们当中有些是科举中了秀才的，这些人多数思想守旧，封建意识浓厚；有些是封建官僚子弟，生活奢侈腐化，挥金如土，他们一年要挥霍几千块银元，甚至入学携带伺候的仆人，平常不认真学习，热衷于吃花酒、打麻将、听戏捧名角，对学习知识和研究学问毫无兴趣，对学有专长、专门研究学问的教师也不欢迎，而对在学校兼课的官员则极力奉承，希图在毕业后借助师生关系获取一官半职。因而，许多教师也不认真教课，学校校政依旧暮气沉沉。王朝俊却与这种环境格格不入，与其他学生亦大不相同。他出污泥而不染，奋发向上，努力拼搏，毫无纨绔习气、颓废思想。

1903年，他从高等学堂肄业，随即被派往日本公费留学，进入宏文学院师范速成班学习。与他同行者有杜坦之、宋绍唐、丛涟珠等人。学习期间，他加入革命党。在谈到加入革命党的初衷时，他写道：

> 详考乡村会议皆是保富政策，又考之县政省政亦大率类此，贫民苦状无过问者，深觉天地间不平之事莫大于此。同时又与韩君季和商量学问，认为后世奴儒讲学，其根本错误之点，即在君臣一伦妄加附会。明明君臣有义，竟解为君臣有忠。明明师统政治，竟解为君统政治。胜则神圣，败即盗贼。春秋大义，荡然无存，致为产

_____

① 袁世凯：《山东试办大学堂暂行章程折稿》，山东大学校史编写组：《山东大学校史资料》（第5期），1983年，第43页。

生一切不平之总原因。遂感觉政治有改革之必要，此加入革命之动
机也。①

在他看来，世间之所以有如此多的不公正，是因为清王朝的政策只
顾及富人而未考虑穷人，而且为了维护这种"保富"政策及其政权统
治还曲解儒学，愚弄民众。要改变各种社会不平等现象，必须做政治的
改革，改革的途径只有革命，而不是改良。可见，加入革命党是他对社
会问题长期且深度思考的结果，这种思考不但涉及政治制度，而且已深
达思想文化层面。在留日学生中，他"性英迈，有奇气，体伟声洪，望
之俨然"，而且还喜结豪侠，与文登丛琏珠、临清沙月坡、滕县李天翼、
聊城杜坦之、范县熊观民、单县朱桂山、鄄城吕秀文、菏泽宋绍唐、郓
城韩季和结为兄弟，被人称为"山东十兄弟会"。这些人在后来的山东
辛亥革命和教育领域多有建树。

在日本，王朝俊不但加入革命组织，而且还萌生了从事教育工
作的想法。他通过对日本军力的观察意识到中国革命的艰巨性和长
期性，因此除了革命救国外，他还探讨了实业救国和教育救国的方
式。明治维新后的日本为了实现对外扩张，称霸亚洲，与欧美列强
并驾齐驱的政治梦想，倾全力发展军事力量。1894 年，这个被清王
朝称为"蕞尔小国"的岛国在甲午战争中一举击溃清军，强迫清廷
与之签订《马关条约》。其后，它几乎参加了列强侵略和瓜分中国的
一切行动。凭借从中国掠夺来的惊人财富，日本大力发展军事。王
朝俊亲眼目睹了日本军事力量的强大和武器装备的精良，意识到仅
仅凭借革命党人落后的武器和薄弱的力量，要揭竿而起，取得成功，
绝不是一件容易的事情，于是"乃折节学问，欲事实业教育，以养
以教，图富强。"②

可以说，在日本留学期间，王朝俊实现了人生的两个重要转变：一
是对清王朝心怀不满，力图变革社会政治的想法找到了革命的途径，从
此他以一个革命党人的身份活跃于中国政治舞台，成为民国初期著名的
政治活动家；二是确定从事教育事业，归国后，他大量办学，成为清末
民初山东省知名的教育家。

---

① 王鸿一：《三十年来衷怀所志之自剖》，《村治月刊》1930 年第 11 期，第 1 页。
② 周邦道撰文，湛耀李注释：《王鸿一先生传略》，鄄城县政协文史资料委员会：《鄄城
文史资料》（第 4 辑），鄄城县政协文史资料委员会 1991 年版，第 142 页。

第二节 教育活动

王朝俊回国后，一方面以积极的姿态从事革命活动，另一方面投身教育，创办新式学堂，担任教育官员，为推动山东教育事业的现代化作出了重大贡献。

归国后，在曹州知府丁镗的支持下，他创办了第一所学校——菏泽县学堂。校址设在城东南隅华佗庙街，县官余际春委任绅士邓献朴为坐办，杨兆焕为监督，延聘解元赵正印为中学教员。学堂初招生一个班，40人，年龄均过格，且由私塾取材，中学根基薄弱。以后班次扩充，遂为乡小学学生毕业升学之处。学生的膳宿、书籍、灯油、茶水及操衣、靴帽等统由官府供给。王朝俊自任西学教员，并兼教数学、理化等课程。他经常结合教学，揭露清廷的腐败和无能，宣传资本主义的进步，深受学生的欢迎。这所学堂不仅是他革新教育的试验田，而且也是他宣讲资产阶级革命思想的阵地。

学堂的创办和经营遭到当地群众的阻挠，因为曹州地方民众观念比较落后，称学堂为"洋学"，再加上人们普遍的仇洋情绪，对学堂更存偏见；即使本校师生，由于帝国主义的侵略，也广泛地存在着仇洋情绪。有人还故意迁怒于王朝俊，称他为"洋人"，对他蔑视不恭，对其所教授的课程亦视为邪端异说。他理解群众的感受和想法，对他们散布的流言蜚语毫不介意，仍热情关心学生，耐心教诲。他备课认真，讲解通俗，教课联系实际，学生乐于接受。他秉性端庄，宽以待人，严于律己，不计小节，全力贯注于国计民生。每逢讲到天下形势、中国政治现状和振兴的前途，他目光炯炯，激昂慷慨，催人泪下，使青年学生深为感动，无不敬佩。[①]

1904年春，王朝俊在菏泽城内宋隅首南街，创办第一公立小学堂，招收学生一班，因缺少教师，便动员和辅导学堂年龄较大的学生轮流任教。秋，他又在李隅首东街，创办第二公立小学堂。

1905年春，在菏泽江西会馆，以王朝俊、彭清岑、张子安为首，创办曹州私立普通中学堂。彭清岑、张子安都是留日归国的学生。创办

---

① 桑圣耀：《王鸿一与曹州辛亥革命》，菏泽市牡丹区政协文史资料委员会编：《桑圣耀纪念文集》，菏泽市牡丹区政协文史资料委员会2002年版，第314—315页。

之初他们取得了在济南任职的菏泽籍留日学生的支持，并征求到知府丁镗的同意。学堂招收中学班和师范班各 1 班，学生多在 20 岁以上，具有一定国学基础。中学班 4 年毕业，师范班 1 年毕业。菏泽县留日学生朱增祺为坐办，教员有日本人丰田孤寒、段扩、张达臣等。他们主张教育革新，提倡精神教育，为曹属十一州县学界精神之寄托。辛亥革命前夕，学堂与曹州府中学堂同为鲁西南一带的革命基地。1913 年，学堂与曹州府中学堂合并，称山东省立第十一中学，后又易名省立六中。王朝俊对六中的发展倾注了大量心血，不但担任过该校校长，而且六中发展史上数位比较有作为和成就的校长都由他荐举或任命，如葛象一、丛涟珠等人。葛象一 1882 年生于菏泽吴店后葛庄，1904 年曹州府最末一次科举考试，成为庠生，后进入王朝俊创办的初级师范学堂学习，受到王的器重。从师范学堂毕业后，他留校担任简易科教员。省立六中成立后，他担任校长。王朝俊复回六中任校长后，他改任学监，主管训育工作。王朝俊对六中的发展作出了重大贡献，周邦道先生著的《近代教育传略》称他为"山东省立第六中学校之权舆"，实不为过。①

1905 年，王朝俊还与曹州镇守使陆建章在菏泽城内仓房街创办菏泽警务学堂，招收具有一定文化程度、身体健康的男性青年，培养训练警务人员。初招两个班，学生约 80 名。文化课学习高等小学堂的部分基础课程，专业课学习警务知识，并由镇守使配备军事教练，学习新军法等军事知识。由于学堂办学正规，成绩显著，一年后被清政府合并到保定府武备学堂。

1906 年，王朝俊出任曹州官立中学堂监督之职。曹州官立中学堂是 1903 年 5 月由曹州知府丁镗主持创办的，校址设在菏泽城内张油坊东街，由原佩文书院改修。监督为府学教授户乐戍，坐办由地方绅士董富春担任，中、西教员各一人，由官方延请。学生一班共计 60 人，由曹属十一州县按县大小确定选送人数，学堂经费亦由各县根据所选送学生名额的多寡进行摊派。书籍、伙食、操衣、灯油等均由学堂供给。创办伊始，规模初具，学堂的主办人与教员多系腐旧，缺乏革新内容，各县选送的学生亦多对新文化兴趣淡薄，因此效果不良。王朝俊主持学堂工作后，对学堂进行大胆改革。学生增至二个班，学生待遇由公费改为津贴补助，只供给书籍、石板、灯油等项。教学中注入反封建教育、爱国主义教育和形势教育等新内容。经他整治，学堂一挽自成立以来的颓

---

① 周邦道：《近代教育先进传略》（初集），中国文化大学出版部 1981 年版，第 284 页。

废局面，面貌焕然一新。辛亥革命前夕，学堂师生既为辛亥革命的响应者，又是当地革命运动的策动者和参加者，在资产阶级民主革命的高潮中作出了重要贡献。

同年，他还创办土匪自新学堂。他认为，曹州地区之所以匪盗猖獗不是因为这个地方的民众天性使然，而是由于他们无正常的谋生渠道，生活无着，不得不铤而走险。他对这些人深怀怜悯与同情，希望通过创办学堂，招纳他们就学，习得谋生技能，改过自新，不再为匪。另外，他也打算把自新学堂发展成为培养反清志士的基地。学堂共招收学员30多名。学员入校后，学校具保官府，对其过去所作所为概不追究。他本着孙中山《心理建设》的教导，对这些学员晓以革命大义，传以务农、从工之技能。通过一年多的学习，学员不但学到做人、革命的道理，而且还习得了谋生之道。后来学员中有一些人参加了反清、倒袁斗争，如王金妮、时思禅、杨占元、牟景一等。王金妮是济宁州人，迫于生计，铤而走险，在丰县一带组织队伍，打家劫舍，成为一支凶猛剽悍的绿林武装，并且还有杀富济贫、除赃官、开仓放粮的义举。经王朝俊的帮助和教育，他懂得了革命道理，走上反清道路。武昌起义爆发后，他聚集3000兵马，在丰县举起反清大旗，响应武昌起义，攻陷丰县城。后来，他率众活跃在苏、鲁、豫、皖交界地，屡屡给清军重大打击。还有一些人回家创办学校，造福桑梓。

1908年，王朝俊被任命为山东省视学，自新学堂的工作交由其弟王朝仪主持。由于学堂没有做好坚固的组织工作，加之王氏兄弟事务繁忙，未能专力照顾，以致有些匪性难改的学员做出白天上课，夜出抢劫的恶行。此事为镇守使所闻，欲置王朝俊重典。知府丁镗迫不得已，将他拘押，自新学堂遂告失败。

1909年，王朝俊为解决菏泽各校教师家属的就业问题，经过一番筹措，在菏泽城东北隅马神庙内兴办"保姆养成所"一处，参加学习的妇女10余人，多为当地教育界人士的眷属。她们年龄大，不识字或粗通文字，以学习幼儿教育知识为主，兼学文化知识。"保姆养成所"为菏泽女子教育之始，1915年改为南华女塾，1920年改为公立南华女子师范，1923年改为山东省立第五师范，1933年又改称山东省立第二乡村建设师范。

除"保姆养成所"外，经他推动创建的女学还有彭楼女子小学、红船女子小学、桑氏女塾等。彭楼女子小学由留日学生彭蔚文任校长。红船女子小学的设立得到了他在红船集的亲戚曹洪杰父子的支持和资助，聘举人朱儒宏担任校长，严瑞琦为校董。学校以"勤、朴、试"作校训。桑氏女塾是在他的帮助下，菏泽廪生桑树勋捐资兴办的，"菏泽桑君雄於财，而乏嗣胤，乃劝其捐资舆学，成桑氏女塾，倡导风气，此即公立女子师范学校之前身也。"① 桑树勋出身官宦家庭，自幼苦读儒家经典，文才超众。19 世纪末叶，西方资产阶级民主思想传入中国，受新思想的影响，他积极参与社会政治活动。戊戌变法时，康有为、梁启超等人提出改革科举并普设中小学堂的主张。44 岁的桑树勋积极响应，把自己在菏泽城里的九间楼和外乡的 500 亩土地卖掉，折合白银 13000两，全部捐献用以办学。他主张女子解放要从教育开始，认为既要办男子学堂，也要办女子学堂，应该让女子进学堂读书。他的行为和观念在当时封建礼教和旧势力比较强大的菏泽遭到一些头面人物和权势之家的反对。这些封建旧势力的代表故意造谣中伤，散布流言，攻击桑树勋。王朝俊非常赞赏桑树勋的进步思想和办学举动，积极予以帮助和支持。在王朝俊等人的支持下，桑树勋意志坚定，态度明朗，顶住来自各方面的压力。为了办好学校，他把自己在乡下康庄的住宅卖掉，在离学校不远处买房居住，其办学义举深受菏泽教育界的赞赏。

1912 年，王朝俊再次出任山东省视学。任职期间，他联络省 10 个府的视学员，组成"10 人团"主持省教育工作。第二年的 1 月 8 日，山东省行政公署设立教育司，25 日他改任司长。6 月 16 日，他辞去司长职务，重回省立六中任校长。关于辞职的原因，他在《三十年来衷怀所志之自剖》中写道："时袁氏当国，反对民党，吾决然辞去，仍回任六中校长职。"② 也就是说，他不满袁世凯窃国，不甘作其鹰犬、帮凶而愤然离职。在任职教育司的短暂时间里，他虽不能大量增设学校，但对已设立的学校，尽力扩充班次，多招学生。特别对省立六中，他更是给予热情的关怀。

任教育司长时，他策动临时省议会提案设立曹州善后局，对民众进行民生教育。关于设立善后局的动机，他说："及辛亥革命成功，任教育厅长职，而心理上仍念念不忘先养后教之问题，遂由议会提案设立'曹州善后局'。"③ 他在对省都督单县人周自齐进言时称：曹州地区所以多盗匪，是地瘠民贫的必然结果，只有大力发展地方经济，使贫民有

---

① 周邦道：《近代教育先进传略》（初集），中国文化大学出版部 1981 年版，第 284 页。
② 王鸿一：《三十年来衷怀所志之自剖》，《村治月刊》1930 年第 11 期，第 1 页。
③ 同上。

致富之道，才能从根本上解决民生问题，彻底清除盗源。① 可以说，他倡导设立此局的目的是想通过该局传授民众谋生的技能，解决民众生计，达到消弭匪患的目的。周自齐呈递给北洋政府的设立善后局文也表明了这一目的。文中道：曹州匪乱，滋扰多年，经过数次围剿，终得渐趋安定。但是，频年兵匪蹂躏，地方元气大伤，村庄凋敝，民不聊生，后患堪虞。如果不拔本塞源，终无长治久安之计。以往治曹，专恃兵力，军费年有增加，匪势则日益狂炽，生灵涂炭，士兵疲于奔驰。岁掷百数十万金，却仅以曹民生命为代价。强者不畏法，弱者走他乡，民气日渐凋残，生计愈形困促。见者伤心，言者扼腕。虽然目前匪乱稍定，但伏莽仍在滋生。当务之急，当速办善后，清匪党，安民心。出于上述考虑，拟在曹州设立善后局一处。

1912 年冬，临时省议会通过《曹州善后局开办章程》。章程共 20条，分总则、办法、职权、经费、附则 5 章。第一条规定，善后局设于曹州府城内，专办曹属善后事宜。第七、第八条规定，善后局上承都督直接统属十一州县，专办兴业、保卫事宜，以各种实业、工艺及乡镇警民团为范围，不得涉及他项行改。②

设立草帽辫工艺传习所，推广草帽辫是善后局的重要一项兴业事宜。早在善后局成立前，王朝俊就在曹州设立传习所，提倡草帽辫，"东渡留学归来，在曹州办学，一面创办普通中学校及土匪自新学堂，一面又创办黄庵工艺局，旋因种种关系失败。同时忽感觉此项实业不能解决多数贫民问题，遂又改而提倡草帽辫。当时单、曹、郓、菏等县均次第设立，不久失败。"③ 善后局成立后，他借助局经费的支持，在曹州所属十一县内遍设草帽辫传习所。濮县传习所设在红船集，聘请孙则让为所长，丁肃亭作教师，并在红船种桑养蚕，两项事业都收到较好的社会效益。④

1924 年，王朝俊邀请梁漱溟和王平叔到曹州办学，共同创办重华书院（时该书院已试办 5 年，颇有成效）。1596 年，明朝兵备使李天植

① 湛耀李：《王鸿一生平纪略》，鄄城县政协文史资料委员会：《鄄城文史资料》（第 4辑），鄄城县政协文史资料委员会 1991 年版，第 143—144 页。

② 褚承志：《王鸿一先生与曹州府善后局》，政协山东省郓城县委员会文史科：《郓城文史资料》（第 3 辑），政协山东省郓城县委员会文史科 1988 年版，第 80 页。

③ 王鸿一：《三十年来衷怀所志之自剖》，《村治月刊》1930 年第 11 期，第 1 页。

④ 湛耀李：《同盟会员王鸿一生平纪略》，山东省政协文史资料委员会编：《山东文史资料选辑》（第 31 辑），山东人民出版社 1991 年版，第 159 页。

在曹州建立"重华祠"，祀舜帝，并作为讲学场所。重华书院之名由此而起。到清末，书院已鲜有讲学活动，而课士仍经常进行。1903 年，书院改为曹州小学堂。1924 年，王朝俊邀请梁漱溟和王平叔到曹州，商量共同办学之事，决定因承"重华书院"之名，建立学校。"本院院址在山东菏泽县，即旧曹州府城，曹州旧有重华书院，今因以为名。"①在《三十年来衷怀所志之自剖》中，他阐释了建立书院的缘由：

> 吾国三代以上重乡治，实含有民治精神。自秦汉以后重县治，遂造成官治国家，而拜官主义亦深中人心，贻祸无穷，吾国文化之教养大政乃斩焉中断，良可慨也。同仁有见及此，遂认为村治精神，适合教养化之原则，为中国文化之正当出路。吾民族今日最大问题，即在恢复自信力，而吾国半欧半俄之思想界，实不能负此重任，迫不得已，遂一面邀请梁漱溟先生及王平叔先生到曹创办重华学院……②

他认为，乡治含有民治精神，是教养化合一的制度。这种制度自秦汉以后被废止，取而代之的是县治。县治给中国带来极大危害，造成官治国家。目前中国最大的问题是要重建民族自信力，要重建自信力，就必须从中国传统文化中寻找出路，而传统文化的出路则在于实施村治，因为村治符合教养化合一的原则。创建重华学院，他要为实施村治，实现教养化合一进行理论探讨，并培养为此而努力的学生。这一目的也体现在《重华书院简章》（以下简称《简章》）中。《简章》第二条规定："本院旨趣在集合同志，各自认定较为专门之一项学问，或一现实问题，分途研究，冀于固定文化有所发挥，立国前途有所规划；同时并指导学生研究，期以做就专门人才。"③

重华书院以哲学、文学艺术和社会科学为研究对象，招收两类学生：第一类是"资格有定"者，即期以取得毕业证书者。招收对象为大学专门高等师范毕业或修业满一年以上或高级中学毕业的学生，这些学生要在重华书院学习三年以上，修完一定课程，才能获得毕业证书；

---

① 梁漱溟著，中国文化书院学术委员会编：《梁漱溟全集》（第 4 卷），山东人民出版社 1991 年版，第 784 页。
② 王鸿一：《三十年来衷怀所志之自剖》，《村治月刊》1930 年第 11 期，第 2 页。
③ 梁漱溟著，中国文化书院学术委员会编：《梁漱溟全集》（第 4 卷），山东人民出版社 1991 年版，第 784 页。

第二类是"资格无定"者，即入学非欲取得一项资格者，这些学生入学后不管是否修完一定课程，都没有毕业证书。两类学生入学时，都必须参加书院组织的考试，第一类学生的入学测验于每年8月30日举行，第二类学生的入学测验根据学生的请求，随时举行。

考虑到学生聪颖程度的差异，学院未设固定修业年限，仅规定短者不能少于3年，长者不能超过5年。学生入院后，前半期致力于基本学问的修习，科目由学院根据其研究课题斟酌制定，等其修完一定科目后，进入专题研究。

学院要求学生自主学习，如有疑问，则请教师友，"不取讲授办法"，于"日夕游息之间，随兴所之，自亦不少讲论。"不过，学院组织有全院会讲和各组会讲。全院会讲于星期日举行，目的是激发学生的学习兴趣，引导学生学习，同时也为不同学科间相互交流，各收其益。各组会讲是由修习同一科目或研究相近问题者组成小组，每组设导师为主席。会讲时间不固定，由各组自行决定，以报告读书所得和分组讨论为主要形式。

重华书院草创时，"颇费一番工夫"，[1] 但经过他与梁漱溟等人的努力，书院获得很大发展，一时人才济济，在全国范围内产生了较大影响。

从王朝俊的教育实践活动看，他的办学领域非常广泛，涉及小学教育、中学教育、职业教育、特殊教育，范围之广，在清末民初的山东教育界是鲜有的。虽然其办学活动由于经费、战乱等原因多遭失败，但它对鲁西南乃至山东的教育事业和社会发展产生了重大影响：

一是开启了鲁西南现代教育之门，为闭塞的鲁西南教育送来了清新空气。正如何兹全先生所评论的：

> 他的具体经历我不知道，将来会有人给他写传的。我所听到的他是一个传奇式人物。菏泽人乃至鲁西人，一提到鸿一先生，没有人不称赞的。鲁西穷，他提倡工业；鲁西人口多，他筹划向西北移民；鲁西教育落后，他提倡办教育。鲁西是出土匪的地方，土匪都尊敬他，听他的。谁人提到他，都是称"鸿一老师"。有雄才，有抱负，为人豪爽，侠士胸怀。打开鲁西落后闭塞之门，使鲁西对外

---

① 梁漱溟著，中国文化书院学术委员会编：《梁漱溟全集》（第7卷），山东人民出版社1993年版，第415页。

透透光，呼吸呼吸外面世界一点新鲜空气的，鸿一先生是第一人。他是我们那一带的"圣人"。①

二是培养了一大批出色的、有作为的教育工作者或其他行业人才，有力地推动了山东各项事业发展。"他所倡建并形成了六中—北大—哥伦比亚"的求学思想路线，培养和造就了大批人才。至今菏泽仍有这种良好的求学风气存在。②

第三节 教育思想

王朝俊生平"好谈事实，不好谈思想"，恐"引起纠纷，反于事实有碍"。③ 因此，尽管他具有丰富的教育实践经历，却很少将心得体会见诸笔端。在其现存的文稿中，只有《三十年来衷怀所志之自剖》、《中国教育革新问题》、《青年之出路》、《民主政治下考试选举两权并用之精神》等少量文章论及教育问题，其中以《中国教育革新问题》最为集中、最为详细。综合其论，他的教育思想涉及教育方针与学校教育制度、教养化教育、教育的任务、抢才、青年出路等问题。

（一）论教育革新

《中国教育革新问题》是王朝俊专题论述教育方针和学校教育制度的文章。在文中，他揭露了当时教育方针和学校教育制度的种种弊端，剖析了因由，提出了解决办法。

他认为，中国教育没有既定方针，导致其发展几无成效。中国兴办新学30余年，不但未能实现国富民强，反使固有道德破坏殆尽，民族自信力完全丧失，文化精神扫地。从根本上讲，这是由于"教育上无确定之方针以为发扬学术培养人才之标准耳"。自实行学校教育以来，政府在制定教育方针时就未立足本国实际，而是一味抄袭模仿外国，一会儿日本，一会儿欧美，一会儿苏俄，"举凡世界列强有所表著，吾国莫不欲步其后尘"。所模仿者，始而火炮铁甲，继而声光化电、科学政法，

---

① 何兹全：《怀念仙槎大哥》，何兹全等编：《一位诚实爱国的山东学者》，北京出版社1996年版，第232页。
② 察应坤、邵瑞：《王鸿一传略》，黄河出版社2003年版，第49页。
③ 王鸿一：《三十年来衷怀所志之自剖》，《村治月刊》1930年第11期，第1页。

终而学术思想人生态度，"举凡列强之学问智能，吾国则弗加辨择，活剥生吞"。更严重的是，在模仿的过程中，不辨良莠，不顾本国社会实际需求，更不探求西法西学的本源，而是依葫芦画瓢，枝节追求。结果，使30余年来的新教育只是"一转运传递之事业而已"，事倍功半，拾人皮毛，买椟还珠，令人感慨。

教育无既定方针，必将导致休学趋向错乱分歧，如舟失舵、马失衔，危险甚烈。他认为，新思潮新文化种种运动，风发泉涌，弥漫全国，教育深陷浮波颓流之中不能自拔，这都是教育上无确定方针，迷信盲从所致。不立足本国实际，移花接木，生吞活剥地搬抄外国教育制度、教育模式等必然会给本国教育发展带来极大危害。但是，他把新文化运动、共产主义运动以及罢工、罢市、罢学、罢教、学生自治、自由恋爱等都归咎于无既定教育方针的结果，显然是错误的。他对新文化运动、五四运动及共产主义存有很大的偏见，存在比较强烈的抵触情绪。

他指出，除无确定的教育方针外，学校教育制度无法适应社会需要，也是当时教育存在的一大弊端。他痛陈教育制度存在学校机关化、关系交易化、课程整齐化、智识传习畸形化、资格观念科举化与受教机会分化等"六化"之弊。具体而言是：兴学以来，停科举，废私塾，采用西方的学校制度，教育之权集于官府，学校成为官立机构，学校教育制度表现出浓重的政府行政机构的形式和特征；学校性质机关化后，师与生及教与学的关系的性质也随之发生本质性改变，成为带有浓厚利益关系的交易性质。教以利，学以利，利己沁人心脾。教与学由原来精神的、自动的关系一变而为机械的、被动的关系，高尚的精神事业遂成为交易市场；课程设置本应根据受教育者的资质和爱好有所弹性，而现行课程整齐划一，完全不顾学生的才智与兴趣，结果泯灭了学生的个性；兴学以来，自然科学备受推崇，而人文科学却遭冷漠，以致培养的学生得不到全面发展。即使崇尚自然科学，对其本质和要求也是一无所知，仍以科举的一套行之，以致人怀侥幸，竞趋利达，以应当时之求；高等教育费用急剧增加，穷困子弟被排挤于高等教育之外，只有富家子弟才有财力入读大学。

对于上述弊端，虽然政府与教育界已多有认识，并迭次进行改革，如教法改革、学制改革、课程改革，但是，他认为，这些改革都是头疼医头，脚疼医脚的枝节补缀，无关宏旨，无法从根本上扭转教育日濒危殆的局面和趋势。要从根本上解决问题，他主张必须依据中国固有文化精神，融贯西洋科学民权两精神确定教育方针。他说，教育方针的确定，要根据中国文化精神，奠定人生态度，并吸收融会西洋科学民权两精神下种种学术以完成此种人生态度的实现。简言之，就是明伦致用，成己成物。只有依此确定的教育方针，才能实现合理的人生与革命的教育。

为什么要吸纳融贯西方科学民权两精神呢？他认为，确定教育方针要顾及人类生活的各个方面，精神的、物质的、文化的不可偏废，都要兼顾。忠、孝、仁、慈、信、义、和平七端是中国传统文化的精髓，应列为课程的精神教育，而西方的科学与民权可列为实用教育。若独倡伦常文化而不以科学民权调剂补益，则难解除学术上的性理空疏、人生的礼教束缚和政治上的种种障蔽；若仅以科学民权为人生追求而不修明人伦奠定人生态度，则足以酿乱源遗杀机，成为人类的祸媒。他试图以中国传统伦理文化为核心，借鉴西学的内容来确定中国的教育方针，寻找解决教育问题的途径。

在他看来，修学应以格物、致知、诚意、正心、修身、齐家、治国、平天下八目为程序，因为八目是学教政三者一贯之道，涵盖了精神教育与实用教育两方面，融会贯通，一炉而冶。不唯实现三民主义，完成革命工作，当以此为原则，即消弭人类隐患，促进世界大同，也应以此为原则。

他提出，学校教育制度应该根据确定的教育方针作相应调整。为此，他从学制系统、课程设置等方面拟订学校教育制度纲目13条。

学制系统与教育机构设置方面。他认为，教育种类有三：国民教育、职业教育和人才教育。国民教育要普及，职业教育求实用，人才教育务精深。中央与地方皆设学院与分科学部，以研究科学、努力创造为主；国学部以研究国学、弘扬文化为主。为研究学问之便，需多设图书馆、仪器标本馆、函授学校。提倡设立私立教育教学机构，以补公立学校之不足。学校要打破机关形式，建立融洽的师生关系。

课程设置与教学方面。课程设置与教学要遵循下述原则：1. 打破整齐划一，注重发展学生个性；2. 务求精简，使学生实有心得，避免艺多不精、普遍不通之弊；3. 教材应具有灵活性和弹性，除七端八目应列为普及的道德教育，三民主义现代问题应列为普及的公民教育外，其余实用教材可因地制宜，随时变通，至于西洋课程，只借鉴其科学方面，而不采其政治方面；4. 教学要以人格感化为主，智能传习为辅。

修学与毕业方面。他主张按照五权宪法确定的考试原则，制定考学、考行、考绩抡才制度。废除毕业文凭制和毕业入仕制，实行修业证书制，以促进实学，改善士风。

　　另外，13条还包括废除教师任命制，实行聘请制；取消公立学校学费，并接济贫寒优秀学子。

　　就教育本身而论，王朝俊提出的13条颇有见地，不仅对解决当时教育弊病具有积极意义，而且即使在今天，某些观点仍不失其价值。

（二）明人伦的教育任务

　　明人伦是儒家人文教育的宗旨，也是我国古代学校的教育目的，最早由孟子提出，他在继承了上古三代人伦教育和孔子的"君君、臣臣、父父、子子"思想的基础上，提出了"明人伦"的教育目的观。他说："设为庠、序、学、校以教之。庠者，养也；校者，教也；序者，射也。夏曰校，殷曰序，周曰庠，学则三代共之，皆所以明人伦也。"① 这一观点被后来者继承，成为中国古代学校教育的重要目的。

　　王朝俊从解析中国传统文化着手，重申了这一教育目的。他指出，教育的任务在于明人伦，明人伦要通过教育的途径进行。

　　依他之见，人伦问题是中国文化的重心，"所谓人伦问题者，遂蔚为数千年来国人公认之常经，人人能知，人人能行，即愚夫愚妇，不知不觉，亦日日生活其中，丝毫不假勉强，且不可须臾离者，谓为文化重心，殆不为过"。人伦观念已经深入人心，成为社会共守之信条，历代不易之宪法。历代统治者都非常重视发挥人伦的政治意义与作用，通过学校教化民众。"自尧亲九族，舜敷五教，夏后殷周设庠序学校，以教万民，亦皆明人伦为唯一之方针。"② 进入君主专制社会以后，统治者采取愚民政策，但仍以人伦笼络人心。凡是采用这样政策的统治者，即使是假借利用，其王朝往往能延续数十年或数百年的命运。否则，即使是英武盖世之君，仍不免旋踵而亡。从这种观点出发，他主张，时下的学校教育亦应像殷周时代那样以明人伦为方针。

　　他提出以明人伦为教育目的的同时，对人伦赋予了新的时代内涵。根据时代发展的需求，他抛弃了传统人伦中不符合时代要求的内容。他认为，人伦精神，本在双方互相平等，各尽其道，但君主专制以来，假借三纲之说，树立独尊淫威，导致人伦关系畸形发展。当此世界新潮澎湃之际，他主张对人伦"加以适当之因革损益"③，依照孙中山总理倡

---

① 孟子著，顾长安整理：《孟子》，万卷出版公司2009年版，第67页。
② 《鄄城王鸿一先生遗著》，《民鸣月刊》1937年第6期，第118页。
③ 《鄄城王鸿一先生遗著》，《民鸣月刊》1937年第7期，第136页。

导的忠、孝、仁、爱、信、义固有道德精神加以阐明，而对片面礼教、婚姻丧祭等一切不合乎时代要求的锢习加以改革。"将片面礼教所产生之流弊，例如只准父不慈，不准子不孝；只准夫纵淫，不准妻不贞；只准君荒虐，不准臣不忠之类及婚姻丧祭等一切不合时代之瘤习，例如盲目的婚姻、买卖式的婚姻、长期的停丧及厚葬之类，逐渐加以改革。"①

他提出，揭橥文化重心，发扬人伦观念，要通过政治与教育的途径，采取政教合一的方式。具体做法是：先由中央政府和地方政府选择古籍中关于人伦要义的精语，通过政令、书本、布告等形式宣示国人，然后再通过教育的力量提倡。学校关于修身的课程、学生平时的训练，都应以人伦为指归，凡破坏人伦者，教师应给以切实的批评与指导，务期学生彻底了解以农业立国的中国绝不能抛弃数千年相传的人伦观念。这样才可以将学生纳入正轨，而不致误入歧途。

王朝俊主张以明人伦为教育目的，是针对当时教育没有既定方针提出的，是他重拾中国传统文化，以传统文化为核心，汲取西方科学与民权思想制订教育方针的主体内容。他提出这个主张，也是对五四前后某些新思潮，特别是共产主义思潮的抵制。

（三）论青年的出路

1930 年，王朝俊应山西商业专门学校邀请作了《青年之出路》的专题演讲。他认为，时下青年学生没有正确定位自己，没有正确的人生观，对国家与社会也没有正确的认识和分析，以致毕业后不能受到社会的欢迎，无法找到正当的发展去向。他指出，这已经成为当前中国最大的危险。在讲演中，他分析了学生存在的种种问题，解析了产生的原因，阐述了解决的途径。

从思想方面看，由于受中国封建思想和西方新思潮的影响与冲击，青年中普遍存在拜官、拜金心理和盲目崇拜新潮的错误观念，以致他们把读书做官视为当然，并且失去了民族精神和自信力。他告诫青年必须树立正确的人生观，本着中国伦理的信条去自修，本着教养的原则去服务国家。只有这样，他们才能找到正确的出路。他说：

> 我们青年须要确定个人的人生观，凡是一个青年的自修，只要本着伦理的信条去做，无论对父母、对兄弟、对朋友、对夫妇，都

---

① 《鄄城王鸿一先生遗著》，《民鸣月刊》1937 年第 7 期，第 137 页。

是没有错的。再说到为国家服务方面，只要本着"教养"二字，人民不明白道理，而教之以道，人民没有饭吃，而与以饭吃，这样的切实干下去，才是我们青年正当的出路。[①]

从社会方面看，他认为，青年学生的天职是服务国家与社会，造福民族。但是，青年深受拜金、拜官错误观念的影响，缺乏对社会的责任感。他们没有认清社会的需要，所学不能适应社会，因此常常遭到社会的非难和舆论的攻击。要解决这一问题，他建议青年学生必须走出学校，融入社会和民众中，由自己到社会上寻求正当出路，而不是由别人从社会上替自己寻找出路。他希望青年们今后应该对社会做实际的调查和充分的研究，应该认清中国的基本国情和读书人的职责。对基本国情的认识方面，他特别强调我国重孝重农的民族性、农村在中国社会和革命中的地位以及边疆地区的发展优势。他希望学生能以自己的能力去补众人之不足，不要只想着升官发财。他鼓励学生到农村去，到边疆去，因为农村是中国政改的中心、教育的中心、经济和文化的中心，没有农村，学校就要垮台；而边疆具有比内地更大的发展优势，如土地肥沃、物产富饶、远离战争，去边疆发展具有更好的条件。他向青年大声呼吁："到边疆去"。

从政治方面看，他希望青年保持积极向上的朝气，本着中国固有的文化精神，革除种种政治弊端，改良政治，造成"人格化之公开政治及教育化之贤能政治。"学生应学有所成，具有真材实料，通过考试和聘请的途径，而不是函举请托的方式，摒弃求名于朝的腐化心理，去追求立功于野。[②]

（四）关于选才

关于抡才问题，王朝俊在《民主政治下考试选举两权并用之精神》中作了论述。他强调抡才对国家建设具有重要意义，国家治乱，政治清浊，都视人才为转移，而人才之得失，则视选才制度是否适当为断，因此中外政治史上皆以抡才制度为组织国家、实施政治的基本。他认为，人才标准和选才制度，皆应随政体而转移。不管采取什么样的选才制度，或乡举里选，或科举取才，或投票选举，其本身没有善恶好坏之

---

① 王鸿一：《青年之出路》，《村治月刊》1930 年第 11 期，第 4 页。
② 同上书，第 7 页。

分，"惟视其能否适应当时之需要以为去取之标准"①。

他非常赞同孙中山总理提出的选举考试两权合用的原则，认为此原则意善法良，可为民治圭臬。他认为，中国今后的革命建设，应以全民政治为第一要义。按照他的理解，政治就是由民众的先知先觉、有才能有道德的人治理民众事务，而非一姓一家一阶级之私事。基于这种观念，他提出选才的标准应该是：除特别情况，一切主治官吏及议员，皆以服务地方、直接亲民为正途出身。易言之，就是求真才于野，识贤能于乡。他不赞同以文艺辞章取才，而是先考其学识，再考其品行和功绩。只有如此办法，才能延揽到有才识、有德行、有实学的人才。

（五）王朝俊教育思想的形成因素及特点

王朝俊教育思想的形成主要受到三个因素的影响：

第一，对社会生活的深刻体验。王朝俊早期生活的曹州贫瘠多盗，民生窘困，严酷的生存环境对他的刺激很大，使其自小就意识到解决民生问题的重要性。他幼年时每次看到邻家寒苦状况，心中就颇不安，常代为寻求解决办法而无可奈何。他的童年好友因盗丧命，更让他心理上受到极大震动。他认为，统治者的保富政策导致了贫民的苦状无人过问，而君主私天下实为一切不平之根源。1930年，他与新闻界谈话时曾说，1921年时他就感觉到当时的政治、军事以至教育，无不走上杀人之路。解决社会问题和贫民生计问题遂成为他时刻思考的问题，"故颇思从事生人之事业，以为救济。"② 正是出于对社会生活的深刻体验和感悟，他才主张教养合一，先养后教。在他看来，不解决民生问题，民众就无法安心读书。

第二，对中国传统文化的深刻反思。他认为，人伦问题是中国文化的中心，伦理信条是组织社会的基础，而政治、学术也都以伦理为中心，这是中国文化的特色。伦理化的人生观是中国文化之本，教养化的政治学为中国文化之用。他认为，秦汉以前的文化，是师统政治文化；秦汉以后的文化，为君统政治文化。师统政治以道德为重心，君统政治以势力为重心。后世学儒讲学，将君臣一伦妄加附会，把君臣有义曲解为君臣有忠、师统政治歪解成君统政治，以致春秋大义，荡然无存。

---

① 王鸿一：《民主政治下考试选举两权并用之精神》，《村治月刊》1929年第2期，第1页。

② 王鸿一：《对时局之意见》，鄄城县政协文史资料委员会：《鄄城文史资料》（第4辑），鄄城县政协文史资料委员会1991年版，第98页。

五四运动时期，新旧思潮碰撞，文化界和教育界思想陷入混乱，致使政治、教育皆无轨道可循。他认为，造成这种局面，学者负有责任，因为旧学人物，多偏于格致诚正的上半截，而新学人物多偏于治国平天下的下半截，结果将《大学》八目裂为两截，各是其是，各非其非。他认为，明德新民一贯之学，实为救时良药，"德何以明？以实践伦理为起点；民何以亲？以推行教养为归宿。"①

经过对传统文化的深入反思，他提出，教育的任务应该是明人伦，明人伦的核心是孝悌。要明人伦，必须通过教养政相结合的方式。

第三，对中西文化的深入比较。他任职省立六中时曾与同事探讨中国文化，并提出中西文化比较的问题。他认为，欧西学术思想归本于教育实业，中国学术思想归本于教养。两者相比，欧西学术精神积个人之有余，中国学术精神补众人之不足。积有余则社会更感不平，补不足则国家方可言均。中国应该充分容纳欧西科学精神以补自身之缺。他对中西文化比较的结果，一是认为制定教育方针应该以中国固有文化精神与西方科学民主精神相结合作依据，二是认定教养化政治及教养化教育，实为中国当务之急。

与同时期的一些教育家相比，王朝俊的教育思想表现出下述特点：

民族性。从复兴中国传统文化入手解决教育问题，是王朝俊教育思想的一个显著特点。他指出，自兴学以来中国没有基于本国实际，未能从社会发展需求出发探讨教育问题，而是只知抄袭模仿，照抄照搬，学步效颦，导致教育事业长期停滞不前。他不反对学习西方的先进科技、理念、制度，但主张应立足本国实际，特别是固有的文化精神。实际上，他对中国传统文化的复兴就掺杂着借鉴西方先进科学技术、政治制度的因素。

时代性和开放性。王朝俊虽然推崇复兴中国传统文化，但他不是死板地原封不动地继承，而是根据时代发展的需求做批判的继承。他明确指出中国文化的复兴实为创新，而非复古。五四运动后各种新社会思潮涌入中国，王朝俊对此并未采取一概拒绝的态度，而是主张吸收融贯西洋科学、民权两精神下种种学术，以实现中西优势互补。

政教养合一。王朝俊没有单纯地就教育而论教育，而是将政治、经济与教育合在一起考察，以期政治、文化、经济三者存在的问题能有一个整体的解决。这与鞠思敏、王祝晨等教育家的教育思想有很大差别，

---

① 王鸿一：《三十年来衷怀所志之自剖》，《村治月刊》1930 年第 11 期，第 3 页。

后者很少牵涉政治、经济问题，而是就教育本身来论述教育问题。有研究者在分析了他的教育思想后指出，他的教育思想与同时代的实用主义的"教育无目的，教育即生活"的观点有异，与蔡元培的"美育"、"工读"主张亦不同，而与陶行知"教学做"合一有相通之处。① 这一分析值得肯定。

王朝俊的教育主张在当时社会颇有影响，《大公报》曾评论说，他的思想"颇为当世有力者注意"。② 即使在今天，他的一些观点对我们深化教育改革，推进教育发展仍具有重要的启发和借鉴价值，如遏制教育行政化。王朝俊极力反对教育权集于官方与教育机构行政机关化。当今我国教育行政化倾向渐有加重的趋向，办学者从教育自身规律自由探讨教育发展的权限受到较大限制。应该说当今教育出现的一些问题，与教育行政化有很大关系。若谋求教育的健康、合理、充分发展，政府应该给予办学者更多的自由空间和权限。又如加强对青年学生传统伦理文化的教育，可以考虑将其纳入学校通识教育课程。加强对传统人伦观的研究，根据时代发展，给予适当的变革，赋予其时代新内涵。通过伦理观念的教育，培养学生对家庭、社会和国家的责任感。再如加强对青年学生的学习、思想、就业等各方面的指导，以使他们毕业后能找到合理的自我定位和发展方向。

王朝俊的一生是孜孜追求的一生，其最终目的是实现社会的平等，"综先生一生，无日不在拼命奋斗之中，忘身忘家，老而弥勇，虽病不衰，而求其果何所为？则莫知所为也，一念不安不平，鼓荡而驱使之耳"③。他为山东教育事业的发展作出了卓著贡献，他的教育实践活动和教育观念是留给后人的宝贵财富，值得我们重视、珍惜和研究。

① 蔡应坤、邵瑞：《王鸿一传略》，黄河出版社 2003 年版，第 47 页。

② 《大公报对王鸿一病逝之报道》，鄄城县政协文史资料委员会：《鄄城文史资料》（第 4 辑），鄄城县政协文史资料委员会 1991 年版，第 104 页。

③ 梁漱溟：《中国民族自救运动之最后觉悟》，村治月刊社 1932 年版，第 330 页。

第二章　鞠思敏

鞠思敏（1872—1944 年），名承颖，字思敏，荣成人，曾任山东省视学、山东省教育司司长、国立山东高等师范学校校长、山东省立第一师范学校校长、私立正谊中学校长、山东省立第一乡村师范学校校长。他毕生献身山东教育事业，为推动本省师范教育和中学教育的发展作出了重大贡献。

第一节　求学与革命

1872 年 3 月，鞠思敏生于荣成县内衙门街一个书香门第家庭。他的父辈均接受过良好的封建教育并取得功名。祖父鞠方升是秀才，父亲鞠正色是举人，曾任定陶县县学教谕。生于这样一个书香气息浓厚的家庭，他自幼深受熏陶，启蒙较早，6 岁开始读《三字经》、《百家姓》，后陆续系统地学习了四书、五经等儒家经典。他天性聪慧，勤奋好学，学业进步很快。20 岁他考中举人，次年又中廪生，成为荣成县颇有名气的学子。

中举后，他即在本县马山大疃的私塾讲学，培养人才。荣成最早的两位留英学生李锦章和李汉平就受教于他的门下，后来担任济南教育图书社经理的李通甫也在这里接受过他的教育。

1904 年，鞠思敏经荣成县知县保送进入山东师范学堂。山东师范学堂的前身是山东师范馆，创于 1901 年，附设于山东大学堂。1901 年 8 月，清廷诏令各省设立大学堂，各府及直隶州设中学堂，各县设小学堂。山东巡抚袁世凯随即派员在泺源书院筹办大学堂，并奏请大学堂额定 300 名，分正斋、备斋等类；另设师范馆，专门培养师资力量，学员定额 30 余名，馆址设在省贡院墙根街旧考棚，时称山东大学堂师范馆。师范馆与大学堂预备科同期，课程注重普及教育，有伦理、经学、教育学、算学、中外史地、化学、外文等科目。1902 年，新任巡抚周馥将大学堂分成两个学堂——高等学堂和师范学堂。他认为，高等学堂为"阖省观瞻所系，规制易阋，以原有泺源书院益不能容"①，便在省城西关外另行规划，为高等学堂筹建新校址。1904 年，高等学堂迁往新址，师范馆迁入泺源书院，并入师范学堂，改称"山东全省师范学堂"。学堂学员的年龄一般较大，应考的资格是 18 岁以上 25 岁以下的"举贡监生"，并须由地方官保送，经学堂考验选取入学，4 年毕业。因当时各县学员尚迷恋科场，大多不愿上师范学堂，致使第一次招生失败。周馥看到这种情况非常生气，遂以保送不力为由将荣成知县予以撤职查办，并下令各县必须保送 2—4 人。这样，师范学堂才招起学生来。学堂开设科学、文学、经学和理学方面的课程。科学方面的课程如物理、化学、天文、几何、微分等都采用日本教材，属于资本主义教育内容；文学方面设有中国文学专科；经学方面主要讲解清儒的经学正义；理学方面都是唯心主义哲学，王阳明的理学盛极一时。学堂教员有日本人、科甲出身的候补官员、本校毕业留学归国者等。学制为 1 年的公共科和 3 年的 4 类专业科。鞠思敏被分在第 2 类，以中外历史、中外地理为主。

　　投考新式学堂，对考生来说是一个非常谨慎的选择。当时山东省封建思想浓厚，封建势力相当猖狂，社会上传言说学堂是洋人开设的，是个怪物，入了学堂，洋人就要给学生换脑子，首先把眼珠子换成蓝色的，然后把皮肤换成白色的。种种怪异吓人的谣传使许多家庭不许自己的孩子接受新式教育，而打算入学堂读书的学生也带有很大的心理压力和思想负担。

　　那一年，鞠思敏 32 岁，是班里年龄最大的。他被称为老大哥，并被公推为班长。当选班长的第一天他就向同学们表明了自己的志向，对全班提出了殷切希望：

　　　　大家都是抛家舍业来进学堂的，都是顶着压力来的，我想大家绝不是来混饭吃的，因为我们中间有些人在家乡已经是可以领取钱粮的，现在来了都是在国家兴亡、匹夫有责的号召下进学堂的，虽然很多同学是保送，可是不去参加科举考试这个举动本身就足以说明自己已经认识到封建制度的腐朽。社会什么样，国家什么样，大家心里都清楚。现在社会上流传着很多派别学说，我希望大家多多

---

　　① 《山东巡抚周奏办理山东各学堂情形折》，《东方杂志》1904 年第 6 期，第 137 页。

阅读，展开讨论。我们一边学习学堂课程，一边学各种学说，共同找出一条救国的方案来，好不好？我想这可能是大家最关心的，也是大家要追求的。①

从这段话语可以看出，在当时封建气息还特别浓重的山东，这群学子能摆脱走科举求功名的老路子，进入新式学堂寻求救国救民的道路的可贵精神和品质。同时，也可以发现，他们对新知的渴求已经不仅仅局限于学堂开设的课程，而且对社会上的各种新学说、新流派和新思潮都给予密切的关注和学习。

学习期间，他不但带领同学们一起努力研习，而且还与学堂的封建残余进行了积极的斗争。山东师范学堂虽为新式学堂，但仍保留着大量的封建形式，如祭孔、哭主、见面作揖等封建礼仪形式。对这些泥古不化的封建残存，鞠思敏等极其反感，进行了自觉的抵制和斗争。例如，在他的引导和带动下，全班同学在每年为慈禧做寿的筵席上，一边大吃大喝，另一边却在议论这个老太婆统治下的清王朝何时才灭亡。光绪和慈禧相继死后，政府官员一律披麻戴孝，学堂也得办灵堂，许多有功名的教师都戴孝到灵堂大哭，学生也被要求到灵堂三拜九叩。鞠思敏与其他同学联合外籍教师，将披麻戴孝改为戴黑纱，将三拜九叩改为鞠躬，这一举动在全校引起很大反响，遭到一些守旧派的强烈反对。

在学校，这位老大哥一边刻苦学习新知识，一边与同学们一起讨论如何消除愚昧、走向科学之路。他目光深邃，视野宽宏，总是从大的方面着手，然后从历史的、社会的方面深入挖掘，寻得根源，深得同学们的信任。他的同学，后来同为山东知名教育家的王世栋回忆称：

全班同学很快切身感受到这位老大哥的亲切、宽厚、言有信、行必果，不漏声色的身教与潜移默化的功力，作风民主但主见明确，使同学们逐渐对他产生信任，什么事情都乐意找他，家事、同学间、国家大事，统统都要求他出主意，拿出解决的办法。他的宿舍里时时人满为患，一些其他班的同学和个别年轻教习也来到这里做客，学堂当局对他开始器重。②

---

① 王恒整理：《鞠思敏先生在济南师范学堂》，王恒：《王祝晨传》，吉林人民出版社2004年版，第282页。
② 同上书，第283页。

照此看，鞠思敏在同学中有着相当的威信，他以自己宽阔的胸襟和民主的作风赢得了同学们的尊重和信赖。这为以后他倡导创建私立正谊中学并被推举为校长，以及立足山东教育界，成为四大教育家之首奠定了基础。

19 世纪末 20 世纪初的中国是个大动荡大变革的时代。此时的清王朝已是风雨飘摇，日薄西山。世纪之交的新政改革没有给它带来多少好运。以孙中山为首的资产阶级革命党人于 1905 年创建同盟会，高擎三民主义旗帜，大力鼓吹暴力革命推翻清王朝的政权统治，把资产阶级革命运动引向一个新的发展阶段。当时，山东师范学堂内已有加入同盟会的学生暗中宣传资产阶级革命思想。山东高密人刘冠三就是其中很有影响的一位。刘冠三在学堂读书期间，就不断揭露清政府官吏乱政、贪污腐败。1906 年他加入同盟会后，革命情绪更加高昂，将同盟会的重要刊物《晨钟》、《民报》、《革命军》等介绍给同学，对宣传革命思想起了重要作用。一直关心国家命运，关注时局走向的鞠思敏被风起云涌的资产阶级革命运动鼓舞，大量阅读了宣传革命思想的报刊，并在刘冠三的介绍下，于 1906 年加入同盟会，成为三民主义的忠实信徒，从此走上革命道路。

同盟会成立后，资产阶级革命党的首要任务是通过各种形式宣传革命思想，吸纳革命志士，为此后的武装斗争积蓄力量。借助办学做掩护，是他们常采用的一种方式。济南山左公学就是如此。1905 年冬，刘冠三、鞠思敏等人集资创建山东公立中学堂，初设校于趵突泉西，旋因学生增加，地址不敷，便于 1906 年春迁至城北杨家庄张宅，定名为山左公学。学生寄宿，散居附近各村。刘冠三经常召集学生，宣传三民主义，灌输革命思想。加入同盟会后，他更积极地"尽力介绍学生"，一时"学生加盟者大半。"① 山左公学的办学宗旨是向学员传授新思想、新文化，培育革命英才，正如鞠思敏在开学办公会上所言语："今后的最重要的任务，时时刻刻想的与做的都是如何在教学中灌输革命思想，掀起山东的革命高潮，建立起民主新国家"。② 鞠思敏参加了学校的教学活动，为培养反清志士作出了积极贡献。

加入同盟会，鞠思敏完成了思想和身份的彻底转变，不但成为一名

---

① 丁惟汾：《刘冠三传》，山东省政协文史资料委员会编：《山东文史资料选辑》（第 31 辑），山东人民出版社 1991 年版，第 145 页。

② 王恒整理：《鞠思敏先生在济南师范学堂》，王恒：《王祝晨传》，吉林人民出版社 2004 年版，第 285 页。

鼓吹和践行资产阶级暴力革命的革命者，而且成为一名革命教育者。正如他所言：

> 我过去是教过书，但那时是旧书、四书五经，今天才是从事教育事业工作的第一课，我觉得这么一课中有两个意义：一是如何把革命思想贯穿到每一节课堂教学中去，今天开始，也是今生开始，我们既不是什么迂腐的老学究，更绝不是掉了牙的冬烘先生，而是顶天立地的革命教育工作者……①

山左公学的革命活动引起政府当局的注意，1908年1月，当局将学校查封，并通缉刘冠三等人。刘冠三被迫避走青岛，临行前委托王讷、鞠思敏、陈名予等人继续办学。鞠思敏等人几经周折，在市内新街租赁民房，筹备恢复山左公学。同年，山东教育总会成立，地址设于西公界题壁堂。由于题壁堂院落宽敞，鞠思敏等决定将学校迁往那里。经过他们的多方奔走，学校最终得以搬至题壁堂重新开课，经费也得到教育总会的补助。

1909年，鞠思敏以优异的成绩从山东师范学堂毕业。按照清政府的规定，师范学堂毕业生必须到北京参加复试，通过后方能取得毕业文凭，授予官职。但是，那一年山东师范学堂毕业生进京复试都未及格，后来查明是因为应试者未贿赂学部所致。次年，他与其他同学再次进京复试，通过，被授予师范科举人。4月，他被任命为山东省视学。

1911年10月，武昌起义爆发。武昌起义的成功极大鼓励了资产阶级革命者，有力地推动了全国革命形势的深入发展。山东省的革命志士也积极策划本省独立，鞠思敏参与了此事。他的女儿，原山东医科大学微生物教研室副教授鞠文焌回忆称，他"与优级师范学堂新任监督王讷共同参与策划山东独立事"②。巡抚孙宝琦在他们的策动和压力下，看到全国革命形势迅猛发展，不得不于11月13日发表通电，宣告脱离清政府，山东独立。遗憾的是，鞠思敏在独立事中扮演了什么角色，发挥了多大作用，笔者尚未找到相关史料予以说明。

孙宝琦虽然表面拥护革命，实则仍效忠清廷。11月24日；他又宣

---

① 王恒：《王祝晨传》，吉林人民出版社2004年版，第285页。

② 鞠文焌：《鞠思敏年谱》，济南市政协文史资料委员会、济南市教育委员会：《解放前济南的学校》，济南出版社1991年版，第267页。

布取消独立，拥护清政府，进行反革命活动，四处捕杀革命党人。鞠思敏无法在济南立身，只得与来济观察形势的同学刘培源和朋友曲渭纶同赴烟台。刘培源是辛亥革命期间山东省著名的革命党人，字鉴清，1871年生于荣成县。他笃好阳明之学，慷慨仗义，疾恶如仇。清末废科举、兴学堂，他力劝本县青年入学堂，又在本县青山设宾兴学堂，继又创办劝学公所，被举为劝学总董。一月之间，他经营肇划，不遗余力，成立高级和初级学堂数十处。但是，由于地方风气不开，筹集不到足够的资金，再加上异己者的刁难，劝学所被解散。1907年，他考入山东优级师范学堂（1907年，山东师范学堂因增设分类优级班改称山东优级师范学堂），与鞠思敏成为同学。1910年毕业后，他被同乡推荐为登州中学堂和师范学堂堂长。曲渭纶是荣成埠柳凤头人，清廪生。北京游学期间，目睹清政府的腐败、列强的横行，他痛心疾首，立志救国。其父去世，他回归乡里。在维新思潮影响下，他联合志同道合的人士，创办凤鸣学堂。因热心公益，荣成县议会成立时，他当选为议员，凡有关地方自治之事，无不认真办理，如兴办学校培养人才，提倡天足，禁止鸦片、赌博，办联庄会维持地方治安等，都很有成效。烟台是革命党人在山东的第二个重要活动基地，济南举义得到烟台革命党人的响应和支持。济南事变后，烟台的革命活动尚未遭到完全破坏。他们抵达烟台后，共同谒见军政府代理都督杜潜，请他协助荣成革命。1912年1月29日，军政府派出左雨农为宣抚使，带兵入荣成，刘鉴清等协助左军，驱赶县知事刘文炳，组建荣成革命军政府。刘鉴清任县长，曲渭纶任秘书，鞠思敏"与闻新政"。[①] 31日，左雨农率军返回烟台，荣成守旧势力乘机密谋反扑，该县独立运动于2月中旬惨遭失败。刘鉴清、曲渭纶被害，鞠思敏侥幸逃脱，前往威海。

1912年3月，鞠思敏从威海返回济南。这时清帝已经退位，而孙中山亦辞去南京临时政府大总统之职，让位于袁世凯。辛亥革命的胜利果实被袁世凯窃取，共和、民主徒有虚名。

辛亥革命的悲惨结局对鞠思敏刺激很大，"虽近今政体改革一跃而成民主，然统一共和不过口头符号，自由平权悉成假面墨粉"[②]。他不得不重新对救国之道作出审视和思考，并最终选择教育之路，"在经历

---

① 王墨仙：《荣成独立时之鞠思敏》，中国史学会济南分会：《山东近代史资料》（第2分册），山东人民出版社1958年版，第217页。

② 鞠思敏：《国民教育谭》，《教育报》，转自赵承福主编《山东教育史》（近代卷），山东人民出版社2001年版，第104页。

了出生入死的革命洗礼之后，认识到革命斗争的复杂性与长期性。面对着不肯轻易退出历史舞台的旧封建势力，他痛定思痛，选定教育为终身事业，从提高青年的素质入手，以达到振兴中华的目的"[①]。

第二节　投身教育

从威海返回济南后，鞠思敏便全身心地投入到教育事业。至 1944年去世，30 余年的时间里他把全部精力都用于办学和外出考察教育。可以说，这是他力图改变山东教育落后状况，推动其发展的两条主要举措。

回济不久，他就担任山东高等师范学校校长之职。山东高等师范学校的前身是山东优级师范学堂。1912 年 2 月，南京国民政府教育部颁布《普通教育暂行办法》。《办法》规定，自此以后，从前各项学堂均改称学校，监督、堂长一律该称校长。9 月 29 日，教育部又颁发《师范教育令》，规定师范教育分师范学校和高等师范学校两级，师范学校以造就小学教员为目的，高等师范学校以造就中学和师范学堂教员为目的；师范学校定为省立，高等师范学校定为国立。根据教育部的法令，1912 年 5 月，山东优级师范学堂改为山东国立高等师范学校，徐鸿策担任校长，鞠思敏任教务长。当时，山东高师与北京、南京、武汉三地高师并称为全国四大高等师范学校。可见，它在全国师范教育中的地位和影响是非同小可的。1913 年，徐鸿策离职，鞠思敏接任校长。借助当时全国民主革命思想广为传播的有利时机，他对高师进行了大力革新。他从学校实际出发，制定各项管理规章制度，使学校办学更加正规。这些规章制度有教室规则、宿舍规则、自习室规则、阅报室规则等等。他还为学校添购教学仪器，增订中外科学书刊，翻译外国图书资料。经他的努力和科学治理，高师成为山东乃至全国教育教学制度比较完备的师范学校。1914 年 8 月，全国师范学校进行大调整。教育部将全国划分为六大师范区，保留北京、南京、武汉三所高师，新建广州、成都和沈阳三所高师。山东高师因与北京高师同属一个学区，奉令停办，原有学生继续修业至 1916 年毕业。

---

① 鞠文焌：《鞠思敏年谱》，济南市政协文史资料委员会、济南市教育委员会：《解放前济南的学校》，济南出版社 1991 年版，第 268 页。

根据教育部的统一部署，山东省政府将济南、泰安、武定三处省立师范学校并入高师。高师校址不变，更名为省立一师，由鞠思敏任校长。根据省公署的规定，一师主要从济南、历城、青岛、长清、肥城、泰安等 27 个县招考学生。学制为 5 年，预科 1 年，本科 4 年，主要培养小学教师，少数为中学教师。

针对学校招生规模扩大、招生对象改变的情况，鞠思敏继续推行正规化办学理念，精简学校行政管理机构，建立和完善各项学校规章制度。除了完善教室、宿舍等规章外，他还创设了周一朝会、周六演讲会、毕业生成绩展出、校友定期聚会等多种定期例行制度。这些制度的建设对推动一师的正规化发展起了重要作用。为了给学生创造良好的实习园地，他又建立两处附小，其中第二附小招收农家子弟，以使学生对城市与农村的教育都有所了解。这一做法在山东教育界引起很大反响，受到社会的普遍称赞。

1916 年，他卸任一师校长之职。由于办理高师和一师成绩卓著，他受到省政府和北洋政府教育部的称赞与奖励。1915 年，山东省巡按使蔡儒楷呈文教育部，称赞他"朴诚任事，管理合宜，不领兼薪，尤徵廉让"，请予以奖励，获准。① 同年 8 月，省巡按使公署颁发第四次办学出力人员奖品，他因为办学出色获得一把扇子与一副对联。

在山左公学教书期间，鞠思敏就萌生了办学的念头。在那里，他不仅把所学的教育知识用于实践，更重要的是尝到了教育革命的甜头："在这里我得到了最大乐趣。"② 1913 年，他联络山东教育界知名人士与部分同盟会会员共 59 人筹建了一所私立中学。参与其事的王世栋后来回忆他们当时的筹划情境时说：

> 上班第三天中午鞠以要事为由，约上在济南的同学一齐去了大明湖的阎敬铭祠（非常破烂不堪），鞠说："请大家看看这个地方能否成为一座中学，多谈谈看法。"大家谈论着围绕院落转了一圈，七嘴八舌地提了不少建议。鞠说："我想明年正式开学，先开二个补习班，只有二个教室吗，万事开头难嘛，我们就蚂蚁啃骨头，一班一班地向上加，学校经费除了所收一点学费外，其他一切……"

① 《山东按察使蔡儒楷呈办学人员鞠承颖等成绩卓著拟请奖给勋章》，《政府公报》1915 年 3 月 3 日第 1011 号，第 14 页。

② 王恒整理：《鞠思敏先生在济南师范学堂》，王恒：《王祝晨传》，吉林人民出版社 2004 年版，第 286 页。

他还未说完大家一齐笑着说"全部我们出!"鞠笑着说:"那么我今天就去交定金啦,先租赁下来打算修缮,目前需要大家每人给学校起个姓名,三天后研究,这本身就是私生子,可得有个响亮名字,对不对?"大家笑语不断地回到学校,开始议论起校名来了。

他提出此倡议的初衷是为了反对公立中学中残存的科举习气,革除官办学校在教学思想和教学方法上的陈规陋习,开创民主进步的教育新风气,造就社会需要的合格人才,"这校必然是反对封建教育制度,废除官办教学的陈规旧习、开创教育新风的实验田。"[1]

学校定名为"正谊中学"。"正谊"乃取自董仲舒之语。董仲舒与汉武帝对策时曾说过"仁人者,正其谊不谋其利,明其道不计其功"的话,[2]意为明道、正义,反对功利。鞠思敏等取此意,借以申明办学宗旨。正谊中学租用大明湖畔阎敬铭废祠作为校址,9月8日正式开学,鞠思敏担任校长。创办正谊中学成为他办学实践的最大成就之一。

他亲自为学校谱写了校歌。歌词写道:

> 泱泱海表,巍巍岱宗,惟兹正谊,蔚起吾东。精诚贯日月,浩气吞长江,大建筑新经营,风雨变换中,多士济济,一堂融融,艺术迈进,人格完成,信科学万有,信教育万能,应时代需要,以臻世界大同。[3]

歌词明白地表明,正谊中学将采用不同于官办学校的办学理念和经营方式。在这里,艺术教育和人格培养将受到特别的重视,而办学的目的则是顺应时代需要,培养社会人才,最终实现"世界大同"。

由于是私立中学,无法得到政府的财政支持,因此正谊中学创办之初特别艰苦。学校仅有两间教室,只招收两个中学补习班。桌椅等教学、办公用具全靠社会各界人士捐赠,经费由创办人捐助,教师多从社会和其他学校延聘。学费收入用于支付学校经常费用,教师上课皆不取报酬,学校每日仅提供免费大锅饭一餐。作为校长,鞠思敏全力投入学

---

① 王恒整理:《鞠思敏先生在济南师范学堂》,王恒:《王祝晨传》,吉林人民出版社2004年版,第291页。

② 《董仲舒传》,冉昭德、陈直主编:《汉书选》,中华书局2009年版,第143页。

③ 孙思白:《我的老师鞠思敏先生》,李涛主编,济南市政协文史资料委员会编:《文化名人与济南》,黄河出版社2002年版,第39页。

校的建设。据说，创校之初，从打铃、扫地到上课，他一身兼之。他不仅和其他教师一样，不领薪水，而且还把自己在高师任校长的收入按月拿出一部分，捐给正谊中学。在他的感召和带领下，全校教师凭着对教育事业的无私热爱，互相勉励，共同渡过了初创时期的艰难岁月。

经全校师生的共同努力，正谊中学开办不久即呈现出快速发展的良好势头，得到了当时的省政府的肯定，并获得了较高的社会声誉。1914年，学校经当时的教育部审查准予立案，是年经省议会提案，省长公署批准，每月拨给补助费100元。1916年，省视学翚秉秋视察该校学务后，在给省政府的呈文中称，该校"讲室三座皆颇明敞，教员准备室及学生自习室布置均有次序。教员多系义务，管理、教授、训练俱极认真……国文、英文、算术，尤为切实，理化试验仪器大致尚属完全。操场中附有篮球、网球，各器具以备各生课余之运动，设备亦颇合式"①。当年，省政府又将阎公祠正式划为校产。1918年社会各界捐助4000余元，1921年正谊中学又向社会募捐5000多元。鞠思敏利用政府补助和社会捐赠，扩大学校规模，购置教学设备，进一步推动学校的发展。1918年至1924年间，学校先后兴建西北楼教室18间和平台教室4间、东北楼教室8间、东南楼教室8间、南楼教室16间、办公室、教职工宿舍，还建立了小学部，增设分校和2所附小。1925年后学校又逐年增修教室、图书馆、实验室。教学质量的提高和学校规模的扩大带动了招生人数的增加。初创时仅有3个班、73名学生，1919年时已有学生692人。②

从建校到1928年，鞠思敏担任正谊中学校长15年。期间，中国政局风谲云诡，变幻不定，先后发生了五四运动、第一次国内革命战争和第二次国内革命战争。在这风云多变的政局中，正谊中学在鞠思敏等人的带领下，始终走在山东革命运动的前列，对推动近代山东革命事业的发展起了重要作用。五四运动前，学校的创办人、史地教师祁锡埮编写《八十年国耻史》，在正谊、一师等校宣讲，激发青年学生爱国热情。1919年5月5日，即北京学生爱国运动爆发的第二日，济南各校就行动起来，奋起支援北京学生。正谊中学学生会，立即组织同学走向街头示威游行，誓作北京学生后援。7日，山东各界62个团体假省议会召开

① 《饬私立正谊中学校校长鞠思敏遵照省视学视察报告办理文》，殷梦霞、李强编著：《民国教育公报汇编》（第124册），北京图书馆出版社2009年版，第473页。
② 吕伟俊主编：《民国山东史》，山东人民出版社1995年版，第300页。

"五·七"国耻纪念大会。学校创办人、众议员王讷在大会上评述巴黎和会山东问题交涉经过。大会致电大总统徐世昌、参加巴黎和会的专使陆徵祥等人，反对签字。鞠思敏、一师校长于丹绂、省议员王世栋等人参加了大会。1920年元旦，正谊中学学生在大明湖东岸大舞台演出反帝爱国新剧，遭到军警的围攻，数名学生受伤。3日，济垣各校组织教职员联合会，支持学生的爱国运动。鞠思敏被推为会长，王世栋被举为宣传股长。他们发表宣言，痛斥当局专横霸道，镇压学生的爱国运动。经他们的奔走呼号，当局被迫承认错误，承担受伤学生的医疗费用。五卅惨案发生的消息传到济南后，正谊中学师生立即举行罢课游行。1925年6月11日，济南各校学生在商埠公园举行市民大会，到会群众逾万。鞠思敏被推举为大会主席，在大会报告中，他宣讲了开会宗旨，号召与会者坚持斗争，争取胜利。在正谊中学一系列进步活动中，鞠思敏不但给予鼎力支持，而且还亲身参与，以实际行动践行着正谊中学的办学宗旨。

1928年5月，当时的南京国民政府召开全国教育会议。会议通过了"请大学院明令各省注重训练乡村教育师资案"，要求各省今后竭力提倡乡村教育，实现教育机会均等，为乡民谋取福利。要推广乡村教育，必先培养乡村师资。为此，各省应该根据当本省地理环境及农业发展情况，酌分若干乡村教育区，每区设立乡村师范学校，专门培养乡村教师。当时的山东省教育厅教育设计委员会认为，乡村教育关系甚巨，一致决议，拟自1929年起分期筹设乡村师范学校22处，按各地需要之缓急定实行办法之先后，借以推广乡村教育，训练农民子弟，消除农民的愚昧思想，养成健全之国民。考虑到农村环境和需要与城市有异，乡村教育的教材和教法亦与城市不同，必须先有受过特殊训练的师资，否则乡村教育难以取得令人满意的成效，于是当时的省教育厅打算在设立乡村师范之前，先于1928年春季筹办乡村师范学校教职员训练班，延请名家，切实指导，作为筹建乡村师范的准备，并呈请省政府拨款。由于种种原因，款项未能拨发。转瞬间进入1929年，当时的省教育厅觉得筹设乡村师范学校之事不能再拖延了，教职员训练之事可以暂时搁置，决定当年秋先设省立第一、第二和第三乡村师范学校分别于济南、莱阳和临沂。8月17日，当时的教育厅委任鞠思敏为省立第一乡村师范学校首任校长，拨给省立高级中学第二院旧址作为校舍，令他克期筹办。于是，他把正谊中学校长职务暂委他人，全力投入到乡一师的创办工作。这又成为他教育实践活动中值得浓墨重彩的一个辉煌成就。

他接受委任不久即离开正谊中学，移居乡师所在地济南北园白鹤庄。学校创办之初，仅接手校舍一所，一切应有设备概付阙如，而且学校偏居乡村，交通不便，延聘教员、安排课程等事宜皆很困难。为不耽误招生和上课，他带领教职员首先从三个方面进行了准备：一是整修校舍，置办桌椅。美化校园，在校中隙地，种植花草，杂种菜蔬，使整个校园"颇有农家风味"。为弥补教学办公设备不足，他从其他学校暂借了部分桌凳。二是设置学校行政机构，使各职能部门立即运作起来。他于校长下设教务、训育、事务三处行政机构，每处设主任 1 名，另设教务员、事务员 1—2 人。训育主任由山东矿业专门学校毕业的张鲁郊担任，张富有朝气，与学生关系融洽。事务主任由田象孚担任。三是根据学校实际安排教学时数。由于教职员少，且"兼职教员多居城内"，为求教员往返时间经济起见，在安排教学时，每门课程多连续教授 2 个小时。① 经过紧张的准备，乡师于 10 月正式开课。

乡师初创时，设特科 1 个班，招收初中毕业生，学制 1 年；本科 1 级 1 个班，招收高小毕业生，学制 3 年。学生来自全省各地，以济南、潍坊、淄博、泰安 4 个地区和郓城、禹城等县的居多。学生年龄大多数比普通中学学生高，14—15 岁者仅占 5%，18 岁以上者占 48%。已婚学生居多，占 59%。不少学生家境贫寒，入学前曾在家务农或做塾师。学生在校享受官费待遇，每月可领取津贴 5 元，主要用于伙食。

乡师的办学宗旨是培养"优良乡村小学教师，并能改进农民生活，指导乡村自治之人才"。② 正如校歌歌词所言："习教学，练技艺，好到乡村去……萎弱的民族，凋敝的农村，端赖我们振起。"③ 为实现这一办学目标，学校除开设与普通师范大致相同的科目外，还增设具有乡村师范教育特色的课程，如把乡村教育、乡村社会学、农业、农场实习列入必修科，把社会学与社会问题、社会思想与社会调查等列为选修科。学生必须学完全部必修科和选修科，考试合格后方能毕业。

为使乡师真正成为培养乡村教师的基地，鞠思敏注意锻炼学生的实践能力。乡师成立的第二年，他就将校西面两个狭小的院落改建成附小。1930 年 10 月，曾来校视察的教育厅视察科科员孔德同在视察报告

① 　山东省政府教育厅编：《山东省政府教育厅视察报告》1931 年，第 39—40 页。

② 　刘荣贤：《山东省的第一所乡村师范学校》，济南市政协文史资料委员会、济南市教育委员会：《解放前济南的学校》，济南出版社 1991 年版，第 192 页。

③ 　周星夫：《济南乡村师范简史》，中国人民政治协商会议山东省委员会文史资料委员会：《山东文史资料选辑》（第 30 辑），山东人民出版社 1991 年版，第 93 页。

中说，附小除三间教室"尚高爽"外，其他房屋"均极卑小"。由于院落比较狭窄，置身其中，"深有局促之感"。校门外有一处广场，"足为儿童活动游戏之用"。广场的西南面，有一湾流水，数株垂柳；对岸，稻田菜畦，豆篱瓜架，清幽美丽，"裨益学生精神，颇非浅显"。附小初创，设备甚简。所用桌凳，皆由校主任董树敏创制。由于布置井然，"不觉其简陋"。图书馆中，陈设儿童读物。学生采取活动分团制，分为三段，分在三个教室上课：第一段分两个团，甲团程度相当于六年级，乙团程度相当于三年级；第二段相当于二年级；第三段相当于一年级。①1930年，他创办夜校5处，翌年又划附近19个村庄为义务教育试验区，添办民众学校两处，在黄台租地10亩作为农事实验田。他要求学生必须按学校计划到附小进行小学行政与教学实习，并进行严格考核；必须到农事试验区参加农业劳动，做农事实验。附小、夜校等的设立为乡师学生提供一个很好的实习锻炼的机会，将课堂学习与实践锻炼结合起来，培养了实际能力。如民众学校的教师均由乡师学生兼任。他们白天在校学习，晚上就提着马灯到附近村里去上课，教农民识字。

他非常注重乡师的校风建设，要求学生追求民主和进步，关心国家民族的命运。为此，他在校园人文环境建设方面颇费心思。例如，他设法招聘进步教师、购买进步书籍、鼓励学生组织学习会，宣讲进步思想。因保护进步学生而被迫辞职的原省立二师校长范炳辰被他聘来担任图书馆主任。范炳辰为学生购进了大量进步书籍。每个班都组织了读书会，学生竞相传阅《中国近代史》、《社会科学基础知识》、《大众哲学》、《读书生活》、《世界知识》、《中国农村经济》、《妇女生活》等刊物。学校阅览室经常座无虚席，学生都埋头阅读。课后饭余，田间路旁，学生三三两两，谈论时事形势、读书心得、社会问题和群众疾苦。当时销售进步书刊的东方书店，是学生周日必去的地方。学校一建立，共产党就在校中成立了党支部，发展了大批学生党员。这些学生党员在国民党白色恐怖的统治下，进行了不屈不挠的斗争。总之，在鞠思敏和其他进步教师的支持下，乡师学生阅读进步书籍，追求进步思想，革命之风甚蔚。

第一乡师创建时正是国民党白色恐怖笼罩时期，鞠思敏不畏国民党当局的威胁，聘用进步教师，支持学生的民主运动，因此第一乡师的民主、革命氛围很浓。这让国民党当局极为恼火，曾多次逼迫他引咎辞

① 山东省政府教育厅编：《山东省政府教育厅视察报告》1931年，第41—42页。

职。但是，他认为，追求民主，支持学生进步没有错，拒不辞职。可是，1932 年 7 月，当局竟然不顾全省人民的强烈反对，将他撤职。

在办学的同时，鞠思敏还不断外出考察教育，学习外省和外国的先进经验，而考察所得除用于办学实践外，还整理成条陈向当局建言献策。从 1915 年到 1929 年，他共 6 次外出考察教育，分别是：1915 年夏秋之交他与王世栋自费前往江苏、浙江、直隶、北京等地考察；1917 年春去日本；1924 年到南京、上海等地，并在南京拜访陶行知先生；1928 年他参加完在泰安召开的省教育会议后即赴南京、上海、江苏、浙江等地考察教育；1929 年在他 60 岁高龄时，仍带病坚持前往河北定县，参观宴阳初的平民教育，途经北平时探望胡适先生，与其谈及教育问题。

他不辞劳苦，不惧顽疾，屡次外出考察教育，是因为他"痛感山东教育的落后"，急于改变这种状况。清末民初山东省的教育与其他省份相比还很落后。宣统元年（1909 年），山东省咨议局曾指出本省教育存在管理腐败、师资不足、经费缺乏、教学质量极差等问题。1920 年，山东省共产党的创始人王尽美在《泺源新刊》上发表文章称，山东教育"尽可以'腐败黑暗'四字了之"[①]。鞠思敏的友人张默生也说，山东省初级学堂的教员和学生，与考送外国参观和留学的人员，以及考送清华学校的学生，多为客籍。中学毕业生投考他处，多不及格。[②] 另外，日本侵略势力在山东四处伸手，教育也成为他们染指的领域。对处于落后、危难之境的山东教育，鞠思敏既痛心疾首，又焦虑万分。1916 年 12 月，中华全国教育联合会甘肃代表水梓考察山东教育时，曾与他有过简短的交谈，当时他任省教育公署教育科主任（1916 年 8 月，经省议会议长张公制荐举充任该职。张怀芝主鲁后，对鞠甚无礼，常呼之"教育头"。鞠无法干下去，不久辞职）。水梓在日记中写道：

> 旋寻至省长署，会教育科长鞠思敏（承颖）君，称该省教育现处于危险地位，乃就时局、经费、教材三者剀切叙述，并谈及最近状况之诸多困难，且恐为最野心之某国人侵入教育范围，话际眉宇间现出一种悲观之态度，乃有心人也。[③]

---

　　① 王尽美：《乡村教育大半如此》，中共山东省委党史研究室、中共诸城市委编著：《王尽美传》，红旗出版社 1998 年版，第 231 页。

　　② 张默生：《王大牛传》，东方书社 1947 年版，第 20 页。

　　③ 水梓：《直鲁江浙考察教育日记》，水天中编：《煦园春秋：水梓和他的家世》，中国艺苑出版社 2006 年版，第 87 页。

正是出于对本省教育现状的担忧和急于寻找解决的途径，他数次外出取经。1915 年考察结束后，他根据考察所见，结合本省实际，与王世栋共同拟订"山东省教育改良计划"，提交省府和北洋政府教育部。该计划的主要内容包括扩充留学生名额，注意提拔人才；商请山东资助的南京河海工程专门学校，注意考取山东籍学生，并请该校派人来山东办理课外辅导班，加紧补习志愿考取该校的学生的功课；多聘外省教员来山东讲学，并提倡本省教育界赴外省考察教育；提高中学与师范学生程度，特别注意英语课，并添足手工、音乐、图画等科；清理教师队伍，不称职者以情节轻重分别撤职、降职、停职、辞职或进修；严格学生纪律，违反校规者一律按校规处罚，凡嫖娼、吸毒、赌博者一经发现，当即开除学籍。教育部对这项计划给予肯定，并逐条作出答复和批示，如关于课程设置一条，答复为："有条件者逐渐实行。一师于 1916年添手工、图画等专修科，以补全省教员之不足。"当时的教育部认为，鞠思敏等人提出的改良计划足以"引起山东教育界之觉醒"①。张默生也称，这些建议被当局次第采用实行，"从此山东教育界人士，才得到极大的觉醒"②。从日本考察回来后，他深感山东英文、理化等学科教学落后，不能适应社会需要，于是狠抓外语和理科教学，以期改变落后状态。1928 年，他去江浙等地考察后又起草了《山东教育发展规划》，建议将全省教育工作重点放在农村。

通过办学和外出考察等实际行动，鞠思敏为民国初期山东教育的转型和发展作出了重大贡献。陈默生给予他很高的评价，称他在山东教育界的地位，有些像徐特立先生在湖南。③

第三节 教育思想

与其丰富的教育实践活动相比，鞠思敏对教育教学的阐述却很少。1913 年他在《教育报》第 1 卷第 2 期上发表的论文《国民教育谭》是他集中论述教育问题的长篇文章，此后再也没有那样大篇幅地论说教育问题。1929 年，他去北平考察时顺便拜访胡适先生，胡适曾建议他把

---

① 转引自政协齐河县文史资料委员会编《齐河文史资料》（第 4 辑），政协齐河县文史资料委员会 1996 年版，第 27—28 页。
② 张默生：《王大牛传》，东方书社 1947 年版，第 21 页。
③ 同上书，第 15 页。

自己一生的办学经历和体验写出来，后来由于忙着续修《荣成县志》，未能成全此事。他去世后，正谊中学为他修建纪念亭，里面陈放了他的部分手迹。遗憾的是，"文革"期间这些手稿被抄而散失。本文只能依据他的教育实践活动和散见于文献史料的零星资料，探讨他的教育思想。梳理目前所能找到的史料，可知他的教育观内容涉及教育的作用、教育与文化的关系、教育经费、课程设置、教学方法、教师聘用等多个方面。

（一）论教育的作用

鞠思敏认为，教育的作用在于改造国民性，实现国家强盛与谋取竞争生存。在他看来，生存竞争已成为个人、国家和世界发展趋势的核心问题。他说，就国家发展趋势而言，以生存为中心；就世界发展趋势言之，以生存竞争为中心；就个人发展而论，以高尚生存竞争为中心。辛亥革命期间，他曾致函时任荣成军政府民政长的刘鉴清，称现今所讲求的不外"生存竞争、优胜劣败"八个字，国家如此，各省如此，推之一府一州县，莫不如此。何处不争何处即落后，若落后，则劣败之形立现。要在竞争中谋胜，关键在教育，"争胜之具，当以教育为第一"。①他认为，自民国缔造以来，国家并未真正实现民主、共和、富裕和强盛，国民还安于愚顽，趋于游堕，具有完备知识和健全能力、可出而与世界抗衡的人极少。要改变这种状况，就必须广办教育，"国家强盛，在育人才，育才之路，在于广办教育"。他痛切直陈，不重视教育，就无法振兴齐鲁，无法振兴国家和民族。他斥责那些不重视教育的人是鼠目寸光，到头来只能贻害国家，贻害民族。②

要发挥教育的关键作用，就必须对它进行改革。他认为，教育改革应从革除社会的陈腐观念，革新民众的愚昧思想开始。他说，要从根本上解决教育问题，首要的是与最近教育史上不正确的言论、思想和希望所构成的社会宣战，并与老大之中国、旧染之民，革新更始。只有把国民普遍存在的弱点、导致亡国亡种的"内容真相"从根本上扫除廓清，才能实现国家和民族的发达与进步。③

在他看来，教育通过造就适应社会需要的合格人才来改变国民的愚

---

① http://news.sohu.com/20060521/n243334485.shtml.

② 转自张春常、李秋毅主编《济南师范学校百年史》，齐鲁书社2002年版，第408页。

③ 转自宋景盛主编《锦绣威海》，山东友谊出版社1989年版，第105页。

昧，实现国家强盛，谋得竞争中生存。在这个过程中，教育家的作用至关重要。教育家通过办学破除国民旧的个人家庭观念，引导他们生成国家观念，使人人具有独立精神、相益能力、公共道德，人人能自爱、自治、自立；改变国民"重门面，贱实业"的心理状态，使人人具有生存竞争的能力。为此，教育家应该提倡实业教育，奖励工商教育；应该具有"久远"的目光，不应"蔽于目前"；应该"求其根源"，不应"寻其枝节"。①

（二）论教育与文化

鞠思敏意识到文化对教育的巨大能动作用，主张文化特别是新文化应推动教育的发展，教育应与新文化运动和发展的方向保持一致。办学期间，他与山东教育界其他知名人士共同创办文化书社，引进各类文化书籍，介绍新思想，以此推动办学和山东教育事业的发展。1913 年 10 月，他与王世栋等在济南芙蓉街创办教育图书社，以辅助山东教育为宗旨。他们与书社经理李云亭商定，书社要以服务学校为目的，赚钱是次要的，只要服务做到各学校师生满意，至少基本满意就可以了。书社代销中华书局各类书籍，并兼营文具，教学仪器，供各校选购使用，与省内各学校关系密切，河北、河南部分学校也前来购买教学仪器和文具用品。书社初期的良好发展让鞠思敏等人备受鼓舞，决定把它发展为传播新思想、新文化的前沿阵地。五四运动期间，书社柜台上摆满了《马克思传》、《新青年》、《新潮》、《共产党月刊》、《共产党宣言》等书刊。前来购阅者络绎不绝。1922 年，经鞠思敏提议，书社开办职工业余学校，提高职工的文化素质。

1919 年，在新文化运动浪潮的推动下，他又与王世栋等发起创办"尚学会"，取崇尚学习之意。学会办有会刊《新文化介绍》，由王世栋任主编，分文学、哲学、伦理、教育、社会五个栏目，介绍新兴学术思想，研究时局，先后出版"文学号"、"教育号"、"哲学号"。《新文化介绍》成为五四运动期间山东教育界知名度很高且影响甚大的新文化学术刊物。

鞠思敏与教育界同仁积极投身新文化运动，有力地促进了新文化在山东教育界的传播，推动了本省教育事业的发展。济南教育书社、尚学会、

---

① 转引自赵承福主编《山东教育通史》（近现代卷），山东人民出版社 2001 年版，第 104 页。

正谊中学和省立第一乡师都是当时宣传新文化的主阵地，民主和科学在这里蔚然成风。在这种风气的熏陶和感染下，正谊中学和省立第一乡师为山东乃至整个国家的教育和革命事业培养了大批优秀人才，如著名学者、国学大师季羡林，曾任中共山东省省长的赵建民都是鞠思敏的学生。

（三）教育经费观

办学少不了经费投入，充裕的教育经费是教育事业顺利发展的重要保障。鞠思敏对此有着深刻的认识。他认为，增加教育经费投入是办好教育的关键。他说，国家强盛，在育人才，育才之路，在广办教育和投入经费。然而军阀统治下的山东，教育得不到应有的重视，经费常无着落。1912 年至 1915 年，山东省教育经费逐年减少。1916 年至 1918 年，北洋政府干脆停拨了山东省的教育经费。1917 年，山东省长军阀张怀芝将教育经费挪做南征的军费。经费不足，始终是制约山东教育发展的一个主要因素。他对此忧心忡忡，想方设法向当局力陈增拨教育经费的重要性。1918 年，他当选省议员，分在议会教育股任股长。利用职务之便，他多方奔走呼吁。经过不懈努力，山东省立学校的经费和临时费、私立学校的补助费才有所增加。

在提议增加教育经费的同时，他还提出适当提高教职员工的待遇，实行分级支薪办法。1915 年 12 月 6 日，他向当时的省政府提交了《专门及高等师范各校职员分级支薪办法》，建议教职工薪水分三级，首先拟定最高和最低工资额，在此范围内将职员工资分为三级，具体数额由校长依照他们的工作年限和办事勤惰而定。[①] 他提出这一办法，是出于以下因素的考虑：第一，山东省高校职员的工资普遍较低，与全国行政机关职员工资差距很大，不但难显公平，而且导致教职员队伍不稳定。1915 年全国行政机关职员的最低工资是 50—60 元，而山东省专门及高等师范学校职员的工资除校长外最高仅 50 元。鞠思敏认为，同样是为国家服务，而薪俸厚薄差距却如此之大，结果稍微有点才能者，辄愿投身于政界，而暂在学校供职者，常见异思迁，抱五日京兆之念。第二，教职员工资制度不合理。当时京内外机关任用人员多采用等级递进办法，任职之久暂，办事之勤堕，均可由长官详为考察，薪俸之多寡亦可

---

① 《高等师范学校校长鞠承颖等拟定专门及高等师范各校职员分级支薪办法请核示文》（民国四年十二月六日），殷梦霞、李强编：《民国教育公报汇编》（第 124 册），北京图书馆出版社 2009 年版，第 183—186 页。

由长官按等级升降权衡处理。而山东省政府却规定省高等师范各校职员的薪水不能随意增减。职员劳逸勤堕不齐，学校给予的待遇却一样。如此一来，导致奖劝无所施，督责难收效，校务难进行。根据他的办法，专门及高等师范各校职员薪水见表2：

表2　　　　　专门及高等师范各校职员分级支薪办法（元）

职员	一级月薪	二级月薪	三级月薪
主科教员兼教务主任	30	25	20
文案	50	40	30
庶务	60	50	40
学监	60	50	40
会计	40	30	20
司事	25	20	15

从表2可看出，职员最高薪水为60元，比以前大有提高，一定程度上缩小了山东省专门及高等师范各校职员与全国行政机关职员薪水的差距，而且这一办法还改变了当时薪水制度的缺陷，有利于提高职员的工作热情和效能，有助于稳定教职员队伍。对此建议，当局认为"不为无见"，但又说"经费亦当节俭"，因此只能变通办理，采取三级增薪办法，仍以此前公布的"专门学校职员薪俸划一规程为标准。"[1] 无论如何，经鞠思敏的提议，省专门及高等师范学校职员的薪水增加了。

（四）体育教育观

鞠思敏非常重视体育教育。他认为，身体强弱关乎国家强盛，而身体的强弱既与遗传有关，又与后天的锻炼相关。他分析指出，欧美民族起初并不皆强，后来成为"魁梧奇伟之国民"，是因为他们注重锻炼，重视体育。近代中国经有识之士的倡导，体育逐渐受到重视。但是，山东省的体育教育较其他各省落后很多，4次华北运动会和2次远东运动会，山东各校均以训练无素为由未参加。对此，他与同仁扪心自问，深感不安。1915年11月，他与教育界同侪促成召开山东联合运动会，目的就是想借此引起山东各界对体育和体育教育的重视。《山东教育公

① 《批高等师范学校校长鞠承颖等拟定专门及高等师范各校职员分级支薪办法由》，殷梦霞、李强编：《民国教育公报汇编》（第124册），北京图书馆出版社2009年版，第188页。

报》对这次运动会盛况作了报道，称赞其"筹备本无几日而成绩颇有可观"，并呼吁以此次运动会为契机，学界诸同人坚持不懈，加强对体育和体育教育的研究，则国家体育终会有发达之日。① 可见，这次运动会对推动山东体育事业和体育教育的发展具有特别重要的意义。

（五）办学理念

鞠思敏曾担任国立山东高等师范学校校长、省立第一师范学校校长和省立第一乡村师范学校校长，创建了山东省最大的私立中学——正谊中学。长期且多彩的办学经历，使他积累了丰富的办学经验，形成了颇有特色的办学理念。

办学目的。鞠思敏认为，办学应该以培养适应社会发展、满足社会需求的合格人才为目的。1933 年，他在《正谊中学二十周年纪念册》序言中写道，办学的目的之一是造就适应社会需要的合格人才。这样的人才应该是德、智、体、美、艺等各方面都得到发展的人，是具有独立人格、主张和见解的人。诚如他所言："我自教育以来，希望我的学生有主张、有头脑、有见解。"②

办学方式。鞠思敏主张规范办学和民主办学。规范办学应该从两个方面进行：一是建设和完善教学、实习等基础条件。他在担任校长期间，总是想方设法多方筹措经费，购置各种必需的教学仪器和图书资料等。为给师范生提供良好的实习条件，他创建了省立一师附小、省立第一乡师附小和民众学校。二是建立健全各种规章制度，使教学有章可循。如学校管理方面，正谊中学制定的管理章程就有"教职员服务规程"、"班级指导任务规程"、"学生学业成绩考查规程"、"学生奖励条例"、"教室规则"等 20 余项。他倡导民主办学，凡事都与同仁协商办理。第一乡师的师生回忆说，他"治学民主，对同仁协商办事"③。

校风建设。鞠思敏倡导科学、民主、团结、进步的校风。办学期间，他大量购买进步书籍，创办进步社团，支持学生的救国、爱国活动，校园四处弥漫着浓厚的革命气氛。正谊中学、省立第一乡师都有共

---

① 《山东师范中学各校运动大会志盛》，殷梦霞、李强编：《民国教育公报汇编》（第 123 册），北京图书馆出版社 2009 年版，第 597 页。

② 转自山东省济南师范学校编《山东省济南师范学校校史——光辉的里程》，山东省济南师范学校 1992 年版，第 139~140 页。

③ 鞠文焌：《鞠思敏年谱》，济南市政协文史资料委员会、济南市教育委员会：《解放前济南的学校》，济南出版社 1991 年版，第 274 页。

产党的活动，特别是第一乡师，中国共产党的活动非常活跃，被称为"红色乡师"。良好的校风激励着学生追求进步，追求民主，刻苦研读，许多学生成为中国革命和建设的中坚力量。

课程设置与教育教学方法。为把学生培养成德、智、体全面发展的人，鞠思敏主张课程的设置应该全面。他说，课程设置主要是为学生增加实际知识，各种学科都应让学生了解。他以哲学为例作了说明，哲学各种流派，让学生多学一些，在于增加知识水平，不能因噎废食，因循老的一套。① 在这种思想的指导下，第一乡师就设置了科学社会主义、当代音乐等课程。他允许教师根据课程设置自行选择教材，不求统一，同年级同学科也可采用不同版本的教材。其目的就是让学生多接触一些新知识。正谊中学所用的教材多半是开明书局、中华书局、商务印书馆出版的，国民党正中书局的教材从未使用过。第一乡师音乐教师顾钟林使用的教材是由他自选的，《国际歌》也被编选于内。

他提出，教师应该加强教学方法的研究。1943 年他在《正谊中学三十周年纪念册》序言中写道："吾国生产落后，自应注意生产，科学不发达，又应注意科学。凡兹种种，关于今后之教育方法与社会需要各问题，应时时研讨，以完成教育之任务。"② 他主张教育教学方法的选用应遵循三个原则：一是因时制宜。正谊中学对学生进行德、智、体、美、艺等诸方面教育，各类教育根据实际情况采取不同的教学方法，如智育采用的方法有：引起学生的求知兴趣，使其养成怀疑态度；选择益知材料，练习试验之官能；培养灼知能力，培植发明根基。二是与教学实践相结合。他认为，教师应该把学到的教学法和专业知识通过实践巧妙地结合起来，找出怎样用言简意赅的语言把学生的注意力引导到学习中去，使他们喜爱、理解与接受。③ 三是以身施教，循序善诱，让学生在潜移默化中得到启发和教育。他以身作则，为师生树立学习的榜样。在正谊中学，他不领薪水，还拿出在高师的部分收入支持学校的发展；他躬亲力行，除草修凳、摇铃上课。正是在他的感召下，正谊师生才能团结一致渡过难关。他的"朝会"课留给学生的印象最深刻。他从眼

---

① 转自山东省济南师范学校编《山东省济南师范学校校史——光辉的里程》，山东省济南师范学校 1992 年版，第 138 页。

② 转自綦吉昌《济南规模最大的私立中学——正谊中学》，山东省政协文史资料委员会：《山东文史集粹》（教育卷），山东人民出版社 1993 年版，第 321 页。

③ 王恒整理：《鞠思敏先生在济南师范学堂》，王恒：《王祝晨传》，吉林人民出版社 2004 年版，第 285 页。

前事情找话题，言简意赅，深入浅出，给学生留下了难以磨灭的印象，起到潜移默化、春风化雨的功效。季羡林回忆说："那缓慢而低沉的声音，认真而诚恳的态度，真正打动了我们的心。以后在长达几十年中，我每每回忆这种朝会，每一回忆，心里就油然起幸福之感。"[1]"我在正谊三年，听了三年。有时候确也感到絮叨，但是，自认是有收获的。他讲的那一些普普通通做人的道路，都是金玉良言，我也受到了潜移默化。"[2] 正谊中学学生、中国社科院近代史研究所研究员孙思白也称赞他的朝会课"潜移感化少年狂"[3]。

教师聘用。鞠思敏认为，能否聘用到优秀教员，关系着学校生存。他说："职员之得人与否，实为学校命脉所关。"[4] 在聘用教师方面，他的做法是：首先，只看教员的学问高深和教学效果，而不问其政治信仰和出身门第。正谊中学教员中有旧民主革命激进分子郑又桥、前清孝廉徐金台、自学成才的教师于璜、中共骨干人物马克先和陈洪度。他担任第一乡师校长期间，顶住国民党当局的压力，冒着风险聘请进步教师。原省立第二师范学校校长范炳辰因保护进步学生被迫辞职，被他聘到乡师作图书馆主任。他所聘请的教师，学有专长，教学风格各异，深受学生欢迎。徐金台用白话文教国文，反对复古之风。郑又桥英文水平高，他改学生英文作文，往往不是根据学生的文章修改，而是自己另写一篇，给学生简练揣摩的机会，以提高他们的水平。其次，打破地域界限，聘请外籍教师。当时，山东省各学校多从省高师毕业生中选用教员。他打破这一惯例，从外省聘用教员充实教学力量，以便汲取外地教学经验。例如，郑又桥就是他从浙江请来的，英语教师陈绍斐是从湖北聘请来的，物理教师唐锐秋是从安徽请来的。最后，邀请教育界名家来校讲学或讲演。为了开阔学生视野，增长学生知识，他多次邀请著名教育家黄炎培、陶行知、张伯苓、梁漱溟等到校讲学。

学生观。鞠思敏对学生的态度和看法主要表现在两个方面：一是招收学生的态度。他认为，世间无不可造就之才，更无不可用之人，凡是到了入学年龄，就要接受教育，故他的招生态度是有教无类。正谊中学

① 季羡林：《我的求学之路》，百花文艺出版社 2002 年版，第 40 页。
② 季羡林著，季羡林研究所编：《季羡林忆师友》，当代中国出版社 2006 年版，第 9 页。
③ 张春常、李秋毅：《济南师范学校百年史》，齐鲁书社 2002 年版，第 411 页。
④ 《高等师范学校校长鞠承颖等拟定专门及高等师范各校职员分级支薪办法请核示文》（民国四年十二月六日），殷梦霞、李强编：《民国教育公报汇编》（第 124 册），北京图书馆出版社 2009 年版，第 184 页。

总是在其他学校之后才招生，其他学校不接收的，正谊中学接纳。为了广泛吸收学生，学校实行"重年制"，即春秋两季都招生。二是学生都是可造的，不能随便开除学生。他曾说，学校是教育人的地方，学校如果教育不了学生而把他开除，等于宣布教育的失败。他质问那些随便开除学业落后或调皮捣蛋的学生的学校，"任意把学生抛弃到社会上，谁对他再负教育之责呢？"对那些追求进步而遭到国民党迫害的学生，他总是想方设法保护，不让他们失学。他的办法是，即将毕业的学生，要他们暂时离校躲避，期终时回校参加毕业考试；尚不毕业的，发给转学证明。学生离校时，他总是叮嘱说："留在学校的要埋头读书，注意安全；离开学校的也不要放弃学业，一面避避风险，一面读书进修，将来到一定时候愿意回来，可以再复学。我鞠思敏说一不二，我负责任"。①

综观鞠思敏的一生，是革命的一生、教育的一生，是为推动山东教育事业发展呕心沥血的一生。他不屈不挠地追求进步、民主和真理，毕生致力教育事业的勇气、精神与高尚人格，值得我们尊敬。他在长期的教育实践活动中积累的宝贵的教育思想观念，需要我们认真的研究和借鉴。

---

① 鞠文焌：《鞠思敏年谱》，济南市政协文史资料委员会、济南市教育委员会：《解放前济南的学校》，济南出版社 1991 年版，第 273 页。

第三章 王世栋

　　王世栋（1882—1967 年），字祝晨，齐河县人，曾任临清中学、省立第二中学、省立第一师范学校校长，创建齐河强恕小学等。任职期间，他大胆改革，招收女学员、聘任女教师、采用白话文，在社会上引起强烈反响。为改变山东省教育落后现状，他曾与鞠思敏自费赴日本、江浙等地考察教育。他毕生从教，为推动民国初期山东教育事业的转型和发展做了大量工作，发挥了重要作用。

第一节 求学经历

　　1882 年 10 月 28 日，王世栋生于山东齐河县安头乡王举人庄一个半耕半读的家庭。齐河地处鲁西北，是南北交通要道。这里闭塞落后，黄河时常于此决口，因此民众的生活格外艰难。黄河与沙土是他终身难忘的两大恶魔，而乡民忍饥受冻，在屋顶或树杈上度日的情景则永远留在他的记忆中。儒学在当地人的思想观念中根深蒂固，是民众言谈举止、为人行事的思想指南。他的四子王恒在《王祝晨传》中写道："这庄人骨子里都是以儒教为指针的。"① 每逢春节，仅是拜祭祖宗牌位，每次都把王世栋的腿跪肿。

　　王世栋出生时，他父亲王又光年已 40 岁，而且他的三姐、四姐与长兄都已相继得病而殇。中年得子，继业有人，王又光欣喜若狂。在那个为了一条破棉裤遗产而争得头破血流的时代，他的降生对那些财产窥视者无疑是当头一棒。于是，他们便嫉妒甚至伺机谋害他。王又光夫妇为避免意外，只好对他采取时刻监视、保护和与外界隔离的办法。这使他无法和其他小孩一样，与同伴玩耍，享受童年的乐趣。久而久之，这

---

① 王恒：《王祝晨传》，吉林人民出版社 2004 年版，第 22 页。

对他的性格产生了不良的影响，使他养成了缄默寡言、不善交际、孤僻离群的性格。

王世栋从 7 岁开始跟随父亲读书，接受启蒙教育。父亲家教严格，方法新颖独特。《王祝晨传》这样描述他跟随父亲读书的情形：

> 清晨约五时左右先生之父带先生去庄头或林地，先令先生背诵昨日课文，然后评讲优缺点。这之后其父把林田地周围的树木庄稼——联系到《千字文》或《朱子治家格言》中的某字来讲解（如"树"字，先问眼前是什么树，怎么写，再问别的树是何种树，然后讲解树的用途与区别等），同时把周围历史上的传闻或风俗习惯都连接在一起来讲，七时左右回家吃饭。先生虽系独子，但其父对先生非常严厉，课程中稍有疏漏，必遭斥责或鞭打。早饭后讲书约二小时，然后习字约一小时，中午饭后家里人去地里劳动，其父随去，一是监督先生，二是教种庄稼，目的是体会"一粥一饭，当思来之不易；半丝半缕，恒念物力维艰。"①

王又光将传授文化知识与自然环境、农业劳作相结合，类似于"情境教学法"、"实践教学法"。这种教学方法将受教育者放置于真实的特定情景中，既有利于其对知识的掌握，又有益于对社会生活的体验。他曾对王世栋说："子弟读书，于秋麦时，务使劳作以习勤苦，一则知稼穑之事，一则知养亲之礼，一则使专力于学。世人之溺爱其子，谓读书不能力农，卒或耕读两废，遂成游民。"这说明他是反对子女脱离社会生活的实际去空读书的。

在传授书本知识的同时，王又光还注重对子女进行德行教育。他告诫子女，管理家务要以仁厚为本，勤俭为用。房屋、田产不必多，能够一家所用即可。物质上有盈余，就要接济穷苦。一个人生活安逸了就会滋生淫念，勤劳节俭才会行善。他希望自己的孩子养成仁厚、勤俭、仁爱、节约的良好品质。

父亲的为人处世与教导对他产生了深远影响。从性格方面看，他不苟言笑、乐善好施、勤劳节俭、疾恶如仇。从处事看，他主张未雨绸缪，反对临渴掘井；主张"持其志"，反对"暴其气"。从教育方面看，在以后的教育教学中，他继承了其父的教育方式，如提倡农村儿童识字

---

① 王恒：《王祝晨传》，吉林人民出版社 2004 年版，第 25 页。

一定要从周围环境和与生活相关的事物学起，主张对学生严格要求，必要时甚至可以惩罚学生。对子女教育，要从小立定制度，使其懂得社会，知道生活，参加劳作，不能成为只知读书的书虫。所有这些都可以折射出其父亲对他的影响。王世栋也说："我是为先父而生存的，老父遗教为我一生之根底。"

王又光去世后，王世栋的生活环境发生逆转。素有往来的亲友，一下疏远起来，过去常夸赞他的人突然对他骂骂咧咧，半夜时常有人跳墙而入拿东西，他的姐夫竟在雪地途中抽刀威逼劫走他的马车。12 岁的他体会到了人情冷暖，世态炎凉。受到这种实际教育，他"一下子由蠢笨而变为聪明了。"① 环境的突变对他的教育思想产生了影响，他主张教育环境刺激说与此不无关系。

父亲离世后，他到张宗淮处读书，学习四书。但是，他并未从张先生那里学到多少知识，因为张先生天资平庸，不善写字，只教他描红。原本写字比较好的他，经了张先生的教育，反而写得不好了。不过，这却给他很大启发，使他意识到教师的启蒙与教导的重要性。还有一件事情给他留下深刻印象，对他以后的教育观也产生了影响。跟随张先生读书后，他开始与儿童相伍，却仍不习惯与他们在一起玩耍。有一次跟随他们去野地里拔草，见他们讲男女之事，有的小孩还带头演习，这是他从未见过与听到的，吓得出了冷汗，从此外出再不敢与他们同往。在后来的教学中，他提倡小学和中学都要加入生理知识，从正面教育学生性知识，幼时之事可谓其根源。

在"父母之命，媒妁之言"的祖规下，13 岁时他便结婚。三年后母亲病逝。从此，支持家庭的重担落在了他一人身上。由于他不善管理家务，使得家庭日益拮据；而周围的凌辱欺压，也使他异常苦闷。这时，读书还是务农成为摆在他面前的一大问题。如果一生务农，那就要一辈子忍气吞声过着被人蚕食、被人欺压的生活；如果读书，虽然路途坎坷，却可能过上有尊严的生活。经过激烈的思想斗争后，他选择了读书。但他又面临着一个难题，如果外出读书，家庭怎么办？这时，"热心"的至亲主动提出替他管理家务，他只好把家务委托给这位至亲，自己安心读书。1950 年 5 月，他在"服务教育界四十年纪念会"上发表讲话时提到这件事说："当时摆在眼前的问题，是我种庄稼还是念书，父亲生前曾亲身教我种地，我自己不曾脱离劳动，但我看不住家，而且

---

① 王恒：《王祝晨传》，吉林人民出版社 2004 年版，第 26—27 页。

明明有人要替我管家种地，却要我低头投降，我眼睁睁地钻入这安排好的圈套，于是我家成了地主，我也得以专心念书"。① 在他读书期间，那位"热心肠"的至亲管家挖空了他家的财产。

决定继续求学后，他便师从鞠鹤云先生学习《左传》、《诗经》。在跟随鞠先生学习的三年里，他改掉了粗心大意、常写错别字的毛病，并奠定了坚实的古文基础。

1898 年 6 月，清廷颁布"明定国是"诏书，宣布废除八股，改革科举制度。会试、乡试及府县的生童岁科，一律改试策论。这一改革法令震动了学界。但戊戌变法仅仅维持了一百多天就失败了，原来的改革措施除京师大学堂外都被废止。这一政局变动促使王世栋把目光转向外界。为了更好地了解外面的世界，也为了更好地读书，他开始思考影响他一生的另外一个问题，即"居乡还是进城"。只有进城，才能开阔视野，增长见闻，接受新式教育，但是，乡村里的实例与家父的教导都在他思想深处烙上进城就是堕落的印象，"乡瓜子进城，容易被诱惑而日趋堕落"。② 从自己的实际处境出发，他决定暂不离家，继续在家乡读书。1900 年，他参加乡童子试，中秀才。学台尹铭绶很赏识他的文采，亲赠《学规举隅》以示奖励。由于他不懂得拜谢先生的规矩，又无人提醒，失去了问询如何进一步学习的机会。

1901 年，清廷重拾革新，实行新政。9 月，颁布《兴学诏书》，要求各省将书院改为学堂。山东巡抚袁世凯首先响应。但是，山东封建势力浓厚，且科举尚未停办，士子们仍以科考入仕为理想。王世栋也是如此，想通过科考成为封建王朝的栋梁。1902 年，他参加科考，获补廪生。可是，在当年的大考中他因未迎合主考官支恒荣的旨趣而落榜。大考的题目是"越王勾践之谋生聚，秦商鞅之崇告讦，皆急于图强败坏风气论"。他认为，风俗是天下大本，复仇为天下大义，如果两者无法兼得，则宁先图强而后风俗。这就背离了年老守旧的主考官支恒荣的出题旨趣。当时曾有考生提醒他改变主旨，要其将文章侧重点放在风俗，但他不愿意投人所好，反对作投机文章，结果落榜。这一事件折射出王世栋刚正不阿，厌恶阿谀奉承的性格。这种性格让他在以后的从教生涯中屡吃苦头。

1903 年，山东师范馆易名山东师范学堂。正月底，尹铭绶建议他

① 王恒：《王祝晨传》，吉林人民出版社 2004 年版，第 213 页。
② 同上。

赴济南投考，但他对新式学堂不了解，请教其表兄郝云杉，而这位表兄思想非常守旧，认为学堂是歪门邪道不能进，极力劝阻。结果，他被劝阻，未能成行。

同年5月，郝云杉去济南参加会考，约他同行。来济前，他立下誓言，不堕落、不吸毒，主要目标是学习，并向表兄表明己志。郝云杉虽然思想守旧，而且是个大烟鬼，但是他知识渊博，能说会道，谈论起史书经卷更是纵横论说，滔滔不绝。这让他很佩服。他后来曾说，表兄的思辨能力、方法与博览群书影响了他，他的爱看各方面书籍与学术上的思辨和广征博引都受到表兄的影响。在济南，他接触到一些宣传革新思想的进步书刊，特别是梁启超和严复的著述，眼界大开，但对走科举还是入学堂的问题，仍未作出抉择。这时，省师范学堂招生，他报名参考。可是，他所认识的同学都比较守旧，力劝他罢考。考试时很多考生都以墨污卷退场，认识他的考生也力劝其污卷，他亦污卷退场。这样，他再次错失进入新式学堂学习的机会。

1904年，经过反复的思考后，他只身来到济南，"经过艰苦折磨的我，决定咬紧牙关，力求自拔，终于二十三岁时离开家乡，常住济南"。[①] 8月，经齐河县知事邓际昌推荐，他得以免县试，直接应考山东师范学堂，以第三名的成绩进入长期科甲班学习。他在晚年谈到进入师范学堂学习时说："这是生命之始。"王恒对这句话做了深入的剖析：

> 先生认为入师范学堂是"生命之始"，在当时是有着充分根据的：一是入学堂是学教育，认识教育这一学科，而终身奉献教育自此始；二是入学堂后完全改变了盲目闯荡生活的局面，生活安定，精力集中一处自此始；三是入学堂交游见广，大开眼界，新的生活自此始；四是新的学术思想和社会上新思潮、新思想促使对旧的思想开始怀疑，新旧思想矛盾交织日深，甚至彻夜不眠，逐渐批判自己从此始；五是从对家庭小圈子的思考，渐转为对社会、对国家、对世界的思考，新的思想人生观逐渐形成自此始；六是拼搏学习，广采博收、中西并举，深邃的思考习惯由此始。[②]

在师范学堂，他孜孜不倦，刻苦钻研科学知识，甚至连休息的时间

---

① 王恒：《王祝晨传》，吉林人民出版社2004年版，第213页。
② 同上书，第36—37页。

也不放过。他常说："我辈学习，应惜寸阴，浑噩虚度，后悔莫及。"①
由于学习勤奋，成绩突出，他被公选为副班长，与班长鞠思敏共同主持
班级事务。同时，他还与鞠思敏等同学积极抵制学校的封建残余，追求
进步。第二章有述，于此不再复述。

同年，山东开始派遣留学生赴日本学习。王世栋认为，先父因未能
中举而抱憾，在学堂学习尚有中举的机会，可以通过中举来弥补先父的
遗憾，所以，他未报名留学。然而，到了 7 月，清政府明令停止乡试和
科岁考试，而此时赴日留学名额已定并开始东渡，他失去了留学机会。

同盟会成立后，即以《民报》为主要舆论阵地，与以《新民丛报》
为主阵地的君主立宪派围绕革命还是君主立宪问题展开激烈辩论。王世
栋所在的班级也分成革命和君主立宪两派，但他本人对要革命还是要君
主立宪没有明确的态度和倾向，"同学或祖左或祖右，大牛则以梁启超
所虑革命危机——军阀跋扈、列强干涉、内战频繁——为然，而又以种
族成见，同情于革命"。② 可见，当时他对孙中山倡导的民主革命还缺
乏认识。不久，班上有了同盟会会员，在与这些人的接触中，他对民主
革命有了进一步的了解，"对革命理论开始了热衷的探讨"，并在 1908
年经刘冠三介绍加入同盟会。自此，他的思想发生了重大转变，"从封
建转而为民主"，③ 成为一名民主主义革命者。这一转变对他后来的教
育活动和教育思想产生了重要影响，使其表现出强烈的革命性和民
主性。

1910 年，他从山东师范学堂毕业，按规定应到北京复试合格后才
能拿到毕业证，但那一年所有去北京复试的师范学堂的学生都未及格。
8 月，他被山东提学使罗正钧委任为济宁师范学堂教员。1911 年 3 月，
他与同班同学再次赴北京复试，虽全体通过，却未有一人得最优等，唯
独他获优等，授师范科举人，以七品小京官分部录用。当时山东学务多
由科举出身与留学日本回国的速成科人员把持，他和鞠思敏等师范科毕
业者甚为不平，决定回山东投身教育。

据上述可知，王世栋的早期生活和求学过程比较坎坷，特别是求学
中充满了思想斗争和矛盾冲突，这种斗争与冲突表面看是读书与务农、
居乡与进城的斗争，实质是其思想中传统观念与追求进步观念的斗争。

---

① 丁更新：《终身为师桃李满天下》，李钟善等总主编，徐兴文、陈纪周主编：《师范群
英光耀中华》（第 7 卷上），陕西人民教育出版社 1993 年版，第 52 页。
② 张默生：《王大牛传》，东方书社 1947 年版，第 11 页。
③ 王恒：《王祝晨传》，吉林人民出版社 2004 年版，第 40 页。

这种个体的思想斗争一定程度上反映了处于社会转型期众多知识分子的
内心困惑和矛盾。

第二节　致力教育

从山东师范学堂毕业后，王世栋便投身教育事业。他做过教员、任
过校长与教务主任、办过私学、外出考察过教育，也曾在教育行政部门
工作过。在教学和办学期间，他以法治的精神，对教育教学进行大胆改
革，使所在学校面目为之一新。他提出教育改革方案，呈交当局，希冀
推动山东教育事业的发展。他为山东教育的近代化转型做了大量卓有成
效的工作，功不可没。

他正式从事教育工作是在 1910 年。这一年的 8 月，他被省提学使
罗正钧委任为济宁师范学堂教员，从此正式进入教育领域，"我成为脑
力雇佣劳动者而终身教育事业，开始于清朝末年 1910 年秋"[1]。从 1910
年 8 月到 1912 年 5 月，他先后在济宁师范学堂、泰安中学堂、临清中
学堂、齐河县师范讲习所、齐河县高等小学校教授地理、国文、历史等
课程。受资料的限制，在此仅对他在济宁师范学堂的教学情况作简要介
绍。他是冒着暴雨赶赴济宁的，途中还被自己所雇的轿车砸伤。走了 7
天，才到学校。因为"衣服全破，不是油污就是黑泥，满脸胡子拉碴还
有血迹和肿块"，[2] 校门口传达员误认为他是流浪汉，将他拒之门外。
学堂学监沈汉臣赶来解释，误会才得以消除。学堂实际只有一班学生，
加上王世栋，仅有三名教员。他担任西学教员，教授地理、算学、体操
和图画等课程。他善于发现有潜力的学生，对这些学生会给予格外的照
顾。后来成为全国知名画家的吴天犀就是其中一位。他曾对王恒说，王
老师开始教他们画地图，当老师发现他爱画画后，便托人从省城买来
《芥子园画传》和《芥周学画编》等书给他。王老师的特点是发现学生
特长后，就尽所能地扶植、爱护他，使其得以发展自己的才能。

1912 年 5 月，省提学使王朝俊委任他为省提学使司学务公所科员。
虽然只是一个小小的科员，但他"却自命不凡，很想在教育界一露头

---

① 《尚隔着一层——服务教育界四十周年的回忆》，王恒：《王祝晨传》，吉林人民出版
社 2004 年版，第 213 页。

② 王恒：《王祝晨传》，吉林人民出版社 2004 年版，第 41 页。

角"①。他对司款所建的40多所济南小学进行逐个调查后，认为这些学校普遍存在诸多问题，如教师文化水平不齐、教材杂乱不统一、课程开设不全等。为了提高教学质量，他提出对这些小学做一次大幅度调整，合并为3所。由于调整触及众多教师和教育行政人员的切身利益，这一主张立即遭到很多人的强烈反对和抵制，但他"不为所动"，结果"大获胜利"。经过这次调整，济南只剩下3所小学：葺雅房小学、济师附属小学和制锦市小学。调整后的小学教育经费充足，校舍得以扩建，优秀教师得以集中，教学水平很快提高上去，成为全省模范小学。这次大调整是他从事教育工作后的第一个大手笔，他因此开始成为教育界备受关注的人物。

济南小学整顿结束后，他即到各县做教育调查。民国初立，政局动荡，官员只知争权夺利，既不关心教育，也不知教育为立国的根本大计。基于此，他想通过调查，提出发展教育的建议和规划，以引起当局对教育事业的关注和重视。经过调查，他于1912年7月草成一份"普及教育意见书"，呈交当时的北京国民政府教育总长蔡元培和省提学使王朝俊。他提出，应趁民国初建，人心兴奋，各县经济尚有凭借之际赶办义务教育和成人补习教育。为此，他从学区划分、课程设置、学校建设等方面拟订了具体办法。在这份意见书里，他首次比较系统地阐述了对一些教育问题的看法。这份意见书，也成为后人研究他的教育思想的主体资料。当时蔡元培因为北京政局动荡已辞职，见到意见书，很是赞赏，但无能为力。

1912年11月，烟台革命党领导人徐镜心来济南并在欢迎会上做了公开演讲。王世栋也参加了欢迎会，对徐的演说，他有不同的想法，连夜写了《对于徐子鉴先生演说之感言》的文章，发表在《济南日报》上。在文中，他一针见血地指出，辛亥革命不彻底，所谓的民国和民主只有招牌没有内容，革命党已从腐化走向分裂。这样的言辞在当时无异于一颗重磅炸弹，在社会上，特别是在革命党人中引起强烈震撼。他不但因此被开除了同盟会会员资格，而且还得罪了大批上层人物，而这些人成为他后来事业的"绊脚石与反对者"②。

1913年，他担任《山东教育报》经理与主编。这是近代山东第一份教育月刊。虽为经理，实际上，从组稿、改稿、写稿到找印刷厂排

---

① 张默生：《王大牛传》，东方书社1947年版，第16页。
② 王恒：《王祝晨传》，吉林人民出版社2004年版，第45页。

版，从看清样到发行与邮寄，全由他一人承担。在任职期间，"即对新式教育之优点力加阐扬，而对山东教育界之顽固守旧风气更力予指摘，借以唤起一般人之注意"①。同年，他与鞠思敏等人创办正谊中学，担任教师。又联合其他人创办济南教育图书社，辅助山东教育事业发展。对此，第二章已有阐述。

　　1914 年，袁世凯为加快称帝步伐，将山东督军换成亲信靳云鹏。靳云鹏上任后，对同情和支持革命党或有革命倾向的人大肆捕杀。王世栋屡倡革命，自然被列入其内。为逃避抓捕，同年 3 月，他与于丹绂前往日本考察教育。于丹绂 1882 年生于临淄一个贫穷农民家庭，18 岁中秀才，补廪生。与鞠思敏、王世栋是山东师范学堂的同学，也是山东省知名教育家。读书期间，他们一起研究学问，针砭时弊。1906 年，这位"大国民"加入同盟会。师范学堂毕业第二年进京复试，授师范科举人，被命为青州初级师范学堂堂长。武昌起义后，他奔走于青州、诸城等地，失败后避居青岛，被德国殖民当局拘捕，行将引渡清地方政府时，恰逢宣统帝退位，方获释脱险。1913 年他与鞠思敏、王世栋等人发起创办正谊中学，成为第一位义务任教的教员。同年，东渡日本，就读于早稻田大学。1916 年至 1922 年期间，担任省立第一师范学校校长。张默生对他在一师的任职曾做过这样的评价："前任校长是教育界名人于丹绂，是我的表亲，他掌校的历史约有六七年，可说是无功无过，不晓得为什么，忽然被学生打倒了。"② 此后，于丹绂数次前往日本，曾任山东省留日学生监督，回国后继续投身教育。1937 年济南沦陷后，他拒绝出任日伪教育厅厅长，出家做和尚。1948 年，他因病去世。在日本，王世栋与于丹绂到过东京、京都、横滨、大阪、镰仓等地，对各地的教育制度、法令、教学法、教材等做了详细的考察。这次考察对王世栋的"教育思想以及后来形成的严厉、务实和埋头苦干与时时追求改进教育工作作风，有着深远的影响。"③ 8 月回国后，他到省立第三师范学校任教员，教授心理学和国文。省立第三师范学校建于 1914 年，校址位于聊城，初名东郡师范，也叫东昌师范，后来改称省立第三师范。11 月，他把历年来在国文教学中遇到的问题归纳总结，写成"师范国文教授上之商榷"一文上呈教育部。教育部将此文刊登于《教育公报》。

① 邓广铭：《邓广铭全集》（第 10 卷），河北教育出版社 2005 年版，第 402 页。
② 张默生：《王大牛传》，东方书社 1947 年版，第 35 页。
③ 王恒：《王祝晨传》，吉林人民出版社 2004 年版，第 47 页。

民国初年，山东的封建势力强大，在接受新思想方面，较他省落后。当时初级学堂的教职员、学生及考送外国参观和留学的人员，多选客籍人士充数。后来本省学生渐多，客籍学堂另立门户，但本省师生还不能出人头地。很多中学毕业生都愿意到外省投考，但多不及格。这对王世栋的刺激很大，认为这是奇耻大辱，决心"非把它昭雪不可"。于是，他与鞠思敏自费前往江浙、直隶等省考察，"意在研究本省教育所以制胜之道"。回省后，两人拟定"山东省教育改良计划"向省当局、教育界等呈送。"改良计划"的内容在第二章中已经详列，在此不再赘述。

1915 年 7 月，山东按察使蔡汝楷、教育科主任胡玉荪任命王世栋为省立第二中学校长。省立二中位于聊城，前身是 1902 年由东昌启文书院改建的东昌府中学堂。王世栋任职前，二中校舍狭小、设备简陋、管理松懈、学科不全、学风不正、教学水平低下。他任职后即从学校管理、学校环境、课程设置等方面进行全面改革。

加强学校管理。当时二中学生都穿长袍，有的外加马褂，有的蓄胡叼烟，从教室进进出出，一点没有上课的样子。他规定，此后学生不准吸烟、不准打麻将、不准宿娼，要穿短制服、留短头发、剃长胡须。他制定勤学奖惩规则，要求学生必须按时上课，不得无故离开教室；建立校长访问制度，定期作家长访问；建立学生用度稽查制度，要求学生把每学期用度上报学校，由学校通知他们的家长。

整治校园环境。在他任职前，学校环境非常杂乱。小商小贩公然在教室前叫卖，俨然一个小市场。他禁止商贩在校内叫卖，从此校内再也听不到叫卖声。鉴于校园狭小，他报请当局批准，拨发临时费，添购民宅，建设楼房，并把教室、自习室和食堂归并校内，另租赁两处民房作为学生寝室。为营造良好的学风，他提倡读新书、看新报，开设"书报介绍所"和"学生励志会"。

添置学科。他严格执行省政府制定的中学课程标准，补足所缺学科。二中此前从未开体育课，也没有操场。他认为，要学习好，首先必须身体好。为此，他与教职员、学生一起开辟操场，四处物色各种田径规则与用具。没有体育教员，他就亲自讲课，并请当地基督教、长老会、美籍德牧师来校指导。学生很快迷恋上这些新奇的项目，兴奋地投入锻炼，欢乐声一下子吹醒了这片历史上从未有过运动与体操的土地。不到一年，二中就选派学生参加山东第一次全省运动会，虽未得到好成绩，但运动在校内蔚然成风，沉默死板的校风也为之一变。第二年学校选派代表参加天津华北运动会，在长短跑和铁球项目上取得好成绩，学校体育运动在全省崭露头角。

建设教师队伍。他清除业务能力低下的教员，从济南、天津、北京高新聘用业务素质高的教员，如英文教师何铭三、国文教师孙乐民、数学教师聂湘溪等都深受学生欢迎。聂湘溪有"聊城才子"之誉，早年就读于北京高等师范学堂和京师大学堂，学识渊博。来二中后，他对学生认真负责，循循善诱，深受学生爱戴。

此外，他看到学校招生不够，而私塾学生苦无出路，特添设预科班，为私塾学生转入学校做准备。为解决毕业生的出路，他鼓励学生考学和留学。他得知吴稚晖、李石曾等人发起留法勤工俭学后，认为这是贫苦学生的一条好出路，便于1918年春与省立一中校长赵同源赴北京接洽留法勤工俭学事宜。回到二中后，他又与在聊城传教的美籍德牧师商谈留美之事。经他努力，二中学生孙清晨赴美留学，"这是山东留美勤工俭学的第一声"。①

1916年三四月间，山东境内军阀混战，教育当局命令各校提前放暑假。王世栋认为，二中僻处东昌，受战事影响较小，就与其他教职员商定照常上课，暂不支薪，一切费用由他筹措。二中学生见各地学生，尤其是同城的省立三师学生纷纷回籍，也曾一度罢课。经他劝说，他们才安心。他规定在照常上课期间，住校学生暂交住宿费每人每月5角，走读生每人每月3角，收五六两个月份，共收取169.5元。依靠这些钱，学校渡过了难关。12月，省政府补发了6月的经费，他立即偿还所收学生费用。

经他一番大力整治，二中面貌为之一新，逐渐步入发展的正轨。

由于当地封建氛围浓厚，排外情绪强烈，而且他的改革触动了大量人员的利益，加之他不善交际，不喜奉承，更得罪了当地士绅。因此，他遭到多方指责，甚至人身安全也受到威胁。经过三年的坚持后，他只得愤然辞职。

任职二中是他人生的一大转折。任二中校长之前，他正在办学与教育学术研究的交叉路上徘徊，没有下定最后决心。任职二中3年，他从办学中体会到了乐趣，从此坚定地走上了办学的道路。而且，他的教育思想日臻完整也是从二中开始的。二中既是他实行在早期教育和师范学校中学到的教育经验、知识和方法的试验田，又是他创新教育知识与方法的土壤。

---

① 张默生：《王大牛传》，东方书社1947年版，第30页。

1918年8月，王世栋回齐河县王举人庄出资创办了一所私立小学——强恕小学。之所以自己出资办学是因为：其一，通过办学来证实自己的教育思想。1912年与1916年，他两次上呈"普及教育意见书"，却一直如石牛入海，毫无音信，其教育主张无法得到当局的采纳和支持。在公立学校，他的教育理念和改革又受到诸多牵制，无法充分施展，自己办学可以在教材选用、教师聘任、教学方针等各方面完全由自己做主。因此，他便萌生了自己办学的念头。其二，完成父亲遗愿。王又光生前曾编辑《强恕编》一书，常拟仿效范希文义田记、吕氏乡约、朱子社仓和胡安定教授法的办法，创立义仓义学，因病故未果。他"感念先人的遗志"，决定完成之。

1919年秋，学校动工修建，冬初即竣工。购地建校、添置校具及常年费用，都由他独自负担。学校为四合大院，外有校墙围合，内建教室9间，办公室、学生宿舍、厨房共11间，院内栽白杨树苗百余棵。他给学校取名为"强恕小学"，他解释说，"强恕"者，"教后代人发愤图强，好好读书，做忠恕之人也！"

11月，强恕小学正式开学。这时，他已经当选为省议会议员。他特地从济南赶来参加开学典礼，并在发言中对师生提出殷切希望："学生要立志为国民做大事，不要只想荣宗耀祖做大官。教师要好好教书，把学生养成国家的栋梁，为国民效力。"[①]

由于自己在省城任职，无法住在学校，为加强学校管理，他聘请邹冬岩为校长，另聘请席梦山、段道清等人为教师，并雇用厨师一人。学校最初招收初小两个班，高小一个班，共百余名学生。学制为6年，开设国语、数学、常识、英语、手工、体育等课程。

学校试行他的农村教育构想，采取半工半读和学生自我管理的办法，在院周围种植桑树。他的设想是通过种桑养蚕，使学生获得养蚕种桑与蚕丝生产的理论和实践，用销售蚕丝、蚕茧所得逐渐使学生不再依赖家庭，并能给家庭以补助，这样家长就会更加支持学生学习。在这一科目稳定后再上其他科目，逐渐把能服务农业的手工业和机械业建立起来，学有所用，以学养学。教材方面，他把乡土教材和国家统一教材并行，完全达到政府规定的教育课程。

他的教育设想在强恕小学的试行没有成功。村民看到养蚕有利可

---

① 张洪祥：《王祝晨在家乡办学轶事》，中国人民政治协商会议山东省齐河县委员会：《齐河文史资料》（第2辑）1991年，第194页。

图，便纷纷开始家庭饲养。他们养蚕，却不种桑，而是抢学校所种桑叶。先是抢夺校园外的桑叶，继而发展到校园内抢采。这样，学校与村民发生了冲突，"先是口角继而谩骂厮打，在校院内演了全武行"。他闻讯从济南赶回家乡调处此事，但"事端多起而且在继续蔓延"。学校只好将全部桑树砍掉，事态才平息。晚年，他谈及此事时说："那是社会主义教育的设想，但在旧社会是不会实现的。很多的设想与教学实验的失败都是如此。"① 砍倒桑树后，学校废除了半工半读。

1926 年年底，王世栋因被怀疑赤化而遭军阀张宗昌通缉出逃，齐河县知事高若亮趋炎附势，立即宣布强恕小学赤化，勒令停办。但是，他的教育改革方案却被该县大力推广，后来该县竟成为教育模范县。1928 年北伐成功，他返回山东。8 月，经他向齐河县当局协商，强恕小学复学，改为县立，经费由县拨发，但他仍时常予以捐赠。抗日战争爆发后，家乡沦陷，他带领学生南下流亡读书，强恕小学再次停办。1947 年，他回到家乡，见到学校一片瓦砾，破烂不堪，决定修复学校。经他多方呼吁，学校恢复了初小和高小各一班，学生不足百人。

1918 年 11 月，王世栋当选为省议会议员。这是他"一生中最不应该去做的职务，更是一生中最讨厌和最头痛的职务"，② 因为他性格木讷，为人耿直，不善于官场交际。不过，这个职务却给了他为山东教育服务的机会。在担任议员不到 8 个月的时间里，他利用职务之便，与同为议员的鞠思敏等人积极商讨如何推动山东教育事业发展。1919 年 3 月，他们联合向议会递交了"增加留学生名额"的议案，提请把留美公费生由 16 名增加至 34 名，其中包括 4 名女生；对留学生给予经费补助，每人旅费 100 元，常年津贴 300 元。经他们争取，议会通过了这个提案。自此，山东留学生人数得以增加，且有了女留学生。4 月，他又向议会提交"设立优良中小学教师资金"的议案，获得通过。这一提案提高了中小学教师的工作热情和教学质量。他还利用这些资金，倡导中小学教师到外地参观学习，多聘外省优秀教师，缩小山东与教育先进省市的差距。

1920 年 9 月 3 日，王世栋被任命为省立一师教务主任兼附小一部主任。到任后，他把工作重点放在附小，并立即与教职员研究改革之事。他对附小的改革主要从三个方面展开：一是招收女生，实行男女同校同

① 王恒：《王祝晨传》，吉林人民出版社 2004 年版，第 55 页。
② 同上书，第 56 页。

班；二是聘请女教师，从江苏聘请了两位女教师来校任教；三是采用白话文。在当年的答记者问中，他对聘请女教员和采用白话文一事做了解释。他说：

> 世界与全国教育先进城市都早有聘用女教师教学的先例。国外从小学到大学都有女教师，这不仅是男女平等的社会发展的必然，更重要的是有利于孩子发展中的心理平衡发展。正如家庭中父教与母教，二者都不可缺，不可替代。山东是全国的一部分，没有理由落后。
>
> 我们要使全山东的教育走上全国教育先进行列，而且要走在最前面。作为教育工作者，他今天的目的就是要使广大百姓摆脱愚昧与落后，与先进国家的民众各自创造新的生活中展开比赛。白话文教学是为了与科学握手方便，让学生逐渐增长科学与民主思想，这也是"五四"口号，欢迎"德"先生与"赛"先生。我个人认为在这方面，中国作为一个文明古国，理应走在最前面。难道我们永远遵循孔老夫子的教导"民可使由之，不可使知之"，永远听从封建与军阀的摆布，世世代代像奴隶、像牛马一样的生活下去吗？①

这三项改革立即在学校内和社会上引起强烈轰动。不同的声音如潮水般向他汹涌而来，有支持者，但更多的是诋毁，一时间毁誉诽谤之声甚嚣尘上。《平民日报》、《通俗日报》、《齐鲁公报》等报刊连篇累牍，刊登文章，攻击他的这一做法。有的污称白话文为"粗浅之言"，说古文历代沿袭相传，文风已定，岂能被取而代之？！改动文体，就是对中华的大不敬，是叛逆；有的说男女混杂上课，有失道德体统；有的攻击王世栋为"败伦之人"，扬言要群起攻之，把他赶出山东。对这些反对之声、人身攻击之言，他一概置之不理。朋友劝其放慢改革步伐，他回答说："再慢一点我们山东就更落后了，我情愿叫现在这些人骂我，不能叫后代观看历史的人批评我们这些人不去改革而是守旧复古，那还算得是教育家吗？"②

顶着种种非议、诽谤、诋毁和压力，王世栋第一个采用白话文授课，开启了山东白话文教学的第一课。王恒曾在《济南日报》上刊登

---

① 王恒：《王祝晨传》，吉林人民出版社2004年版，第328页。
② 同上书，第61页。

《山东白话教学第一课》的文章，对当时的情景有详细记述：

> 1920年9月2日……早晨不到七点，南城根第一师范学校第一附小院内，已陆续走来学生及护送他们的家长。他们都在激动与不安中期待着山东男女同学及白话文第一课的到来，期待着那具有划时代意义的上课钟声响起……鞠思敏、沙月波、吴秋辉等也在一师校长于丹绂陪同下赶来了。他们来为今日白话教学第一课助威，也对首次在齐鲁大地实行男女同班表示祝贺……院子里的男生陆续进入了教室，女孩子虽经家长劝说还是不敢往里走。看到这种情形，王祝晨大声喊着："欢迎女同学入教室！"各间教室内都响起了热烈的掌声。上课钟声响了，王祝晨与十几位女同学一起步入教室。教室内静得每人都能听见自己的心跳。男女分坐左右两边，中间空着，谁也不肯去坐。"这中间地带不是趵突泉旁边的山水沟吧？这里边没有老鼠和污水啊？"教室内的紧张空气因王祝晨这句诙谐话而得到了缓和。"人们常说自古山东出英雄，我看这班里没有英雄。不然为什么连这些空座都不敢坐，这座上又没有老虎。"王祝晨的激将法起了作用，几位男生勇敢地坐到了中间。"怎么？没有女英雄敢坐？我们刚才还在外面讲，敢来上学，敢于男女同班同学的女学生，都是好样的。你们是齐鲁大地第一代男女同班的学生。应该个个是好样的。""坐就坐！"一位姑娘大胆地坐在了一位男同学的旁边，吓得男同学往外一挪，一屁股坐在地上，引起哄堂大笑。一会儿，男女同学都坐在一起了……好，现在我们上白话文第一课。我们所说的白话文不是大白话，更不是普普通通的白话，而是白话文学……①

为配合白话文教学，他在出版所创办《文化新介绍》时，为印刷厂购进标点符号，并教工人如何使用。从此，山东小学教材开始使用标点符号。

1921年暑假前，他协同教育厅厅长熊梦宾在济南开办"暑期讲习班"，聘请杨杏佛、李石岑等名家前来讲学。暑期后他又组织小学教材研究会，试行自编活页教材。

---

① 王恒：《山东白话教学第一课》，中共济南市委党史研究室编：《济南党史研究》（第1辑）2006年，第118—119页。

在他的带领下，经过两三年的努力，一师附小获得了很大发展，被誉为"南京高师附小第二"。附小的改革很快起到辐射作用，新教育学说、新教学法与白话文教材从这里传播到全省大部分城市，青岛就是显著一例。中国收回青岛后，青岛市教育局常来附小招聘教员，新教育得以移植青岛，为后来该市教育事业的发展奠定了基础。

张默生称王世栋一生有两大不可泯灭的功绩：一是提倡新文化运动；二是办理一师。

王世栋担任一师校长是在1922年11月。由于前任校长于丹绂被学生打倒，他就到一师代理校长。一到任，他就拟定治校方针和推行计划。

其治校方针是：按社会需要添减班次；提高学生技能水准；养成优良师资；延揽优秀导师；扩大学校规模；完善各种设备。

其推行计划为：

第一，1923年以前所招预科本科学生，仍照旧制办理，继续至毕业为止。自1923年秋季起，每年暑假招考前期师范1班，3年期满；同时添招初中毕业生1班，共同编入后期，以满6班为止。

第二，停招2年制师范教员讲习科，改办农村师范讲习科，3年毕业，自1923年春季开始招生，满3班为止。

第三，遵照教育部学校系统改革方案，添设2年制专修科。但当时投考学生尚属旧制中学或师范毕业，故除音乐体育专修科外，均展限为3年。拟陆续添加音乐、体育、文学教育、英文、艺术、农数理和史地专修科。

为了实现这一计划，他向当局进行了积极的争取，对一师进行了大刀阔斧的改革。

争取增加办学经费。经他力争，一师的全年经常费，由51500元增加到66000元。经费的增加，为其改革提供了充足的资金保障。

整顿教师和学生，加强教学管理。他辞退劣质教员，聘请具有真才实学的教师。聘用教师，他坚持原则，不讲关系和情面，只讲学问和教学能力，只要能胜任教学，就算是仇人，他也延聘；否则，即使是至亲好友，也不任用。他还从外省聘请教员，不少大学教授，都被他延聘过来。对聘用的教师，他采取试用制，以剔除那些有名无实之人。他又聘请国内外知名专家、教授来校做一周到一月的专题演讲，或截留路过济南的中外名人做临时讲演。他们演讲时，由高材生做笔记，然后汇总整理，经主讲人修改后编成《一师讲学会讲演录丛书》，或在《一师周刊》连载。曾来一师做过演讲的有胡适、周作人、沈尹默、美国植物学家柯脱博士、美国教育家柏克赫司特女士、印度诗人泰戈尔等人。在整顿教师队伍的同时,他也对学生做了治理,开除了捣乱的学生。由于辞退和开除了一些教师和学生,招致这些人的不满和记恨。有一位被他开除的学生后来做了报馆记者,在报纸上足足骂了他十余年。因为辞退教员,他为他的师范同学所不谅。但他一旦认定目标,就会义无反顾地前进,不论遇到多大的困难和阻碍。

废除旧学制,实行新学制。他根据教育部学制改革方案,变过去预科 1 年、本科 4 年的 5 年制为前师 3 年、后师 3 年的 6 年制。添设专修科,扩大办学规模。音乐体育专修科,1922 年秋季招生;文学教育、英文、艺术专修科,1923 年秋季招生;农数理专修科,后改为数理专修科,1924 年秋季招生。这些专修科是根据社会需要添设的,目的是培养职业学校、中等学校与乡村师范学校初级中学教员,使他们在教授普通学科知识外,能教授美感教育和职业教育。

充实教育资源,完善教学设备。首先,整理扩充图书馆,聘请专家来校讲演图书馆学,指导馆员按照新法编类管理;添置图书、报纸、杂志。其次,购置各种教学仪器和用具,如物理化学仪器、测验心理仪器、植物标本、体育器械等。

提倡新文化,构建良好学风。一是采用和推广白话文教学,为此增加国文专修科;二是聘请国内外名师来校讲学,前文对此已叙,不再重述;三是成立各种学术组织,组织多种形式的辩论会等。他鼓励学生成立读书会、讲演辩论会,"或以同班,或以同乡,或以同嗜好、组织各种的研究团体,或研究各种学科,或研究教学方法,或讨论改良社会问题"。学生讨论或研究的结果,随时可以发表于学校周刊,再供全校学生阅读、讨论。当时学生组织的团体有平民教育会、健社、晨风旬刊社等。通过这些举措,养成学校浓重的学术氛围,"当时的学生,研究的空气极浓厚"[1]。

建立校友会,谋求山东教育的发展。为指导一师毕业生就业,辅助地方教育起见,他设法筹措基金,组织校友会,"想从下层着手,以谋整个山东教育的发展,并津贴一师升入大学专门的学生和抚恤、救济病故或其他不幸的学生"[2]。

---

① 张默生:《王大牛传》,东方书社 1947 年版,第 43 页。
② 同上书,第 44 页。

　　筹建民众夜校和平民读书处服务社会。他认为，改造社会，为贫民谋幸福是教育的责任。要改造社会和民众，当先提高他们的知识水准，使其接受最基本的教育。在他的鼓励和支持下，一师创建民众夜校和平民读书处。1924年，谷凤田在《学生杂志》上刊文《一年来山东学生界之鸟瞰》，文中对一师学生办理民众夜校和平民读书处的情况有介绍：

　　　　师范生以服务社会为责任，故师范生对于平民学校之组织，更要做前线的先锋！一师师生实见于此，故首先成立平民夜校，继又建设平民读书处。自是以后，各校之仿办者日多，而山东之平民学校遂大造福于一般平民，而实施社会运动之种子，亦于此时遍撒于各个平民的心田上了……一师学生之所以办平民学校，并非有什么作用或目的，他们全是悟澈了青年的使命与承认了良心的驱使而发起的。我们只一看他的宣言便可以知道："……师范生以服务社会教育为目标，在未毕业以前，于课余之暇，服务平民教育，可以练习教学技术，并可以贡献社会……"我们看了这样忠实的宣言，我们便可知他们的热心任教为何如了……一师的平校共有三班，男女老幼兼收，教授取混合制，完全为自由活泼的。课程与普通小学相同，唯此外又加时事讲述……一师的平校成立虽为时不久，但可说成效卓著，许多处的办平民学校的，类皆虚有其名，而求其能合于实用者，概不多见。一师之平校学生在社会做事，或平校服务，实有其相当的成绩可观……平民读书处之组织，较之平民夜校为更积极！因为夜校的学生，只是部分的、片面的，终非全体可以加入的。比如贫家的主妇，以及中等人家的长女，皆为了种种的原因而不得来平校读书，这岂不是一大憾事吗？为了这，所以一师的学生，又积极的来从事于平处之组织！①

　　为了办好一师，王世栋呕心沥血，日夜操劳，每日总是比其他职员到校早，走得晚，数年如一日，不知疲倦，"几乎令人不敢相信他的体躯是由血肉而成的"。②

―――――――――

　　①　谷凤田：《一年来山东学生界之鸟瞰》，《学生杂志》1925年第1期，第104—106页。
　　②　张默生：《王大牛传》，东方书社1947年版，第44页。

经他的努力，一师得到快速发展，"过去若干年来，只在风平浪静中进行，并无特别显著的发展，自大牛到校，便突然不同了"。①1926 年 3 月，王世栋被张宗昌撤职，离开一师。张默生对他被撤职的原因作了阐述：

> 他去职的原因，很显然的有几种：第一，他不讲情面，得罪了许多人，甚至他师范的老同学，骂他是母校的不肖之子；第二，他办学校的成绩显著，遭到同行人的嫉妒，也在暗中罗织莫须有之事来倾陷他；第三，他是新文化运动的首领，对于反道统反封建的言论思想表现得十足，惹起旧派人物顽固分子的厌恶；第四，他好同情一般青年的革命活动，甚且予以暗中援助，更易引起军阀政府的严切注视。有此几种原因，再加上谷凤田的一篇骇俗的文字，更给了反对派们一种联合战线的口实。并且他自己也不顾环境，公然在民国十四年十二月二十五日云南起义的纪念会上，做了遭逢时忌的（左列）演说……当时直奉军阀，正在与革命势力拼死挣扎；而鲁督张宗昌，也正在南与革命军北与国民军作战；而大牛偏偏于此时公然在省城做这样的讲演，立刻便激怒了张宗昌，二次三番的想要捉去杀他。幸侦探报告不明，寻不到铁证，才缓和下去。但张宗昌总是气他不过，就把他喊了去，也不分青红皂白，只是连声骂他："混蛋！混蛋！"最后他骂够了，便斥道："滚你的蛋罢！"于是他的一师校长，就这样的非法撤职了。②

根据张默生的记述，王世栋去职的原因比较复杂，有性格方面的，有工作方面的，有思想方面的，也有处事方面的。所有这些，都为保守势力、政客和军阀所不容。但是，字里行间流露出他的办学作风、处世风格和道德情操：他站在新文化运动的最前沿，以战斗者的姿态，以饱满的激情，不顾自己的切身利益，为推动山东教育事业的进步，奉献着一切。这种高贵的道德品质和高尚的教育家情操不正是我们今天要学习的吗？

被辞退后，山东省当局下令逮捕他，幸得好友提前报信，王世栋得以南逃。在南方渡过了接近两年的逃亡生活后，1928 年 6 月，他返

① 张默生：《王大牛传》，东方书社 1947 年版，第 36 页。
② 同上书，第 48 页。

回山东。10月，省立二师校长宋还吾邀请他前往曲阜任教，并兼任附小主任。宋还吾也是当时山东有名的教育家。1894年，他生于山东成武县部鼎集村一个书香门第。1918年，他从山东省立六中毕业，考入北京大学中文系。北大毕业后，他到山东省立一师文学专修科任主任教师，常向学生宣传新思想。1926年春，受北伐战争大好革命形势的鼓舞和感召，毅然率领一部分学生奔赴广州，参加北伐，并加入国民党。1927年，他从武汉到北京，初在香山慈幼院任教，后筹办编辑《华北中报》。1928年，他来到山东，出任省立二师校长。任职期间，他自称是鲁迅的学生，坚持进步立场，提倡民主，反对封建。他聘请了一大批热心传播新文化的进步教师，如楚图南、李灿埒、丁月秋、刘弄潮、马非百等讲授马列主义、《资本论》等进步刊物，宣传辩证法、唯物论，传播革命思想，予学生以重要影响。1929年6月8日，学生会出面组织排演独幕历史话剧《子见南子》，深刻揭露和批判旧礼教，教育、鼓舞了广大民众。但是，演出深深激怒了孔府的封建势力。孔府越级将宋还吾告至南京国民政府教育部，后又通过孔祥熙转呈蒋介石，蒋命教育部"严办"，遂酿成轰动全国的《子见南子》案。宋还吾虽然进行了坚决的斗争，但终于在1929年8月被解除校长职务，调离二师。最初，宋还吾原本打算安排王世栋做二师教务主任，但鉴于当时的政治气氛，宋没有做出果断安排。王世栋到二师时，该校教务主任尚未到任，他不在其位而谋其政，一面编级，安排课程表，一面调查新旧生的知识程度和学习要求。他了解到旧生不愿意废除读经，就答应仍读《孟子》。在未正式上课前，他每日都给学生讲2个小时的新文学，听讲的师生越来越多，两周后旧生主动要求取消读经，改读白话文。他又恢复范炳辰任校长时创办的"黎明书社"，购买新书报，校内又出现了读新书、谈新书的热潮。1929年8月，他因"《子见南子》案"受到牵连，被迫逃离二师。

离开二师后，王世栋又在数所学校任职。1929年8月，他回到省立第三师范，任教务主任，直至1930年1月。1930年2月，他转到省立一师，做教务主任，两年后离任。期间为一师多招一班插班生，一学期多花了三四千元，惹得教育厅不高兴，同事嫌他添麻烦。1933年2月，已是省立一中校长的宋还吾请他去做教员，教授伦理课，直到1937年抗日战争全面爆发，他随学校流亡。

1946年，他结束流亡生活，回到山东，到济南中学和私立齐鲁中学担任历史教员。1948年，济南解放后，他被委任为济南一中校长，从此开始了人生新的一页，"面向新民主主义教育迈进"。① 经他 3 年多的耕耘，一中教学质量大大提高，升学率排到全国中学前面，成为全国的佼佼者，名声大振。1955 年，他出任山东省教育厅副厅长，并担任省第三届政协委员会副主席，开始投入全省教育工作及筹备、编辑和出版省地方志的事宜。

综上所述，王世栋的教育活动始终贯彻着革命的精神。他的教育实践是革命的实践，充斥着高昂的战斗元素。他创造了山东教育史上多个第一：民国成立后他第一个向国民政府提出普及教育规划；他在 1915 年 2 月开办了山东历史上第一个外语补习学校；他办理强恕小学，实行半工半读，这在山东省是首次；1920 年他向议会提交"设立优良中小学教师奖金"，从此山东教育史上第一次有奖金给中小学教师；他采用白话文教学，招聘女教员，编写活页教材，将国家教材与地方教材并行，这些都是山东教育界以前未有过的。张默生曾称其为"革命的教育家"、"教育家中的革命者"，② 笔者认为，称他为"激进的教育革命家"似更能体现他的行事作风和办学风格。在当时保守势力还很强大、封建氛围很浓厚的社会，他的教育变革的任何一步无疑都会是重磅炸弹，引起社会的剧烈震动。在民国时期的山东教育改革中，他比鞠思敏、范明枢都治得急、动得遽、拿得紧、走得远。也正因为如此，他遭到的反对、抵制、辱骂也就更多，甚至有时面临生命危险，这又使其职业生涯充满挫折、磨难和惊心动魄。

第三节 教育思想

为推动山东教育事业的发展，王世栋曾数次呈文当局，阐述其教育主张。1912 年他撰写《普及教育意见书》，1916 年拟定"山东教育行政会议提案"，1923 年又草成"一个极平庸的山东教育行政五年计划"。1927 年他将这三篇文章合并、补充、修改后定名为《三民主义教育实施之研究》，在上海出版发行。可是，一方面由于年代久远、政局动荡；另一方面"文化大革命"期间他被划为"右派"而遭抄家，他的文章、

---

① 《尚隔着一层——服务教育界四十周年的回忆》，王恒：《王祝晨传》，吉林人民出版社 2004 年版，第 219 页。

② 张默生：《王大牛传》，东方书社 1947 年版，第 11 页。

手稿、著述多已遗失。王恒收集了他的部分手稿，整理后收录于《王祝晨传》一书。这成为我们研究他的教育思想的主要资料。

（一）教育救国观

王世栋主张教育救国。他认为，教育乃国家根本大计，国家的强盛、民族的生存依赖教育，依赖教育的发展和强大。他说，民弱、国弱必遭侵略；民强首先要教育强。教育要使民众团结而不是一盘散沙。他认为，民众如果有了文化，有了爱国思想，国家就能兴盛，否则必衰弱而亡。若要加速推进中国的民族解放运动，就应唤起成千上万的勤劳大众，发挥他们的战斗力，绝不能眼看着无数文盲永远不能接受教育。因此，他大声疾呼振兴教育，培育人才，为神州吐气扬眉。但是，他对教育救国过分沉迷，认为教育可以改变一切，教育至高无上，"教育家要以教育为万能，它要塑造灵魂，转化思想，转变一切"，① 这就夸大了教育的社会功能，陷入教育万能的泥淖。

（二）普及国民教育观

为提高民众的文化程度，使民众能批评政治，制裁政党，确立中华民国的基础，进而实现教育救国的理想，王世栋主张普及国民教育，反对士绅教育。在他看来，中国屡遭列强侵略而未灭亡是因为有着勤俭耐劳的占人口80%以上的农民，而不是依仗军阀、官绅和政客。农民有文化，国家必兴盛；农民愚昧落后，国家必衰弱。因此，中国教育不能丢掉农民。为了实现国家的振兴，必须让多数人接受教育。要让多数人接受教育，就必须推行国民教育，而不是实行士绅教育。士绅教育只限于少数人，绝不适合多数人。他反对拿士绅教育的眼光来推行国民教育。他认为，拿士绅教育的眼光推行国民教育，就是拿科举的眼光来办学校。国民教育之所以未普及就是因为拿了士绅教育的眼光办学，导致教育与实际脱离。

他认为，民国初立，具备普及国民教育的条件。当时各县的庙产、坟社等尚未尽被官方占用，各县的财政尚未尽被上级机关搜刮，国民经济尚未完全破产，而且民国新建，人心兴奋。他呼请趁此机会赶办义务教育及成人补习教育，提高民众的文化程度，使他们能批评政治，制裁政党，巩固民国基础。

---

① 王恒：《王祝晨传》，吉林人民出版社2004年版，第70页。

他构想了省、县两级教育体系,以实现其普及国民教育的愿望。省一级:每省设一所大学,作为最高学府。视地方需要设立高等师范学校及专门学校,或独立设置,或附设于大学内作为专修科。根据各省实际,设若干省立中学、师范和职业学校,以全力帮助和指导各县教育。县一级:每县设初小、高小、民众学校和职校,具体规划是:第一,每县划定 16 平方里为初级小学区,每区只设一所中心小学,附设民众学校。情况特殊者,可设分校。经费来源以县财政拨款做临时费,以学区庙产及其他公益款项做经常费。教材方面,采取特殊教材与国家统一教材相结合的方式。特殊教材由各村、县自行编写,以即学即用为主,内容为当地儿童日常生活常接触到、常用到的歌谣、谚语、故事、唱本、文书与附近村庄动植物、农具、矿产等。学习方式为半工半学,依照"学习非久练不可"的原则,多予以充分练习机会,发展儿童或成人的合作精神,实现脑力劳动与体力劳动相结合。年限方面,暂不提高学习年限,先从一年或二年的短期小学做起。民众学校先办一两星期的轮回教学,逐次增加至一个月或四个月。第二,每 20 个初小学区添设一所高小,校内设农事试验场,作为全校儿童工作或全区农民观摩实习之用。第三,破除城乡界限,设职业学校一处,内分设师范部、某种职业部、工人补习部,学习期限从三个月到三年不等。第四,每县至少设一报馆,出版一份报纸,刊登重要新闻、新事件和新法令,以供民众阅读或供小学教师作为讲演教材使用;设立一机械化工厂及农事试验场,利用本县资源,发展该县生产力,并作为小学毕业生失业救济之所。①

(三) 基础教育与师范教育观

王世栋重视基础教育,多次强调基础教育对学生进一步学习的重要性,希望学生打好基础。他说:"小学教育是根基、是基础!越坚实越好,将来才有可能建立高楼大厦。"② 他把基础教育与普及乡村教育联系起来,指出前者对后者具有重要意义,"基础教育不是都市的装饰品,而是普及乡村的续命汤。"③

他主张大力发展师范教育。1923 年春,山东各地纷纷筹设大学或中学,而忽视师范教育及义务教育。他随即草成一个山东教育行政五年

① 王祝晨:《普及教育意见书》,济南一中校友总会编:《祝晨文存》1993 年,第 54—58 页。

② 王恒:《王祝晨传》,吉林人民出版社 2004 年版,第 17 页。

③ 济南一中校友总会编:《祝晨文存》1993 年,第 54 页。

计划，"内中涉及师范教育者特别注重"。①

（四）家庭教育与女子教育观

王世栋关注家庭教育和女子教育，也颇有心得和见地。他主张对子女灌输爱国主义教育，让他们把家与国联系起来，立志服务国家。他说，有国才有家，这才叫国家。人生要无愧于国家，就要顺应历史发展，以历史教训鞭策自己。一个人要对历史做点有用的事情，要对得起历史，使后人也顺应历史潮流前进，为自己国家的强盛做点事情。

他反对把子女培养成书呆子，主张学习知识应该与社会生活和劳动结合起来，使他们了解社会，懂得生活。一到假期，他就要求自己的子女外出学手艺，如做豆腐、修自行车、做小买卖等等。学生或子女回农村，他都叮嘱务必劳动，并收集民谣民谚，写成材料上交。他说："这是家教的发展，要想方设法使孩子们从小就得到身心锻炼，切忌成为'书呆子'。"②

他主张对孩子严格要求，极力反对溺爱子女。他说，父母对子女首先要打破溺爱一层。他把父子关系与师生关系做比较说，师生如父子，应多加一点爱；父子如师生，必去一层溺爱。他反对做父母的为子女未来的发展铺平道路，认为这是封建社会"封妻荫子"的做法，会害了孩子。他说："给子女找份好工作，让子女清清闲闲又挣钱多地过日子，这就是封建社会的'封妻荫子'，把封建社会的一套拿来不认为是耻反而为荣，这怎能让使社会进步?! 这不是爱孩子，这正是在害孩子!"③他对自己的子女就是严格要求的，孩子上中小学时，如果功课不扎实，就不允许他们升级。在这一点上，他的主张与于丹绂的观点相似。于丹绂认为家庭教育是有为而治，越不讲理越好，娇生惯养的孩子是没有希望的。他对子女要求极为苛刻，甚至有些不通情理。相对而言，王世栋的主张要温和得多，在做法上也更平和。

尽管他主张对子女要严格要求，但在具体的教育方式上，他提倡多引导，少训斥；多暗示，少批评。他认为，做父母的要时常检查子女的作业，督促他们学习。但是，他反对采用一问一答的形式，认为这种方式会让孩子感到紧张，无法发挥正常水平。他提倡采用漫谈的形式，在

①　张默生：《王大牛传》，东方书社1947年版，第38页。
②　王恒：《王祝晨传》，吉林人民出版社2004年版，第26页。
③　同上书，第129页。

与孩子的交谈中了解并解答他们学习中遇到的困难和疑问。

他特别重视女子教育，反对三从四德，更反对女子无才便是德，认为这是"愚女"政策。他强调，若要唤起千千万万的勤劳大众，发挥他们的战斗力，就绝不能眼看无数文盲——其中女子尤多——永远不能接受教育。只有加快女子教育与男子教育真正平等地实施，才能推进中国的民族解放运动。为此要发动民众自动争取教育权的斗争，特别是女子教育权，使教育与她们的生活紧密联系起来，实现女子教育与男子教育的真正平等。他在《普及教育意见书》中提出，小学要实行男女同校同班，民校应该男女分班，职校要招收优秀妇女，给予类似保姆家政等科的训练，使其学成回乡办幼儿园、传授妇女副业，帮助改良家庭教育的建议。担任一师附小主任期间，他就力行女子教育，招收女学生，实行男女同校同班，并招聘女教员。

（五）论教育工作者

作为一位知名教育家，王世栋对教育工作者的职责、素养等问题进行了积极思考，阐述了自己的观点。他认为，教育家有两个任务：一个是关于教学方法论方面的，另一个是关于教育目的论方面的。教育家应该从他的哲学的或社会的见地建立或推行他的教育方法与技术，应与政治、经济、文化等方面的工作者建立有机联系，做一个"全社会的领导者或学问者"。在他看来，哲学家的对象是宇宙，至少是人类；政治家的对象是成年人；教育家的对象是未成年人。宇宙或人类的生命很长久，因此哲学家的眼光至少应看到几百年，甚至数千年；成年人的生命不过 50 年，所以政治家的眼光只能看到 30—50 年；未成年人的生命将近百年，故教育家居哲学家与政治家之间，眼光应看到百年左右。教育家应一面适应社会，一面改造社会。只有在政治最进步的时候，教育家才能与政治家合作。但教育家要与革命家合作，两者不可分，教育家首先应该是一位革命者。他说的"革命者"有两层含义：一是教育家要以为民族、为国家负责的高度责任感，要以敢为人先的勇气，不断推进教育事业的进步与发展。他就是以一个革命者的姿态出现在教育舞台上的。在谈到自己对山东教育所进行的改革时，他说：

> 为什么"敢为人先？"我还不知道"枪打出头鸟"的厉害！其实我是不想这样，弄得家不是家，人不是人的到处逃亡。但这是历

史给予的任务。譬如新文化运动，我提倡男女同班、聘请女教师这一小事，这对山东当时来讲，无疑是个大炸弹举动，但你们想想，无锡仅仅是一个小县，但它们的中小学校比我们全省的中小学校还多，它们全部男女同校、男女老师共同教学，用新教材与社会同步前进。山东教育怎么办？就这样一直落后下去？不用几年，老百姓就要问，你们这些教育工作者干什么吃的，为什么不改变，我怎么回答？所以我说这是时代交给我的任务，不是什么人给我的任务，更不是什么党派给予我的，是历史给我的，是养育我的山东老百姓给予我的使命。①

他以为，一名合格的校长应该有例行公事的常识，要有研究与钻研问题的精神，要有社会哲学的眼光，更重要的是要努力使教职员投身教育事业，奉献他们的知识和热诚。校长要加强学习，既做教师，又做学生；既要向学生学习，又要向教职员学习。为人师者应该具有渊博的知识，坚实的教育教学功底，若腹内空空，必定误人子弟；要甘作学生的铺路石，毫不保留地把自己的知识传授给学生，不能学"猫教老虎"，留一手。

他指出，教师在教学过程中起主导作用，要更好地发挥其主导作用，教师必须真正了解学生的思想和要求。由于教师受教育比他的学生早 10 年或 20 年，且社会在前进，所以教师必须站在时代前面，与学生同步前进。否则，"教师往往不仅不能够和甚至简单不了解新时代的需要，还认为他们学生不合格"②。

他强调，教师应该加强教育教学方法的研究。他认为，好的教法能主动推动教育的进程，一个好教员应该加强教学方法的研究。他自己就很重视这方面的工作。在教育教学中他常使用的方法是环境刺激法和暗示教育法。晚年，他对前来探望他的一位学生谈及环境刺激法时说：

> 我那时就是逼你们，从教育学观点来看，决定教育的过程与效果有二，一是侧重环境刺激说；二是侧重内心自发说，我偏重前者。孟子的"故天将降大任于是人也，必先苦其心志，劳其筋骨，

① 王恒：《王祝晨传》，吉林人民出版社 2004 年版，第 238 页。
② 同上书，第 234 页。

饿其体肤，空乏其身……”这就是要环境刺激；曾国藩教子的惮于
作文，正可借此逼出几篇。天下事无所为而成者极少；有贪有所利
而成者居其半；有所激有所逼而成者居其半。这其中的“逼”与
“激”都是环境刺激说，做校长就要创造环境逼学生。①

为实行环境刺激法，他采用对学生大包围的办法，也就是要学生时
刻置身于受教育的氛围中。如他在大门内墙上贴满中国地图、世界地
图、中国受辱卖国条约表、丧权辱国地图表、八大行星表等，使学生进
出大门时也能学到相关知识。他还提出暗示教育法，并把它与环境刺激
法结合起来。具体做法是预先偷偷地潜伏下一些“种子”，让它潜滋暗
长，将要成熟时，再一反常态，用激将法使学生彻底觉悟，立下决心，
负起责任，然后教师再给以帮助。

（六）教材观

王世栋主张教材应该因时而变、与时俱新。时代在变，教材理应跟
着变化。教材中要加入时代中最新的材料和世界上最新的发现以补充或
改正旧教材的不足或缺陷。他以自己教历史课的亲身经历为例对此做了
说明。最初学校使用的是中正书店出版的历史教材，但这些教材对历史
事实多有歪曲，学生无法了解历史真相。他在教课时，辅以范文澜主编
的《中国通史》。1946 年之后，他又在教学过程中加进了毛泽东的一些
著述，如“中国革命与中国共产党”、“新民主主义论”等。由于教材
中增加了新材料，学生就真正地了解了历史真相。

对师范国文教材，他主张站在时代的前列，衡以时代的眼光，那些
虚伪、颓废、陋妄、散漫、违背时代和国体的东西都应删除，而将应用
文和报章加入国文教材。学生阅读报章杂志最重要的是阅读代表时代的
报纸杂志。他虽然主张师范国文教材的选择标准应取曾国藩的《经史百
家杂抄》和黎庶昌的《三续古文类纂》，但要用新文学的眼光加以改正
和补充，并加入学术文。他还提出向外国学习的观点：一方面应该继承
中华民族思想文化作品，批判地加以发扬光大，使之成为世界文化巨流
中的一部分；另一方面必须善于正确地运用和学习其他国家的进步文化
成果来充实和刷洗中华民族的思想和文化作品。

他建议编写特殊教材，实现特殊教材与通用教材相结合。特殊教材

---

① 王恒：《王祝晨传》，吉林人民出版社 2004 年版，第 52 页。

就是搜集儿童耳朵常常听到、眼睛常常看到、口头常常说到、日常生活常常接触到和需要的谚语、故事、歌谣、唱本、日用账簿、官厅布告、文书、附近村庄的山川名胜、物产器具等编写而成。编写特殊教材是因为其内容是儿童民众迫切需要的,并且教与学均易入手。对师范教育而言,更应该增加特殊教材。这样既培养了学生的爱国爱乡心理,又培养了适应环境的技能。两者互相为用,教育目的才能达到。他认为,中央对教材的编写不能统得过死,通用教材由中央主编,而特殊教材由地方自编。

（七）论国文教学

王世栋在长期的国文教学中,一直在思考三大问题:一是师范国文与古文词的取舍问题;二是师范国文与中学国文的异同问题;三是师范国文与外国文学的交流问题。1914 年,他撰写了"师范国文教授上之商榷"的小册子。文稿完成后,一面印做学生讲义,一面印刷若干本分送朋友并上呈教育部。11 月的《教育公报》全文刊登了这本小册子的内容,并附有教育部的批令。

在文中,他提出,国文教学应采取"熟读"、"博览"、"笔记"、"分清段落"、"集体研究"的方法。这五种方法其实都是古人读书常采用的办法,他提出来,在当时却具有重要意义:一是,他将五种读书法与师范国文教学结合起来,对促进师范国文教学具有积极作用;二是,"五四运动"以来,中学及以上学校的国文教学对这些教学方法日渐失去兴趣,致使学生无法受到良好的国文训练,国文程度逐渐低落。他的提出必将引起人们的注意。

（八）办学观

王世栋办过私学,担任过省立二中和省立一师的校长,他办学的核心思想是儒家的待人态度、墨家的苦行精神与法家的治事精神的三者合一,特别强调一个"严"字。他认为,要治理近代中国的种种乱象,非用商鞅治秦的办法和近代欧洲的法治精神不可。在办学管理方面,他主张执教者一定要严:教师不合格,就撤换教师;学生破坏教育进程,就开除学生。他提出开除学生的具体办法:第一,开除并追缴在校的一切膳食费用;第二,开除学籍;第三,开除学籍后若学生悔过自新,可写悔过书,经保人作保,可允许该生旁听一学期,后按其表现与成绩,考察研究后再做处理决定。这一点与鞠思敏和于丹绂截然不同。鞠思敏认为学生都是可造的，学校不能随便开除学生。他任职期间，从未开除一个学生。于丹级主张无为而治，认为"学校教育，是无为而治，越不管事越好"①。

在他看来，聘请好教员是提高教育效率的"第一条件"，是校长的"唯一急务"。他形象地把好教员比作学生的亲娘，差教员比作后娘。若把学生交给后娘，"校内纠纷必多"，只有交给亲娘，他才放心。② 他认为，聘任教师必须择用那些热爱国家、忠于教育事业、具有真才实学的人，"首先是一个爱国者，有坚实的学问与才能，愿无私地奉献自己的一切——为了民族与广大群众，使神州大地不再受凌辱而是受到尊重，使国家永远屹立于强盛国家的行列"③。他为聘请教员定下三个原则：第一，研究兴趣是否浓厚；第二，是否具有服务精神；第三，个人品德与情操如何。

他对学生的学业和人生志向提出了要求：第一，要具有超越时代的精神，具有"社会化的眼光"。他说的"社会化"是"化社会"的意思，也就是学生一致营造一种良好的风气，传播到社会上去，来教化社会。第二，要做到"有守有为"。所谓"守"是指做人要忠厚老实；"为"是要生龙活虎一样地生活，既敢于闯荡，又善于吸取经验教训。第三，要"立志"、"储学"、"干才"。做学生的一定要有坚定的志向、健全的身体、丰富的学问及干练的才能。第四，学习一定要刻苦，并养成独立思考的习惯。

对学生的学习，他提出三点建议：第一，学用结合、学以致用，学为社会服务。他反对"万般皆下品，唯有读书高"的观点，批评那是一种脱离社会的无用的死读书的愚人做法。人生不能单凭几篇文章生存，不能只学文章。学习的目的不是做书呆子。要了解社会，懂得社会，加入到社会上的伟大事业中去。依据"学习非久练不可"的原则，教师要给予学生充分练习的机会，使他们养成好劳动的心理习惯，打破体力劳动与脑力劳动的界限。如果学生不能做到学用结合、学以致用，那么毕业后就无法适应社会需求，这就是教育的失败。第二，勤学、苦学、博学。他说，学生是来学习知识本领的，让学生劳苦一点没有坏处，师范学生应该锻炼劳苦朴素的好品质。学生在青年时代要多学习，

---

① 魏敬群：《教育家于明信一生行状》，《济南时报》2011 年 6 月 27 日。
② 王恒：《王祝晨传》，吉林人民出版社 2004 年版，第 209 页。
③ 同上书，第 67 页。

多丰富自己，多有收获。第三，学与思相结合。他说，学生一定要养成独立思考的习惯，要广听广学，但一定要研究听来、学来的东西是否对社会有用。不能盲目听从一切，要对个人多提一些"为什么"。①

从上述看，王世栋的教育思想内容广泛，包括基础教育、中等教育、师范教育、女子教育、家庭教育、治学等诸多方面。其核心是教育救国观，无论是基础教育、中等教育、家庭教育，还是治学思想，都是为革新、发展教育事业，培养人才，为社会和国家服务为根本目的。他的教育思想里有大量观点对当今教育改革仍不失其价值。不过，他主张逼迫和强迫学生学习，是不合理的。按照现代教育学的观点，学生的有效学习是在学生自主的、主动的、愉快的探索和活动中进行的，教师只是起到引导作用。教师逼迫下的学习不仅使学生丧失了学习的自主性和主动性，而且对其人格的培养也可能产生负面影响。

通过对王世栋在民国初期的教育活动的考察，我们发现这位"沙窝里出生，沙窝里长大的"乡瓜子始终以一位斗士的姿态，以饱满的热情和果敢的胆识战斗在山东教育界，推动着近代山东教育事业的发展。在此过程中，无论遇到多大的困难和挫折，他都无所畏惧地坚持下去。他为山东教育事业的发展作出了重大贡献，国民政府教育部对他做了高度评价，称赞他"山东教育界之泰斗，促起山东教育之觉醒……功在山东，志在全国，高瞻远瞩，固尤为难能可贵者矣"②！他的教育思想是他长期教育实践的结晶，是我国教育思想库中珍贵的一部分，需要我们好好珍惜和研究。

---

① 王恒：《王祝晨传》，吉林人民出版社 2004 年版，第 236 页。
② 同上书，第 14 页。

第四章　范炳辰

范炳辰（1866—1947年），字明枢，泰安人，曾创办泰安教育图书社、劝学所、泰安女子小学堂、济南模范小学、协助冯玉祥在泰安一带创办武训小学；历任山东省教育会文牍、山东省公署教育科科长、省立第六中学学监兼语文教师、省立第一师范学监、省立第二师范校长等职，对推动山东教育事业的发展作出了积极贡献。

第一节　求学经历

范炳辰1866年生于泰安一个贫苦的市民家庭，其父范清祥没有受过教育，以人力推石磨给商铺加工面粉维持家庭生计，并供儿子读书。他6岁时进入泰安万寿宫私塾学习，其后就读于多处私塾，受教于多位塾师。他学习专心刻苦，博览群书，深入研读了老庄、孔孟、韩非等诸家学说，尤其尊崇以孔孟为代表的儒家思想。

在跟随私塾先生读书的同时，他还积极参加农业劳作。身处下层社会的他，对贫苦民众的疾苦感同身受。参加农业劳动，让他深入了解了农村的实际情况，并与劳动群众建立起深厚的感情，这对他日后重视乡村教育、兴办民众学校、培养学生的劳动观等教育观的形成产生了重要作用。

甲午战争后以康梁为代表的资产阶级改良派积极鼓吹维新变法的政治主张，创办大量刊物，宣传维新思想。但是，这股新风并未吹及泰安。在这里，封建传统观念依然根深蒂固，坚不可摧，跋涉在儒家经典中的范炳辰自然而然地沿着古代读书人的脚步，走着通过科考求取功名的路子。在他看来，只有取得科举功名，才能为国家出力，为穷人办事。1889年，他考取秀才，不久又以优异的成绩成为增生。随后他先后到东院、满庄、万寿宫等地作塾师，对百姓子弟进行启蒙教育。

1899年，范炳辰考入泰山上书院，在此研读一年，即离校回家，继续担任塾师。在上书院读书期间，他接触并涉猎了部分宣传维新的书籍，如严复翻译的《天演论》等，对维新之学产生兴趣。后来他在担任塾师时，向儿童灌输新知识、新思想。

当时，北方义和团团民正高举扶清灭洋的旗帜四处活动。1900年，八国联军入侵中国，侵占京师，胁迫清廷签订《辛丑条约》。《辛丑条约》的签订使中国完全陷入半殖民地半封建社会的深渊，中华民族面临空前严重的民族危机。戊戌变法的失败、八国联军的入侵及《辛丑条约》的签订使范炳辰受到极大刺激，使他对传统儒学产生怀疑，意识到孔孟之道不足以救国。

1901年，清廷为消弭民众的不满情绪，抵制日盛的革命风潮，重拾变法。改革教育，创办新式学堂，鼓励出洋留学是清末新政的主要内容之一。由于意识到只习传统文化已经无法救国，范炳辰思虑再三，决定离家外出求学，寻求救国之路。1903年，他考入山东师范学堂速成班。他孜孜以求，不知疲倦地汲取新知识，成绩优异。两年后由政府保送至日本留学，进入东京大学师范速成科，时已40岁。

根据中日有关协定，中国学生凡能考取日本政府指定的日本大专学校之一者，可享受官费待遇，直到学成回国。这样，范炳辰留学期间的费用就得到了解决。

范炳辰特别珍惜这次留学机会，不敢浪费时光。冯玉祥在1934年3月5日的日记中写道："午后范先生来，同温《春秋》。我写了一些小的意见，同范先生谈的很有意思。范先生曾到过日本一年的光景。同去的五六人均在日本不免玩乐，唯范先生去时不易，故不敢随便乱闹也。"[①] 所谓"去时不易"是指当时范炳辰已近不惑之年，家有妻小，而且经济拮据，他是卖掉部分田产，并向亲朋好友借钱才筹措到赴日路费的。当然，促使他不敢浪费时光，努力求知的主要原因还是他对新知识的渴求，对救国救民理想的追求。他在图书馆阅读了大量进步书籍，涉猎非常广泛，有社会科学、自然科学，还有文艺作品等。

在日本留学期间，范炳辰的思想发生了重大转变，从清末仕途儒生转变为一位旧民主主义者。[②] 在这里，他挽救国家危亡的理想在以孙中

① 中国第二历史档案馆编：《冯玉祥日记》（第4册），江苏古籍出版社1992年版，第290页。

② 抗战胜利后，79岁高龄的范炳辰毅然要求加入共产党，1946年获得中共中央批准。张默生曾评价他说："他的思想是突飞猛进的，由儒而耶而科学的社会主义，终成为马列信徒。"张默生：《王大牛传》，东方书社1947年版，第15页。

山为首的资产阶级革命党的奋斗纲领中找到了实现途径。1905 年 8 月，中国同盟会在日本东京成立，资产阶级革命党人有了全国统一的领导机构。同盟会成立后立即在留日学生中宣传政治纲领，吸纳新生力量，众多留日学生参加了同盟会，成为革命党人。范炳辰经过深思熟虑后，毅然决定加入同盟会。他找到同盟会山东主盟人徐镜心，直言相告自己的想法。他说，鸦片战争以来，清王朝江河日下，日薄西山。列强侵辱、民众揭竿，国家正处于危急存亡之秋。他原崇信孔孟之道，以为以此可以救国，然事实证明乃是缘木求鱼。康梁提倡维新，他为之兴奋，寄予厚望，然变法失败，康梁转为立宪保皇，令人失望。他不顾已过不惑之年，举债来日，为的是能寻到救国真理。他对光复会和同盟会的政治纲领做了比较，认为光复会提出光复汉族，还我山河，以身许国的政治主张，既不甚全面，又有点曲高和寡，他不敢苟同；同盟会提出驱除鞑虏、恢复中华、建立民国、平均地权的政治方略，目标明确，切实可行，为大多数贫弱阶级谋利益，他甚为佩服。[①] 一席话道出了他的曲折的心路历程和对救国真理的孜孜追求。

加入同盟会后，他一边继续努力学习，一边积极参加革命活动，经常撰写诗文，投之于《民报》、《晨报周刊》，抒发爱国热忱，宣传同盟会革命纲领。1907 年，他学成回国，结束了在日本的留学生活。

综观范炳辰的求学生涯，他接受儒学教育的时间比较长，从约 1872 年接受启蒙教育始至 1903 年考入山东师范学堂，计有 31 年左右的时间。而从他入新式学堂接受新式教育到从日本学成归国，仅有 4 年多的时间。即使从他开始接触维新新思想算起，也只有 8 年左右的时间。可以说，他的思想里儒学成分特别浓重。但是，他却能在短短的 4 年内，完成了从一个封建传统知识分子到民主主义革命者的转变，这是需要非常坚强的意志、勇气和决心的，如果没有寻求救国救民的强烈愿望的内在动力驱动，是很难做到这一点的。

第二节　教育活动

范炳辰主要的教育活动是办学。从 1907—1938 年的 30 余年里，他联络或协助热心教育事业的友人创办了多所学校，主要有 1907—1912

---

① 王玉琳、张鹏编著：《泰山青松范明枢》，中共党史出版社 2005 年版，第 29—30 页。

年与友人王介藩创办泰安劝学所、农村小学和泰安女子小学，1912—1913 年创办济南模范小学，1929—1930 年创建泰安县北上高乡村实验学校，1933 年与张兴榰、姚新府等创办泰安山口民众学校，1934—1938 年协助冯玉祥创建泰山武训小学。这些学校的校长，除泰安女子小学外，都由他担任。1920—1927 年，他受命担任山东省立第二师范学校校长，期间创建曲阜平民夜校。除办学外，1913—1914 年他担任过省教育厅文牍、干事和教司，1914—1917 年在山东省立六中担任学监并兼语文教师，1919 年任省立一中学监。

1907 年，范炳辰从日本留学回到泰安后立即联系当地名士王介藩，商量办学之事。王介藩祖籍四川，他的曾祖父在咸丰初年迁至山东，落户泰山脚下。他自小勤奋好学，立志读书做好人，18 岁时即开馆教授乡里子弟，25 岁入邑庠，与范炳辰同榜。乡试失败后，他放弃科举，专志教授学童，服务桑梓。他以"劝导青年学为有用之人，扶持贫家子弟俾得自立，联络同志讲明正学以固国本"为己任，遇有乡里失学无业青年，总是千方百计代为谋划，为此常彻夜不眠。① 他与范炳辰志趣相投，一拍即合，两人联合创办泰安劝学所，由范担任劝学所所长，他任劝学员。他的儿子王亨豫作《先府君行状》，内载"光绪 31 年邑人倡办团书社、公立学堂。府君随友辈为之草创立法，襄助经营者五年，后佐父执范明枢先生办劝学所，充劝学员"。② 不久，范炳辰看到天外村附近村庄没有学堂，很多孩子得不到教育，便决定成立一所农村小学，招徕附近儿童入校读书。

范炳辰反对封建专制，提倡妇女解放，倡导女子教育。他得悉女童有求学的愿望，但距孔子故乡仅百余里的泰安，男女授受不亲的传统伦理观念仍束缚着人们的思想。为此，他决定创办女学，给女童提供学习的机会。民国初年，他与王介藩在泰安上河桥北、太天书观西南创建了一所女子小学，由王任校长。

在办学中，范炳辰注意改进教学方法，在教学内容中增加新知识，向学生宣传反对封建专制和实行民主等的进步思想。他还暗中倡导女子放足和妇女解放。他的言行在当时封建气息浓厚的泰安遭到守旧人士的强烈反对。亲朋好友视他为疯子，他的岳父钱寅宾也对他产生不满，两

① 王佛生：《回忆先祖王介藩》，泰安市委员会文史资料研究委员会：《泰安文史资料》（第 2 辑），泰安市委员会文史资料研究委员会 1987 年版，第 35 页。
② 翟所淦：《范明枢轶事二则》，泰安市政协文史资料委员会：《革命老人范明枢》，泰安市政协文史资料委员会 1991 年版，第 97 页。

人关系从此疏远。

1920年，山东省教育厅委任范炳辰为省立第二师范学校校长，据说是教育科科长熊观民仰慕他的人品才学而举荐的。

省立第二师范学校原称"曲阜县官立四氏初级完全师范学堂"，是1905年在山东巡抚杨士骧等人的支持下创办的。学校由"衍圣公"孔令贻为学堂总理，总理一切，举人孔昭曾为监督。历任监督和教职员皆由孔府任免或推荐，行政管理和经费使用权也定期禀报孔府。学堂只招收孔、孟、颜、曾四姓及其少数旁姓至亲子弟。因此，该校虽名曰"省立"，实为孔氏家族把持，为孔府私有。学校以培养具有完美封建道德，兼通中西学，品学兼优的小学教员为办学宗旨。虽然在课程设置等方面增加了一些西学的内容，但学校封建气息特别浓重。民国成立后，学堂改名为"山东省立曲阜师范学校"，"监督"改称"校长"，取消"总理"名字，实权仍掌握于孔府。但民国新创，自由民主思想蔓延，昔日窒息的校园，开始出现活泼气息。1914年，省长蔡志赓整顿学务，将曲阜师范与岱南道立兖州、沂州、济宁、曹州四处师范合并，定名为"山东省立第二师范学校"，校长由曲阜教育界名流孔祥桐担任，教员一律以高等师范正科毕业生充任，招生不再局限于四姓，教材也改用民国新教材。孔祥桐任职期间"惨淡经营，不遗余力，而管理、教授、训练诸方法又皆悉心厘定，期符共和教育宗旨"。他视校如家，对待学生如子弟。为培养合格的小学教师，他又加强对师范附小的建设，为学生观摩教学，进行实习提供良好场所。经他整治，二师纪律严明，学风端正，毕业生质量优良，深受社会各界赞许。附小在全国小学中也颇有名气，时任江苏省教育会会长的黄炎培曾称誉它为"全国小学之冠"。[1]袁世凯复辟期间，提出尊孔读经，孔家积极响应，二师又重新笼罩上浓厚的封建阴霾。1919年，在"五四运动"的推动下，二师学生举行反封建反帝制的爱国运动。孔祥桐认为，学生应该安心读书，不应参与政治活动，故禁止学生外出，遭到学生的强烈反对和驱逐。

范炳辰就是在这样的背景下出任省立二师校长的。

他上任伊始即着手对二师进行改革。

首先，他设法使学校摆脱孔府的控制，使其走上独立办学的道路。当时的形势对他是有利的：第一，在"五四运动"大环境的影响下，学生的思想已经焕然一新，再也无法接受孔府对学校的把持。第二，他

① 李经野：《曲阜县志》（1—2），台湾成文出版社1968年版，第937—938页。

是省政府直接任命的校长，不是孔氏家族揽聘的，因此不受孔氏家族操纵。第三，学校经费全从省财政拨发，这样就从经费上摆脱了孔氏家族的控制。第四，教师的聘用权已归校长，孔氏无权干涉。第五，孔令贻去世后，孔氏家族尚无成年、能独当一面的直系男丁。第六，他是山东省知名教育家，在教育界享有很高的威望。借助这些有利条件，他最终使二师挣脱了孔府的锁链，走上由社会和教育家办学的道路。

其次，他从学校管理、学制、课程设置、校风和教师队伍建设等诸多方面对二师进行全方位的内部改革。

调整和完善学校行政机构设置。他在原来校长之下设监学、庶务管理体制的基础上，改为校长之下设教务、训育、庶务三处。采用导师制管理学生，由教员担任训育。

调整学制，增设课程。1923年，他将原来的4年制完全科和2年制专科，改为6年制，分前师3年，后师3年。前师学习一般初中课程，后师从二年级开始，分文、理两科，除基础课程外，增加教育学、心理学、小学教学法、教育原理等师范课程。

创造良好的校风。他主持制定了"真、善、美"三字校训，镌刻在大木牌上，悬挂于学校大门前，借以勉励师生。他尤其推崇孙中山提出的"天下为公"的思想，曾为师生阐释说，天下是天下人的天下，而非一人的天下。他亲书这四个字，悬挂在办公室的墙壁上，兼以励己。他又组织人员绘制校徽，创作校歌。据学校"大事记"记载，约在1925年前后，他在原操场北面征得姜姓土地修建起大礼堂后，即组织人员绘制出学校第一幅校徽。校徽图案为一木铎加双矢交叉，其中木铎为振兴之意，双矢代表二师，整个图案寓振兴二师之意。他将校徽镶刻在礼堂门楣上，并题写一对联刻于门两旁，即"新筑大厦庇多士，愿学隔壁老圣人"。他还组织人员创作了二师第一首校歌。歌曲中有"我们是革命的中坚"、"二师、二师光明了，光明了"之句，闪耀着革命与进步的光芒。

美化校园，营造良好的校园环境。他不仅自己非常喜欢劳动，而且闲暇之余还经常在校园里养花弄草，带领学生在校园里种菜、植树、养花、栽草。他的学生吴伯箫在《范明枢先生》一文中写道：

在学校他老像很悠闲，有点老子无为而治的风度。经常忙的是领导同学们种菜，莳花，栽树。他亲自掘土，亲自浇水。造成了风气，学校里便处处是花畦，菜圃，成行的树木了。学校东北角二亩大的污水池，是他计划着在旁边掘了井，种了藕，养起鱼来的。水边的芦苇，四周的垂柳，再加上砖石筑就的两列矮墙，造成了清幽的园圃风光；同学们每天傍晚在那里游散谈心，常常忽略了铃声的催促，忘记了学习的疲惫，直到池边磨电机的马达响了，树丛里的灯光和天上的明月展开着优美的夜景。①

　　该校学生张立钧在1921—1922年的学校年刊上发表《追述园区经过情形》，对范炳辰带领学生一起治理校园的情形也有记述：1920年校园中有的地方"榛莽荒移，毫无秩序"，后来在范校长的带领下，学生"划分畦区……各区分治……除瓦砾、疏其土壤，盛播种而种之，盛移花而栽之，不数日之间，而花草蔬菜树木谷粱，满布区中矣"②。

　　兼容并包，延揽名师。教师素养的高低直接关系到学校的教育教学质量。为建立一支高素质的教师队伍，他借鉴蔡元培治理北大的办法，唯才是举、广为延揽、兼包并容，特别注意聘请那些思想进步且忠于职守、有水平有特长的人来校执教。教导主任左宗干、训育主任袁厚淹，都毕业于山东优级师范学校，具有较高的学识水平，有管理学校、教育学生的丰富经验。辛成智是胶东地区早期共产党员，思想进步，工作有热情，有开创精神，范炳辰聘请他任图书管理员。辛任职期间，大量购进五四运动后出版的新书刊。周爱周、孙霖、乌士漳等著名的书画家也被聘来教授美术课。此外，教师队伍中也有拖着长辫子的拔贡，这些人专门教授学生古文。引进优秀教师的同时，他对业务能力低、教学效果差的教师进行了清理。例如，历史教师赵子建，教西洋史效果很差，学生意见很大，不久就被辞掉。还有一位姓杨的老师，也因为学生意见大而被他辞退。事后，他对学生说："杨先生教的不好是吧？我已经把他辞退了。我说：'听说先生另有高就，那么下学期就请便吧。这地方实在太偏僻！'他还挽着袖子要同我打架呢。你看这样辞退他合适么？"③由于招聘了大批具有真才实学、肯干敢干的优秀教师，同时辞掉了那些教学态度不认真、教学效果差的教师，二师的教师队伍整体水平得到很大的提升。

---

　　①　吴伯箫：《烟尘集》，上海文艺出版社1979年版，第229—230页。

　　②　刘振佳、杜仲山整理：《范明枢在曲阜山东省立第二师范》，中共泰安市委党史征集研究办公室、泰安市政协文史资料委员会编：《泰山青松范明枢》，黄河出版社1996年版，第222—223页。

　　③　吴伯箫：《烟尘集》，上海文艺出版社1979年版，第230页。

办好二师的同时，范炳辰还非常关心当地的社会教育。为了教育群众，同时也为了锻炼学生，1921 年 5 月 2 日，他同时开办了平民夜校和校役夜班。前者招收曲阜城里的工农群众，后者招收二师从事工勤工作的人员。夜校和夜班的教员由二师高年级学生担任，不仅教授文化知识，还讲时事。

1927 年，蒋介石背叛国民革命，二师中国民党右派头目把持国民党曲阜县党部，进行清党，他们还勾结军阀张宗昌迫害进步学生，二师形势逐渐恶化。范炳辰虽然进行了积极的斗争，但无力扭转危局，于是年 12 月愤然辞职。

范炳辰在二师担任了 8 年校长之职。8 年里，二师获得了前所未有的发展，成绩显著，声名显赫，受到当局和当地群众的称赞。慕名投考者，每年千人以上。

离开省立二师后的第二年，范炳辰偕同族范正修在泰安县城东北上高村创办了一所实验学校，即北上高乡村实验学校。他见泰安城东没有一处像样的学校，附近孩子只有少数人接受过私塾教育，便决定在这里办一所新学堂，做一些实业，发展乡村教育。他与乡中士绅协商，借村中古庙为校址，聘请省立二师毕业生王云斋协助办理校务，担任总教员。办学伊始，他因陋就简，刻苦经营，锐意筹划，白天给学生上课，整理校舍，晚上则挑灯夜读，仔细备课。

学校初创就招到学生六七十人，分三班上课。学生入校学习，一律免收学杂费，课本费若拿不起，则全由学校供给。开学不久，学校名声大振，接踵而至者，络绎不绝。因办学条件所限，无法全部接纳，无法入校者，只能怏怏而去。范炳辰看着学生离去，不断摇头叹息。

1929 年暑假后，他打算办个小工厂，让学生半工半读，添招工读新生。为增建教室和厂房，他计划将古庙神像拆毁，砍杀柏树，以添置校具，做厂房设备。村中一些士绅封建意识浓厚，而且还要借助庙产来吃喝玩乐，便利用他拆神像、砍柏树的机会，反对办学。他只好改变计划，商借庙产 8 亩，修建教室和厂房。为了改变学校面貌，他不惜重金，砌墙盖屋，扩校建厂。

1930 年年末，他仅有的积蓄开支殆尽，学校经费不足，政府不愿拨款，而村中士绅又不愿相助，筹集资金遇到困难，学校难以为继。他不得不将自己苦心筹划、惨淡经营的学校，让归村办，自己偕所聘教师前往省立第一乡师任教。曾在北上高乡村实验学校读过书，得到范炳辰器重的学生崔浩后来回忆称："范老的离校，对我村是一个大的损失，现在想来，范老创办新校，培育新人才，实乃我村之唯一奠基人，范老在我村办学的丰功伟绩，知其中详情者，无不有口皆碑，颂扬备至。"①

1931年，范炳辰应鞠思敏邀请，担任省立第一乡师图书馆主任。乡师图书馆原本藏书不多，房子狭窄，鲜有学生前来借阅。然而，自他接管后，图书馆日渐焕发生机，成了一个对学生很有吸引力的地方，每到开放借阅时间，那里常常挤满借书的人。他忙不过来，学生就帮他贴书签、编目录、誊卡片、抄登记簿，有时直到吃饭铃响了，还有学生急匆匆跑来借书。他总是满足他们的要求后才离开图书馆。学生想看的书，他想方设法购置。在他主持下，图书馆购进了大批进步书籍。这些书很得学生欢迎，争相传阅，对培养学生进步思想起了不可估量的积极作用。乡师学生齐崇文后来说，在范老师的指导下，他借阅了《少年漂泊者》、《鸭绿江上》、《莫斯科印象记》和《现代世界观》等书，这些读物在他"幼稚的思想上留下不可磨灭的印痕"，对他产生了"明显的启蒙作用"，使他笼统地意识到旧制度是产生一切不合理现象的根源，社会主义是理想的新社会。抗日战争胜利后，他所以选择走共产党领导的新民主主义革命道路，"与读过范老介绍的一些有益的书籍是分不开的"②。学生们喜欢看的书，他也跟着看，一字一句地读，做笔记，标记号，不耻下问，虚怀若谷，进步观念同样地在他脑中燃烧起来。当他从已加入共产党的潘复生、张鸿范等学生手中看到党内宣传品时，表现出异常的兴奋。在与青年学生和地下党人频繁、和谐的接触中，他焕发出青春。年逾花甲的他在乡师学生中获得"老青年"的雅号。当时，中国共产党寄给乡师党支部的党内刊物，都是先寄给他，再转交党支部的，可见中国共产党对他的信任。后来，他申请加入中国共产党，与他在乡师的这段经历不无关系。

1932年12月初，范炳辰从济南来到泰安山口村，联络当地热心教育的志士张兴柽、姚新府与孟子仁商讨办学。张兴柽以教学为己任，一生从事教育事业，1911年在自家院内创办山口历史上第一所私立女子初级小学，在当地颇有影响。姚新府1914年从泰安师范讲习所毕业后就与张兴柽在山口"圣母堂"举办民众夜校。1930年，省教育厅在山口乡成立乡村教育实验区，在山口村建立实验小学。实验小学的经费开

---

① 崔浩：《范明枢事迹拾遗》，泰安市政协文史资料委员会：《革命老人范明枢》，泰安市政协文史资料委员会1991年版，第145页。
② 齐崇文：《回忆范明枢老师二三事》，泰安市政协文史资料委员会：《革命老人范明枢》，泰安市政协文史资料委员会1991年版，第94页。

支很大，多于泰安县城内的省立第三中学。由于当局的腐败黑暗，乡村教育实验区任人唯亲，实验小学校长贪污自肥，鄙视农民。实验小学办了两年，学生逐期减少，最后几乎只剩下办学人员。范炳辰听到实验小学被办垮的消息，非常不满。1932 年，他来到山口，找姚新府商量举办民众学校。姚新府立即同意，并邀请同样热心教育且家境富裕的张兴桎和孟子仁二人参与办学。4 人商定每人每月捐献银元 10 块作为办学经费，借用村里原有的一所公办完全小学在文昌阁未用的四间教室作办学场地，创办民众学校。范炳辰任校长，张兴桎任校董，姚、孟二人作教员。

学校主要招收穷苦人家和木工、泥工、编制工等小生产者中的男女青少年，免收学费。起初，学校只设初小一个班，后由于越办越好，遂借得商会四间会议室，增设一个高小班。授课形式灵活多样，为使学生每天能兼顾学习和劳作，学校采取集中讲课与分散自学的办法。条件较好的学生可整日在校学习，家境贫寒者可半工半读，自习时间由学生自由安排。学校的教学目的是传授学生文化知识，对其进行爱国主义教育。

范炳辰讲授《春秋》、《左传》。他精心备课，认真授课，除有教学笔记外，还在教本空白处写得秘密密麻麻，对《左传》也有新观点的批注。他广泛搜集资料，作为教学参考。当时《益世报》上连载《白话左传》，他都剪贴成册，作教学之用。

范炳辰在山口民众学校只呆了几个月的时间就被冯玉祥请去做家庭教师了。他离开后仍时刻关心民众学校的发展，多次到学校了解情况，帮助解决问题。据姚新府的儿子姚亮伯回忆，当地顽固势力试图破坏学校，指使讼棍将学校教师控告到县衙。范炳辰得知此事后，立即致函他的学生省教育厅厅长何思源，请其过问此事。后来，何思源派员到泰安做审，才解决了此事。①

范炳辰与冯玉祥的结识是在 1932 年 3 月。当时山东省政府主席韩复榘以"进行赤化宣传"的罪名，将他关进监狱，他的女婿托人请冯玉祥出面营救。冯玉祥爱才、惜才，亲自打电话给韩复榘，他才得以出狱。担任冯玉祥的私人教师不久，他就接受冯的委托，担任武训小学的校长，协助其办学。武训小学原称"贫民学校"，最初只有一所，是冯

---

① 姚亮伯：《范明枢与山口民众学校》，泰安市委党史征集研究办公室、泰安市政协文史资料委员会编：《泰山青松范明枢》，黄河出版社 1996 年版，第 255—256 页。

玉祥于 1933 年创建的。这一年的 8 月，冯玉祥卸掉抗日同盟军总司令之职来到泰山。他聘请范炳辰担任私人教师，为其讲授《春秋》、《左传》。冯将军在读书之余，经常深入附近山村调查，对当地文化落后、农民生活贫困、缺乏科学知识，深表同情。他认为，要培养抗日救国的新生力量，改变农村的贫穷落后，就必须从办教育入手，让山区青少年习得文化知识。于是，他委托夫人李德全等人创建一所"贫民学校"，教室是普照寺西南隅冯玉祥的手枪营新建的三间草房。学校第一次就招收了 30 余名学生，但仅过半月，人数就减少了一半。经调查，方知当地封建陋俗浓重，村民对男女同校议论颇多。于是，冯玉祥就在附近的张家庄子办了一所女校，实行男女分校教育。

冯玉祥对学校寄予厚望，为促进学校的发展，1934 年，他将办学之事委托给范炳辰。范炳辰接手后，对如何办好武训小学，日夜操劳，煞费苦心。他时常与冯玉祥商讨办学之事，并常常找当地士绅协商校舍建设问题。对此，冯玉祥在 1934 年至 1937 年的日记中都作有记述："范先生来谈办十个小学的（事），为如何种树的事打算"、"同范先生谈办小学的事"、"范先生来谈学校的事甚久"……类似的记述很多。冯玉祥很赏识范炳辰，称赞他办事很努力，"实在是很难得的人才"。[1]

在范炳辰等人的努力下，学校得以顺利发展，规模也迅速扩大。凭借他在教育界的崇高声望，校舍、招生和师资问题也很快解决。冯玉祥受《武训行乞兴学图》的启发，与范炳辰商量，将"贫民学校"改称"泰山革命烈士祠纪念武训小学"，简称"泰山武训小学"，并委任范炳辰为小学的总校长。

学校校舍除一部分是庙宇公房外，大部分是在私人土地上新建的。范炳辰与土地所有者商定，新建校舍在五年内不纳赁费，五年后，这类房舍便归地基主人所有，学校有使用权，按规定向房主交纳赁费。

学校包括设于东王家庄子的总校和分布在泰山前麓西至杜家庄，东至黄山头约 20 华里、南北约 10 华里的地界内的 14 所分校。总校设在第一分校，增办高级班 1 个，招收 50 多名学生，总校配正副校长各一名，正校长由总校长兼任。总会计 1 名，教师 10 多名。总校教室、办公室建完后，又建起了"泰山陈列馆"，内设植物标本室、理化室、生

① 《冯玉祥与范明枢——〈冯玉祥日记〉摘抄》，中共泰安市委党史征集研究办公室、泰安市政协文史资料委员会编：《泰山青松范明枢》，黄河出版社 1996 年版，第 115、119、120、126 页。

理卫生室和图书室，馆内还购置了各种必要的教学仪器。陈列馆除主要
为总校和各分校的教学服务外，也向山区农民开放，让山民到馆内参观
学习，提高其农业、林业科学技术知识。14 所分校共有 21 个班级，其
中高小 1 班，初小 20 班；在校学生 750 余人（不包括第 8 分校，该校
设初小 1 个班），其中女生 76 人。学生在各校的分布见表 3：

表 3 　　　　　　　　　　泰山武训小学分校基本情况①

校名（分校）	校址	级别	班级数	学生数（人）
一	东王家庄子	高小	一	50 余
二	小张家庄子	初小	一	40 余
三	晋贤村	初小	一	30 余
四	老君堂	初小	二	80 余
五	韩家岭	初小	一	40（女 5）
六	卧龙峪	初小	三	120 余（女 20 余）
七	北上高	初小	二	80 余（女 30 余）
八	张家庄子	初小	一	
九	西王家庄子	初小	二	60 余（女 10 余）
十	岱道庵	初小	二	60 余
十一	黄山头	初小	三	40 余（女 6）
十二	杜家庄	初小	一	40 余（女 5）
十三	范家庄	初小	一	30 余
十四	香油湾	初小	一	40 余

先后来武训小学任职的教师近 50 人，其中女教师 4 人，分别是王
逸民、程树娴、范云若和范秀兰。

武训小学的办学经费由冯玉祥与范炳辰筹集和募捐，存于同聚栈
银号，每月由总会计按计划到银号提取。各校教师每月按时到会计处
领取工薪和学校费用。一般教师每月工薪 9 元，水平较高的教师且所
教学生数又多者，每月 10 元或 11 元，两位教师以上的学校，为主的
教师每月 13 元或 14 元。每月还发给每位教师 3.6 元的柴菜费和办公
费。对任职时间长的教师，学校还发给被褥、蚊帐和雨具等。学生一

———————

① 丁本远：《泰山武训小学简史》，泰安市郊区政协文史资料研究委员会：《文史资料选
辑》（第 4 辑）1984 年，第 35 页。

律不收学杂费，学校供给课本和学习用品。对家庭困难较大的学生，每年发给一身单衣；对特别贫苦的学生，还发给棉衣和煎饼费（最多的每月3元）。5名学生发一个搪瓷脸盆，脸盆是由上海康源搪瓷厂专制的，上面印有肖特、冯玉祥、蔡廷锴三人的像。每名学生发一条毛巾、一块肥皂。距离学校较远的学生住校，夏天在树下搭帐篷，冬天在教室里搭铺。

学校开设文化知识课、技术课和政治思想教育课。文化课和技术课方面，高级班有国语、算术、历史、自然、理化、体操、武术、音乐、劳作等；初级班设国语、算术、社会、卫生、图画、体操、武术等。其中，国语、算术、历史、自然和常识等课，采用普通小学所用课本。音乐、图画、劳作等科教师都在总校里，各分校选拔年龄较大、学习成绩较好的学生到总校分别学习这些科目，回校再教其他学生，也就是采用"小先生制"。学校每月发给小先生补助费3元钱，对他们进行定期集中培训，并于学年末或学期终评定优秀小先生。体操课主要做军事训练，由冯玉祥的卫队派专人教授。武术课教师教学生学习拳术和大刀武术。附近几处学校编为一营，每周进行一次营级检阅，检阅揉法、武术、精神风貌等内容。每月在总校组织一次总检阅，各校师生都要到总校集合。劳作课包括木工、铁工、石工、编条、缝纫等内容，石工还包括雕刻，设金石馆，雕刻的工艺品拿到火车站等处销售；缝纫还包括刺绣，缝制儿童衣服及玩具等，也作商品出售。德育课有自编自印的德育教材，有宣传抗日的，有鼓励学生奋发向上的，也有孝敬长老方面的。内容丰富多彩，语言生动形象。如《哲学问答》中有一节写道：

　　问：中国的人多地广，为什么被日本欺负得猪不如、狗不如，连孙子也不如呢？
　　答：因为有人只知保存自己的实力，不爱护国家。
　　问：怎么才能收复失地，为民族增光？
　　答：一要虚心求学；二要尊重有学识的人；三要爱国、爱民。[①]

他接受陶行知的建议，实行半工半读。这一做法很适合贫困山区发

---

① 丁本远：《泰山武训小学简史》，泰安市郊区政协文史资料研究委员会：《文史资料选辑》（第4辑）1984年，第38页。

展和普及小学教育。同时，学校按照初小 4 年、高小 2 年的二分段制，实行春季招生。在教学时间安排上，上午是文化课，下午是技术课。

教学形式，除总校外，多采用复式教学。即在一个班里，按年级分组进行复式教学，三组以上的复式教学比饺困难，需要教师加强对复式教学法的学习。他除召开教师会议研究复式教学法外，还常到各分校听课，与教师研究如何改进教学方法。为提高教学质量，他每周日都组织教师学习半天。到时，各分校教师都要到总校参加由他主持的校会，会议内容主要是汇报各校教学情况、研究教学方法、布置工作等。

他到各分校调查时，首先查看教师的生活情况，并与教师座谈，然后了解学生的学习，询问学生学习、生活方面是否存在困难，特别是对家境苦难的学生更关心，常问寒问暖、安慰鼓励。

为了普及山区教育，扩大生源，解决学生入学困难，他倡议各分校购置校产，种植果树，发展经济园林，作为学校收入。有条件的学校还可以建立木、石、铁、编制等小工厂。小工厂的收入，全部用于学生。

为扩大教师视野，提高教师队伍素质，范炳辰还带领他们外出考察学习。1936 年夏，他带领全体教师到南京参观，受到已调到南京任国民党中央军事委员会副委员长的冯玉祥的热情接待。在冯玉祥的安排下，他们参观了烈士子女学校、中央博物馆、中央大学等地方。

1937 年 10 月，泰安陷落，武训小学停办。很多教师和学生参加了抗战，范炳辰也从泰山、徂徕山转战到临沂，从此脱离教育工作。从1937—1947 年，他担任过鲁南民众总动员会主任委员、山东省临时参议会参议长、山东省参议会参议长等职，为抗击日寇、反对内战作出了应有的贡献。

与鞠思敏、王世栋相比，范炳辰的办学经历有一个显著不同，他的办学主要集中在私立学校。除受政府委任担任 8 年省立二中这所公立学校的校长外，他联合热心教育的志士创建了大批私立学校，并担任这些学校的校长。在没有政府支持的情况下，在封建势力仍很强大、封建气息仍很浓烈的环境里，这是需要很大的勇气和毅力的。如果说王世栋在办学中遇到的最大阻碍是在推动学校发展的过程中的话，那么范炳辰在办学中遇到的最大困难则是在创建学校之始。他把主要精力用于办理私立学校，这与他的教育思想有着密切关系，他主张依靠民间力量，而不是政府的力量来办学。

第三节　教育思想

与鞠思敏等人相似，范炳辰也没有关于教育教学问题的大篇幅论述。他的教育思想蕴涵在其丰富的教育实践中，因此考察他的教育实践是探讨其教育思想的主要途径。另外，任省立二师校长期间，他记有日记。但是，日记内容多系校务和生活琐事，大量的篇幅记载了他学习欧洲先进思想与经济发展史概要及心得体会。日记中杂有少量关于教育问题的阐述，这成为探究其教育思想不可多得的资料。

通过考察范炳辰的教育实践活动与分析其日记中关于教育问题的记述，可将他的主体教育思想归纳为四个方面：一是教育救国；二是乡村教育思想；三是论读书；四是办学理念。

（一）教育救国论

范炳辰主张通过兴办和普及教育使国家摆脱危机，实现振兴与富强。他认为，国家富强依赖"学问家的脑力"和"劳动者的筋力"两个要素，而这都需要教育，即具有"相当的教养"。

通过学习外国经济史，他得出这样的结论："天然富源之保储，工业之保储，民利之保储能率，这三点是近五十年欧美经济活动的主旨。"欧美国家之所以能够富强，并称雄世界，所依靠的正是"保储"与"能率"。他以美国为例予以佐证：1909 年美国总统西奥多·罗斯福实行保储政策，不过一二十年的工夫，美国就在第一次世界大战中显示了实力。他指出，中国以农业立国，工业时代的种种经济活动多未具备，故国民至少应该知道一些欧美经济史的常识，养成"注意能率的良好习惯"，了解科学耕种的方法，在农业范围内，"如工业一般科技和技巧都应用起来，以图生产更多，生产费用更少"。要使国民具备一定的欧美经济史知识，学会科学耕种的方法，那就需要通过教育来实现。

从政治角度看，也只有教育才能救国。他以为，中国虽号称共和，但军阀专政，帝制阴翳，兵灾匪祸，社会紊乱。要消弭兵端，平息党派纷争，消除军阀专政，真正实现民主和共和，就必须兴办和普及教育，启迪民智，鼓舞民众自主的兴趣。

他认为，国民民智未开，只有普及教育，才能开启民智。在他看来，人要具有谋生自立的能力，只有个体具备了这种能力，由个体组建起来的国家也才能独立和发展。要使个体获得自立，必须通过教育，培养其谋生的能力。

（二）乡村教育观

范炳辰的教育活动主要发生在偏僻闭塞、封建势力比较强的泰安农村，且他自幼生活、劳作在农村，对农村经济的落后和民众生活的疾苦有切身体会。倘要实现民众的富裕和国家的富强，则必须改变农民陈腐的思想和农村落后的经济。因此，他特别重视农村教育，对农村教育问题的探索也自然成为他教育思想的主体内容之一。在他看来，只有大力兴办乡村教育和实业教育才能实现教育救国的目的。他指出，西人设"专科特别研究"农村教育，而中国虽教育机关备具，却偏重于都会，忽略了乡村。乡村小学除极少数特殊外，其余的莫不基址不立、虚有其名。这是很危险的，"虽专门中等（学校）竭力整顿，不啻建七级浮屠于流沙之上，危可知也。"为此，他提出发展乡村教育的构想，也就是"三善论"：

> 农村教育规划，伏念如此办理可有三善：不必别筹公款而成立学校一处，一善也；近合乡村乐育子弟之心，收纳临近学童，并教其年长失学之人，输入正当知识，使不致流为游民。乡曲多一有识青年，即街市少一土匪，无形之中改良社会，二善也；试行新学制为全县农村教育规划，既有裨于社会。务俟其稍有效力，逐渐推行，力求学校见信于社会，使反对者无从借口。不必取缔私塾，而可望同化，以图普及，三善也。①

他主张发动社会力量，筹集民间资金兴办乡村教育，而不仅只是依靠政府的力量。学校应该设在乡民愿意送子女读书的乡村附近，这样既迎合了村民的"乐育子弟之心"，也便于招收学生。通过兴办乡村教育，向失学青年灌输知识，避免他们成为流民或匪徒，从而达到改良社会的目的。办乡村教育，应该顺应时代潮流和社会发展要求，采用新学制，而新学制的采用应该采取先试点、再推广的办法，必须使其显示出成效。只有如此，才能见信于社会，才能减少新办法在实施中的阻力，

---

① 《范明枢日记选摘》，中共泰安市委党史征集研究办公室、泰安市政协文史资料委员会编：《泰山青松范明枢》，黄河出版社1996年版，第63—65页。

才能同化传统的私塾教育。可见，他的乡村教育"三善论"虽表述简洁扼要，却蕴含着丰富的内容，涉及乡村教育的办学主体、办学策略、教育作用等诸多方面。

他认为，中国乡村需要实业教育，至少乡村教育中应该增加实业类内容。中国有大量的农民，不但没有谋生技能，而且也无法自立。这导致国家长久衰弱。可是，长期起来，受科举制度的影响，社会对应用科学和实业教育不够重视。他批评这种思想和做法，称"英国有才智的人多注重实际应用科学，我国人正弄八股学"。他认为，实业教育不比其他教育低微，应该受到社会的尊重和重视，"只要是职业学校，就没有卑贱"。① 他办学，就重视对学生的实业教育，让学生一边学习，一边工作，既学到知识，又习得技术，以达到个体谋生自立的目的。

对农村存在的浓厚的男尊女卑观念，他极其反感，认为人类与生俱来，都赋有平等自由的权利。既然男子能接受教育，那么女子也应该接受教育。在这种思想的指导下，在办乡村教育的过程中，他积极倡导女子教育，兴办女校，招收女童，并鼓励自己的女儿读书。正是在他的鼓励下，他的大女儿范孟文考入北京女子师范学校，三女儿范季云成为山东省优级师范学校的教员。

（三）论读书

范炳辰特别喜欢读书，对读书也颇有心得。他认为，一个人应该多抽些时间读书，把书闲置在一边不读是一种罪行。他说，有书不读，有碑帖不习，此大罪。他就是一个喜欢读书的人，自称六岁开始读书，三十余年来，所读巨细字本，超过三千册。他的孙子范琪回忆说，他勤奋好学，不浪费时间。平时很忙，找他的人也很多，但一有空就看书、写作，有蚕食桑叶的精神。他提倡博览群书，"他的书很多，一箱一架的，暑假里我们的任务就是给他晒书，《红楼梦》、《东周列国》等，什么都有"②。任省立第一乡师图书馆主任期间，只要学生喜欢看的书，他也跟着喜欢看。他还认为，读书不能肤浅，要深入下去，要钻研，要读出自己的见解，尽管这样做不容易，但是能有收获。他说："著书难，读

---

① 《范明枢日记摘抄》，泰安市政协文史资料委员会：《革命老人范明枢》，泰安市政协文史资料委员会 1991 年版，第 191 页。

② 范琪口述：《回忆爷爷范明枢》，中共泰安市委党史征集研究办公室、泰安市政协文史资料委员会编：《泰山青松范明枢》，黄河出版社 1996 年版，第 82 页。

书亦难。读者而未达到著者十分之五六的见解，则其书必读不通。"①

（四）办学观

在长期的办学实践中，范炳辰孕育了丰富的办学理念，主要包括办学宗旨、办学方式、教师理念、育人取向、校风建设五个方面。

就办学宗旨而言，在担任省立二师校长期间，他坚持师范教育宗旨，培养合格的初等教育师资和教育行政人员。他希望以此来兴办和普及乡村教育。

政治上他反对专制，追求民主，反映到办学方面，就是倡导民主办学。担任武训小学总校长期间，遇事他总是找冯玉祥协商。他善于听取他人的意见，并将合理者用于办学，采纳陶行知的意见实行半工半读的办学方式就是一个明证。他经常深入教师中间与他们探讨学校存在的问题及其解决办法。作为校长，他从不假公济私，乱用学校的一分一厘。他的民主办学主张还体现在实行学生自我管理的民主制上：学生建立学生会，协助校方处理学生事务；学生伙食也自己管理，账目公开。②

为了减轻乡村学童的负担，适合农村特殊的教育环境，他采用半工半读、购置校产培植经费的办学方式。这种办法解决了贫困学童的后顾之忧，使他们能安心学习，因此深受学生和家长的欢迎。

他认为，教育教学质量的提高，关键在教师，要有高质量的教育，就必须有高素质的教师，教师队伍建设对学校的发展至关重要。因此，他非常注重教师队伍建设，努力从教师聘用、教师管理、教师培训等方面来建设一支高素质的教师队伍。当时教师皆由校长聘用，半年一聘。只要有真才实学，不管其政治倾向和学术主张如何，不论资历如何，他都延揽聘用。如体育教员杨明斋虽目不识丁却在武林界久负盛名，范炳辰照样聘用他，不安排他上堂讲课，专在课外教学生武术。他聘用教师的态度与鞠思敏一样，都受到蔡元培"兼容并包"思想的影响。

他主张对聘用的教师要加强考核。教师一旦被聘用，他就经常对他们的教学情况进行考察。青年教师入校半年，他每周至少听一次课，事先不打招呼，悄悄坐在学生最后一排。听课后，他及时总结指导，对敷衍教学者，给予批评，甚至解聘。解聘教师之例，前文已有列举，在此

① 《范明枢日记选摘》，中共泰安市委党史征集研究办公室、泰安市政协文史资料委员会编：《泰山青松范明枢》，黄河出版社 1996 年版，第 67 页。

② 赵玉良：《一代师表启后人》，泰安市政协文史资料委员会：《革命老人范明枢》，泰安市政协文史资料委员会 1991 年版，第 119 页。

再举一例他委婉批评教师的事例。在二师时，他曾去听英语教师孙哲青的课，但是上课已久，孙哲青却未到堂。于是，他走上讲台讲了一个故事：

> 从前有个剧团，团里有名出色的花旦演员，很骄傲，戏报贴出去了，他的主演，至时他没到场，其实班头也会唱花旦，于是班头上了装替唱起来，台下阵阵掌声，啧啧称赞。讲完后，他说："我不会英文，我不如那个班头。"①

此事传闻全校，对教师教学起了很大鞭策作用。

他认为，参加培训有利于提高教师的业务能力，是促进教师个体发展的重要方式。在武训小学，他总要利用寒假组织教师训练班，学习教育心理学和国内外时事，研究教学方法。他还邀请国内各界著名或知名人士前来讲学。据二师年刊第一期记载，1921 年，"巴黎和会代表王正廷先生携其夫人同济南商埠会会长刘向宸来曲参观，晚 8 点在本校大讲堂演讲"。同年 7 月 14 日，"杜威博士偕其夫人及王迥波、孙丙炎两先生来曲参观下榻本校，晚 7 点在大礼堂演讲"。年刊第二期记：1923 年12 月 5 日，"北大教授梁漱溟先生同本省前教育司长王鸿一先生来校讲演"②。他还组织教师外出考察，以拓展教师的视野。另外，他也鼓励教师加强自学，劝导他们工作之余努力学习，不断提高自身知识素养和业务能力。

在他看来，教师是传道、授业、解惑的工程师，担负着培育年青一代的重要职责，需要社会的共同尊重。他是非常尊重教师的。每次在路上遇到教师，他一定主动地站在道左，坚持让教师先走。与教师同餐，他总是让教师先入座。受他的影响，学校尊师蔚然成风。

他非常推崇孟子对理想人格的追求，希望通过教育塑造具有"大丈夫"品质和精神的人才。他常对学生说，一个人应该养成浩然正气，做到"富贵不能淫，贫贱不能移，威武不能屈"。1919 年 6 月 13 日，在省立一师，他迎着军警的枪刺挺身而上，为参加游行的学生开路，用自

---

① 严文圣整理：《爱国志士人民忠仆——范明枢生平概述》，泰安市政协文史资料委员会：《革命老人范明枢》，泰安市政协文史资料委员会 1991 年版，第 33 页。

② 转自刘振佳、杜仲文整理《范明枢在曲阜山东省立第二师范》，泰安市委党史征集研究办公室、泰安市政协文史资料委员会编：《泰山青松范明枢》，黄河出版社 1996 年版，第224 页。

己的行动教育了学生。他以"天下为公"作为自己的座右铭，常对学生讲天下是天下人的天下，不是一人的天下，以此教导学生树立为国、为公的远大志向。1926 年 5 月，他在《为山东省立第二师范学校同学录作序》中写道：

> 明来学无往教，君子为青年惧堕落，即为社会谋安全，则思之远也……然而国家之乱唯君子能已之，其所以挽已去之人心，系社会之属望者，即在此百折不回之精神与毅力，患难流离，经诵不辍，间关跋涉，讲徒号召，迹其淡然自得，若无与于世变。①

他对学生寄于殷切厚望，希望他们能心系社会与国家，为国家的振兴发奋读书。

依他之见，做人应该具有求真、向善、爱美的品格。在省立二师，他把"真、善、美"作为学校的校训悬挂于校门前。他自己也以此要求自己。在他被捕入狱期间，国民党审问他为什么要看赤化书籍，他理直气壮地回答说，书里写的是真理，所以要看。当被问到为什么还要四处宣传，介绍给别人看时，他答称，不但他要追求真理，还希望更多的人都追求真理。

他认为，一个学校的校风非常重要，良好的校风不但有助于学生学习，而且有利于学生优良人格的形成。为了营造良好的校风，促进学生发展，提高教育教学质量，他注重从校园环境和文化氛围等方面建设校风。他身体力行，带领学生把省立二中建设成花园式学校，学生置身如景似画的校园，陶冶了情操，忘记了学习的疲倦。他重视营造浓厚的文化氛围。为此，他聘请具有革新思想的教员担任图书馆管理员，不顾国民党当局的禁令大量购进五四后出版的新书籍供师生借阅，还直接从法国购入外文版《资本论》。他还支持学生创办"黎明书社"，下设会计、出纳、采购。书社专事介绍、购销进步书刊。"黎明书社"存在了十几年，成为启迪学生革命思想的重要阵地。在他的支持倡导下，学校到处弥漫着浓厚的文化气息，而贯穿其中的则是五四新文化运动所体现的新思想、新文化精神。

他以为，学生不能仅仅学习书本知识，还需要有自立的能力。所谓

---

① 《为山东省立第二师范学校同学录作序》，泰安市委党史征集研究办公室、泰安市政协文史资料委员会编：《泰山青松范明枢》，黄河出版社 1996 年版，第 68 页。

自立即自己能养活自己，并且能养活自己的老小。一个人若要自立，就必须有"能力的练习"。① 为了培养学生的实际能力，他注重将课内学习与课外活动结合起来。在二师，各科都按年级建立学习会、研究会，两会经常举办演讲活动。研究会自选题目，自由撰文，评选出优秀者可刊登在校刊上，也可印刷成册。在课程设置上，他开设一些应用课程。如手工课，他要求学生学会制作土、铁、木、石膏等器物。他还让学生尽可能地参加一些社会实践活动。每年假期都组织学生进行故乡区域情况调查，如1921年组织的25县"乡土历史调查"、1924年组织的5县桑蚕调查。②

范炳辰长期生活在农村，并接受传统儒学教育，但是自幼"为国家出力，为穷弱办事"的志向驱使他在不惑之年别妻离子走出乡村，到外界寻求实现这一理想的途径。随着时局的变化和眼界的开阔，在求学过程中他毅然决然地接受了民主革命思想，从一名传统儒士变身为一位民主主义者。怀揣教育救国的梦想，从日本学成归来后，他就全身心地投入到教育事业中。他立足农村，联合热心教育的仁人志士，创办了一所又一所学校，使很多没有办法进入公立学校读书的农村适龄儿童得以有机会读书。在进行教育实践的同时，对一些教育问题，他也从理论上作了一定的探讨，为后人留下了一笔珍贵的教育思想财富。

---

① 《范明枢日记选摘》，中共泰安市委党史征集研究办公室、泰安市政协文史资料委员会编：《泰山青松范明枢》，黄河出版社1996年版，第65页。

② 刘振佳、杜仲文：《范明枢在曲阜山东省立第二师范》，泰安市委党史征集研究办公室、泰安市政协文史资料委员会编：《泰山青松范明枢》，黄河出版社1996年版，第227页。

第五章　丛涟珠

丛涟珠（1875—1939 年），字禾生，文登人，民国成立后历任山东省教育司第三科科长、省立第二女子师范学校校长、省立第六中学校长等职。他为山东，特别是鲁西南教育事业的发展作出了重要贡献，在民众中享有崇高的声誉，被鲁西南民众称为"丛圣人"。

第一节　留学与革命

1875 年 4 月，丛涟珠生于山东省文登县北宫村，系明代南京工部尚书太子少保丛兰的裔孙。他的祖辈数代为师，是一个教育世家。他的父亲性格温和敦厚，笃于躬行，淡于名利，与人无争。父亲的性格和品行，深深地影响了他。他在自传《鸿泥自忆》中写道："先大父辞世亦三年，而没世不忘旧德，尚足以庇其家者，足见贫不为病，惟祖德不可以或忘耳。"他自幼启蒙于家塾，天赋高，加上良好的环境熏陶，道德修养和旧学根基格外深厚。

1902 年 9 月，丛涟珠以廪生身份赴济南参加乡试未能通过，遂投考省立师范馆，被录取。11 月，他与同被该馆录取的族弟丛瑄珠来校报到。师范馆是山东省最早的师范学校，由巡抚周馥于 1902 年 10 月开办，校址设在济南旧城中心的济南贡院内，监督是候补道台陈恩焘。一年后，师范馆改为师范学堂。丛涟珠等人是师范馆的第一批学生。当时学馆初创，设备不全，学制很短，课程不完善，除读经、古文等课程外，主要是馆内留日教习翻译的四部数理化教材。他在师范馆学习国文、算学等功课，系官费，待遇甚优。

师范馆第一批学生共 200 余人，毕业后分别保送保定、京师和日本深造，以作各府县中小学和师范传习所师资之用。周馥认为"学贵善教，教先择师"，山东省学堂初立，尚少师范，而咨送到京师大学堂师范馆学习肄业者为数不多，将来回省不敷分布，考虑到日本宏文书院"教法精良"，① 便于 1903 年冬派候补道方燕年前往日本弘文学院商洽派遣留学生一事。方燕年在日本考察两个月后返回济南，立即与省立大学堂兼师范馆总办陈恩焘挑选学生留学日本，共择取 54 名，其中长期生 14 人，速成生 40 人。丛涟珠与綦衍麟、丛琯珠等人进入长期班学习。1903 年 6 月，被委任为留日学生监督的方燕年带领 54 名学生东渡日本，启程前省藩库发给每位学生 100 两银子购买服装和其他生活用品。《鸿泥自忆》对启程前的情形做了详细记叙：

> 癸卯光绪二十九年，二十九岁。三月，方燕年自日本回。遂与大学堂兼师范馆总办陈恩涛，挑选赴日留学生五十四名，余五十余名送保定（丁惟汾在内）。计送日本长期留学生，綦衍麟、丛涟珠、琯珠等十三人，外有自费生一人邱天柱。速成师范生四十人。仍以方燕年为留学监督，带领东渡。余与官珠，即於启行前，请假回籍省亲。四月余续娶陈氏。经辛壬癸甲四日，即由烟台登轮赴上海，随同监督东渡。方监督在济启行时，曾由山东省库支出学生治装费，以每人银百两之数。即在上海为诸生治装，单夹中国服与被褥手巾等，丝棉参半。六月初，由神户下船，换火车赴东京。即入宏文学院。②

宏文学院是东京高等师范学校校长嘉纳治五郎特为清政府所派留日学生而设。1896 年首批中国留学生赴日，由嘉纳治五郎负责教育。嘉纳委托本校教授本田增次郎具体组织，借用神田三崎町一丁目二番地一所房子作为校舍兼宿舍，1899 年 10 月定名为"亦乐书院"。20 世纪初，中国留日学生日益增多，嘉纳遂将亦乐书院迁址扩充，改名为宏文学院，院址在东京牛込西五轩町，1902 年 1 月正式开学。宏文学院原则上以普通科为主，兼设速成科。普通科修业 3 年，授以日本语及普通学科，以备毕业后升入高等专门以上学校。学生至第 3 学年分为文科、理科 2 部。速成科分为师范、警务、理化、音乐等科，修业期限有 6 个月、8 个月、1 年、1 年半不等。学校学级编制多以省籍为主，在班名

---

① 《山东巡抚周奏办理山东各学堂情形折》，《东方杂志》1904 年第 6 期，第 137 页。

② 丛禾生：《鸿泥自忆》，http://www.congshi.net/CongArticles/ShowArticle.asp? ArticleID=96&Page=2。

之上冠以籍贯。学年始业为 9 月 11 日，毕业为每年 7 月 10 日。丛涟珠
进入该校普通科，学习了两年左右。

1904 年，日俄两国为争夺中国东北爆发战争。日军被不断地大批
调派到中国，他们具有强烈的军国主义热情，个个斗志昂扬，抱定为国
杀敌、为国捐躯之心。民众举行各种热烈的仪式，为他们饯行。战场上
的消息不时传到日本国内，宏文学院周围报童的号外铃声不绝于耳，民
众争相阅看。这些情境，他在自传中做了描述："是年日、俄国交决裂，
遂开战。日皇卫兵至东京出发，民众热烈饯送，人人有死敌之心……号
外声兼号外铃，随风响彻五轩町。车夫道左争传看，万岁高呼不忍听"。
这些所见所闻，使他对日本的普及国民教育和军国主义教育产生了深刻
的印象，"日本人军国教育精神，可见一斑"，"日本教育普及，苦力人
等，皆能阅报"。他受到强烈刺激，意识到要实现国家富强必先从培养
人才开始，"余在日本时，即发生一种思想，以为欲建立新国家，必先
培养人才"。① 这成为他后来再次留学日本和选择教育作为自己终身事
业的主要原因。

1905 年 7 月，丛涟珠从宏文书院毕业回国。当时日本留学归国者，
凡是速成班毕业的，直接由山东学务处派往各县官立小学堂充任教员，
兼师范传习所教员。后来，山东学务处又将全省划分为 14 路，每路派
查学员一人，由普通科毕业者担任。与他一同回国的学生都被任命为查
学员，而他与綦衍麟却被时任省立师范学堂总办的方燕年禀请充任师范
学堂日文教员。

赴任前，他四处奔走，促成登州部分学子自费留学日本。其实，他
很早就着手准备这项工作了。他认为，出洋留学是为国家培植人才的重
要途径，但官费留学名额有限，解决的唯一妙法是家境好的学生自费留
学，所以决定鼓动家乡学子自费出洋学习。离开日本前他曾找到留日学
生中的同乡莱阳的王葵若、牟平的曲荔斋、黄县的丁佛言等人，恳请他
们写信给各县绅士富户，请他们出面劝导当地学子自费赴日留学。他还
利用自己平时节省的款子购买标本、图书等"凡可标见文明教育一斑者
若干份"，准备带回国内四处分发，作为赠品。回国后，他又到烟台拜
见渔业公司总办王季樵，表明己志，得王嘉许。王表示愿助他一臂之
力，随即找到东海关关道何秋辇，请其帮忙。8—10 月，他周游登州各

_____

① 丛禾生：《鸿泥自忆》，http：//www. congshi. net/CongArticles/ShowArticle. asp？Arti-
cleID＝96&Page＝2。

县，游说乡民派子弟出洋留学。最终，经他撮合，83 人情愿自费东渡留学。后来，又经他争取，这些人中有 20 余人成为半官费生，3 人成为官费生。对此，《东方杂志》记载称："文登丛君涟珠近由日本留学回国，竭力劝人出洋就学，闻风愿往者，计登州一府已有八九十人，且有马女士秋仪暨幼童二人：一丛汝珠，一孙桂章，均联翩东渡云。"①此事办妥之后，他才到省立师范学堂任职，月薪库平银 40 两，"始得粗备甘旨，奉养祖父父母矣"。

1906 年 1 月，山东巡抚杨士骧委任他充当登州各县劝学员，劝办公立、私立学校。经他努力，短短 7 个月时间，登州各县共添设小学 10 余处、师范两处，皆为私立。

1906 年 7 月，省提学使连甲调他任学务公所省视学，他推辞掉，再次东渡日本，入早稻田大学攻读政治经济学。11 月，经同盟会领导成员、《民报》编辑胡瑛介绍，他加入同盟会。

> 冬十月，孙逸仙先生，复来东京。一日，余路遇胡君瑛，伊遂邀余同赴孙先生寓所，介绍相见。即加入小组革命会议。在座者有黄克强、章太炎、胡汉民等人。黄克强，并引余入别室，造山东同志通信密电码。至午，孙先生留用午餐，开饭一桌，孙先生为主自陪。②

照此看，他与胡瑛早有交往，并受到后者革命思想的影响，对同盟会的革命纲领已有相当程度的认识。而且，他一加入同盟会，就参与了山东分会的重要事务。

不久，他在日本的留学就被打断。第二年的 1 月，山东提学使电调他回国任省视学，但是，他任此职的时间很短。后来，他追忆此段任职经历时说：

> 先是提学使司陈以省视学宋绍唐、杜坦之及余、杨嘉干、方作霖，又新补王朝后，办事认真、负责，极为信任。而各课职员，皆外省在此候补人员，多敷衍者。吾等公荐赵正印（即赵新儒，亦留

---

① 《教育各省游学汇志》，《东方杂志》1906 年第 3 期，第 57 页。
② 丛禾生：《鸿泥自忆》，http：//www.congshi.net/CongArticles/ShowArticle.asp？ArticleID＝96＆Page＝1。

日者）为总务课长，陈提学即委任之，且依为腹心。我等尤精神焕发，竭其心力，决将全省各县学务，大加整顿兴办。凡此完全出自公益心，无私毫利己杂念，所谓此心可质诸天日者。然而好事难成。夏，优级师范毕业生朝考及第回省，大肆攻击。我等以退避贤路，化争为让主义，相率辞职。[①]

当时，山东省师范毕业派与留日归国派争夺教育行政权，丛涟珠等为了避免引发争端，危及教育稳定，退让辞职。这也从侧面反映出当时山东教育行政比较混乱，争权夺利现象比较严重。当任何一派的教育教学改革危及其他派别的切身利益时，他们就会群起反对，可见当时在山东推行教育教学改革阻力是非常大的。由此，我们亦可以看出丛涟珠等人的胆识和勇气。

武昌起义爆发后，山东革命党人四处活动准备响应。他们联合军界、政界要员组成山东全省独立联合会，公举山东巡抚孙宝琦为临时政府都督，宣布山东独立。丛涟珠与丛珀珠两人也被推荐为联合会会员。联合会开会两次，但是各界意见分歧，彼此争论不休。这让丛涟珠等人很失望。这时，会员韩季和对他说："事之成败，尚不可知，而争权之风起矣。人弃我取，教育为人所薄者，此立国基本事业，我辈当仍守素志，以身任之"。他深以为然，乃"慨然以致力教育为己志，不作他念矣"。1912 年 1 月，他自省城回籍，路过烟台，烟台革命军政府有意委任他为福山民政长，他以志在教育辞谢。后军政府又派员力劝，他觉得军政非其所长，且"心恶虚荣，必以己志为守"，于是深夜雇车出走。[②]党派的争权夺利及对教育的漠视让他失望，他决心走"人弃我取"的道路，放弃从政，转而致力于教育事业。

促成丛涟珠立志教育事业还有一个因素，那就是他的族弟丛珀珠的遇害。丛珀珠从济南回文登后立即联络有志之士密谋光复文登，事成后他被公推为民政长。文登的独立引起当地保守势力的强烈仇恨，他们煽动民众包围文登，当时保卫革命政权的是只有十余支旧枪的警备队，抵抗力量非常弱。丛珀珠认为，乡民愚昧，受到欺骗和蒙蔽，不能开枪，宜采取疏通办法。但是派人出城交涉未果，他们只好夜晚开城出走，不

① 丛禾生：《鸿泥自忆》，http：//www. congshi. net/CongArticles/ShowArticle. asp? ArticleID = 96&Page = 1。
② 丛禾生：《鸿泥自忆》，http：//www. congshi. net/CongArticles/ShowArticle. asp? ArticleID = 96&Page = 2。

料于途中，丛琂珠遭匪徒围击遇害。丛涟珠闻信，异常伤心，他在《辛亥文登党祸》中悲愤地写道："顽愚无知亦已矣，我欲昂首问天公。浩劫往古未前闻，何辜降此独懵懵"。此事让他意识到，必须对民众施以教育，让他们摆脱愚昧无知，乃"矢以悲愤灌注于教育事业"。①

从丛涟珠的求学经历和早期活动看，他之所以选定教育事业，是受到三个因素的影响：一是留学日本的经历。在日本，他从日本民众，即使是车夫，也能阅读报刊，以及经过军国主义教育，日本军人体现出的争相为国牺牲的精神中，意识到普及教育的重要性。二是他的革命经历。资产阶级革命运动所表现出的党派纷争，漠视教育等的弊端，使他对革命的热情大减。三是民众的愚昧和落后。日本的留学经历和革命活动使他认识到中国民众的顽愚和落后，要实现国家的富强和民族的强盛，必须通过教育开启民智。

第二节　教育活动

与鞠思敏、王世栋等人一样，在求学时，丛涟珠也已开始从事教育活动。不过，相比而言，他求学期间的教育活动要广泛些，上文所列事例已能佐证，尚有几例再作一补充。

1905 年，同盟会在日本成立，留学生纷纷加入，引起清政府的警惕。日本政府应清政府要求，令各校取缔革命组织，引起留学生的不满，激起学潮，留学生纷纷回国，其中很多人参加了同盟会领导的革命运动。山东籍留学生徐镜心、谢洪涛、陈命官等人，回到烟台创办东牟公学。他们邀请丛涟珠予以资助，丛涟珠遂募款 1000 余两以供办学。东牟公学成立后，他又约胡瑛一起前去充当教员。

1912 年 1 月，他从省城回籍路过烟台时，曾往书店购买小学教科书、粉笔，制作活页小黑板等教学用具，"拟回文时，即周游各乡之有私塾者，劝令改良教法，多招生徒，余为亲身实验，以示办法，盖毕业后，曾参观日本小学教法，兴趣全在脑中，必欲乘机一试为快也"。②他受到日本小学教学法的影响，准备亲自试验。回到家仅住一日，他就

---

① 周邦道：《近代教育先进传略》（初集），中国文化大学出版部 1981 年版，第287 页。
② 丛禾生：《鸿泥自忆》，http：//www. congshi. net/CongArticles/ShowArticle. asp？ ArticleID＝96&Page＝1。

到文登县东三十里章字山村，开始实施他的教育构想。他与该村塾师及学东，妥商改良私塾办法，以彼处为唱首，遂留住数日，作教法试验。由于革命爆发，他的试验被中断。

民国成立后，丛涟珠全力灌注于教育工作。这一时期，他的教育实践活动主要集中在两个方面：一是创办保姆养成所；二是任职省立六中。他在省立六中任职长达 23 年，其中担任校长之职有 12 年之久。此外，他还短暂地担任过省教育司第三科科长和山东大学高中部主任的职务。

他既然打定主意以教育为己志，就推辞掉出仕做官的机会。时任省提学使的王朝俊深知他"志纯洁"，便于 1912 年 12 月委命他筹划创办省立保姆养成所，并任所长。其实，丛涟珠早有意向创办这样一所学校。宣统年间，他任省查学员的时候就萌生了这种想法。1910 年，他查学至济南毛家坟街小学，看到东临的全节堂房屋崇宏，规模颇大，经询问该小学教员得知是藩司所辖的慈善机关广仁堂所设，占地 18 亩，房屋数十间，内有百余名节妇，40 余名儿童，常年款银 4000 余两，但是管理不善，名为慈善，实似监狱。他当时就萌生了予以改革的念头，于是在查学报告中，附以条陈，请提学司转呈抚部院核准，将全节堂和育婴堂改为保姆养成所与女子小学，令年青节妇学习保姆知识，育婴堂孩子满 6 岁者，入小学学习。此项提议虽然得到提学使的赞许和支持，但因政局动荡，当时未能付诸实施。如今王朝俊又委他筹建，他自然很兴奋，立即着手办理。1913 年春，保姆养成所正式成立，由各县保送学生入所学习，共招生 107 人，分 2 个班级，学制期限为 3 年。丛涟珠苦心经营保姆养成所，成效显著，深得教育界和当局的嘉许，"省城所办之保姆养成所则甚佳……该所长品学兼优，经验亦丰，一切规划并并有条，洵不易得也。"① 这年秋天，省教育司司长雷光宇委任他为省教育司第三科科长，仍兼保姆养成所所长之职。

1914 年 4 月，保姆养成所改为省立第二女子师范学校，附设保姆班，仍由丛涟珠出任校长。保姆班在教法上采取"自学辅导主义"，注意所教内容与儿童心理"适相迎合"，"以保卫儿童健康为主，以诱导知识为辅，并不注重文字"。② 到 5 月，女二师已发展到 16 名教职员、

---

① 《视察学务总报告节录》（民国三年），琚鑫圭等编：《中国近代教育史资料汇编》（实业教育　师范教育），上海教育出版社 1994 年版，第 870 页。

② 张福山主编，济南市史志编纂委员会编：《济南市志》（6），中华书局 1997 年版，第 12 页。

3 个班级、123 名学生，常年经费 14000 元。

8 月，王朝俊邀请丛涟珠担任省立六中校长职务。他以"中学为造就社会中坚人才"，且有王鼎力相助，遂慨然许之。他对王表决心说："教育事业，为我之素志；然我不去则已，去则非二十年不可。在此二十年中，即委我一教员，一小小职员，我亦乐观厥成耳。"① 9 月，他从省城赴曹州就职。

省立六中是鲁西南创办最早的一所中学，其前身是 1904 年成立的曹州官立中学堂和 1906 年成立的曹州公立普通中学堂，以及由此两中学堂合并后成立的省立第十一中学。清末废科举兴学堂，曹州在有识之士的推动下，开始教育变革。1904 年，在王朝俊的鼓动下，曹州知府丁镗自行筹款，在佩文书院成立官立中学堂，这是鲁西南第一所新式中学堂。学堂由卢乐成任监督，地方士绅杨富春任坐办，设中西教习各一人。课程只设国文和英文。1906 年，经王朝俊倡导，在留日学生和丁镗的支持下，曹州公立普通中学堂成立。彭清岑任学堂监督，留日学生朱增祺为坐办，校址位于江西会馆。1913 年，两学堂合并，改称省立第十一中学，监督改称校长。两学堂虽然合并，但未移归一处，官立中学堂称中学南部，公立普通中学堂称中学北部。1914 年，两处才归为一处，并改称山东省立第六中学。六中成立后，原校长葛象一辞职，自任学监，由王朝俊继任校长。不久，王调任省议会副议长，离任前，他推荐丛涟珠接任校长。

丛涟珠担任六中校长 12 年，他苦心孤诣、励精图治，极大地推动了学校的发展。其主要活动和业绩有：

其一，进行基础设施建设，扩大学校规模。六中校舍原为曹州府衙门，校舍和院落极不适合办学。他上任后千方百计地争取当局和社会的支持，四处筹措建校经费，用于改造旧房屋，扩大学校规模。经过一番努力，六中校舍极大改观，除教室外，有四人一间的宿舍，六人一间的自修室，饭厅是八人一桌，还有音乐教室、理化实验室、生物解剖室和标本室等。曾任私立南华中学校长的李真卿 1921 年进入这所学校读书，据他后来回忆，当时学校校舍已经扩建到 250 余间。

在整修、扩建教室和校舍的同时，他还为学生修建了一个大操场。学校东面有一块荒地，有八九亩之大，地势凹凸不平，废弃已久。他决定将这片荒地开辟出来，供学生运动之用。他带领全校师生，动手整

---

① 张默生：《默僧自述》，济东印书社 1948 年版，第 4 页。

理。在《操场落成》一诗中，他描述了当时师生劳作的热烈场面及操场落成后的欢悦心情：

　　校东有土坑，纵横八九亩。陵谷势不平，废弃年已久。利用做操场，造成经众口，无须觅雇工，操作责自负。临淄雪门翁，张仲同孝友（张雪门先生，临淄县孝廉也，为人教友，热心公益。时充本校国文教员，对于此种劳作训练，大感兴味，时师生共同抬土，张独以双肩各抬一筐，其一端则二学生各抬其一，名之曰二龙吐须）。二龙任双肩，群龙斯有首（张先生如此兴奋。于是学生皆努力工作，故成功甚速）。连锸挥汗雨，启土深且厚（如王近信掘土是也，当时即知其作事魄力厚）。或舁上满筐，如骏效奔走。经年课余功，岂容一篑苟。

　　亓老兴味多，种黍酿春酒（亓养齐，莱芜县孝兼也，年几六旬，饶有大趣，操场将台乃伊率学生用版筑旧法筑成，所谓筑之登登，削屡平平也。及大坑初平即全种以黍。亓老亲手煮糜酿黄酒数瓮，及年节时，师生痛饮以尽其欢焉）。师生饮无量，欢呼旨且有。是秋广场成，坦平形长方。亓老倡筑台，我武资维扬。纪功拟刻石，终焉卜允臧。全城校联会，运动兴尤长。适我初生子，愚公志可偿。欢腾历三日，祝此寿无疆。①

　　1916 年 9 月，他为六中添设了一所附小。袁世凯洪宪年间，当时的教育部曾颁布法令，命各地中学附设小学。丛涟珠以此为据，结合本校师资实际，提出预算，呈请设立附小，获得批准。当年秋季开设，至1924 年小学停办共计 8 年。小学停办后他呈请将原有的小学经费划归中学，添加一班中学生。

　　经他努力，六中的招生规模也不断扩大。他刚上任时有 6 个班，到1921 年时已有 12 个班。由于校舍不敷使用，他便在文庙设立分校，派教员驻此管理。②

　　其二，建立多种学生、学术团体或组织，开展各种活动，促进学生

---

　　① 丛禾生：《鸿泥自忆》，http：//www. congshi. net/CongArticles/ShowArticle. asp？ ArticleID＝96&Page＝2。
　　② 此班级数额为《鸿泥自忆》所记。李真卿回忆；沙德廷整理的《抗战前的菏泽省立六中》中记，1921 年全校共有 8 个班，学生 400 余人。见菏泽市政协文史资料委员会《菏泽文史资料》（第 2 辑），菏泽市政协文史资料委员会 1990 年版，第 3 页。

智育、体育和德育的发展。担任校长之初，他就提倡学生自治，成绩显著。他大概是中国最早提倡建立学生自治会的人，"吾国学生自治会之倡导，盖自丛先生始。闻与英国学生自治会之成立相先后焉"。① 任职六中期间，他成立的团体和组织有 1915 年冬成立的自治团、1918 年成立的心学会和各科研究会、1919 年春成立的励农会，举办的活动有敬老会、追远会、各种歌咏比赛等等。1917 年张默生转入六中学习，他在《默僧自述》中对此有详细记述：

> 余之转学六中时，为民国六年春季。其时学生自治会之具体组织，名曰"自治团"，团有团长，下分各队长，每月由大会选任一次。团中纪律森严，触犯之者甚于触犯校规。一切日常生活及进德修业之事，皆由同学互相督劝，校长、学监及全校教员，皆负辅导之责。团为军队组织，其性能则不同：有纠察队、有清洁队、有劳工队、有拳术队，有军事操队。队员月须改属一次，以求平均练习。每日课罢，诸队齐集操场，由团长发号施令，各队即分别活动，一小时后，集合散队，不许有丝毫苟且也。于散队前，必有一师长作简单之训话，或揭示圣贤语句而解释之。每届隆冬之际，则于黎明前举行跑步半小时，而早自习尚需燃灯焉，风雪无阻，此亦丛先生之所提倡，名曰"寒稽古"，盖袭用日本名字也。先生又采取耶教中礼拜之意，于星期日上午必有全校之集会，除报告每周校政外。由教员数人，轮流讲述大学中庸，周而复始，二十年来行之无间。先生更极力提倡歌咏及话剧，高年级并试讲演英文剧；常自作歌自唱，令全校学习，正洋洋乎盈耳哉！②

从张默生的记叙看，丛涟珠在办学期间非常注重学生智能、道德、体育等的培养，通过各种活动使学生养成"忍苦、耐劳、习动、义勇"的精神。这正体现了六中的办学宗旨，即"以发展青年身心，培养健全国民，兼为研究高深学术及从事各种职业的预备为宗旨"③。换言之，他是紧紧围绕办学宗旨办学的。另外，他的办学方式明显得受到日本的影响，很显然这与其留学经历有关。

---

① 张默生：《默僧自述》，济东印书社 1948 年版，第 4 页。
② 同上书，第 4—5 页。
③ 转引自王效熹《山东省立第六中学史略》，菏泽市政协文史资料委员会《菏泽文史资料》（第 2 辑），菏泽市政协文史资料委员会 1990 年版，第 38 页。

其三，关心爱护学生，支持和资助学生升学深造。他"爱护学生有尤子弟……有患病者，顾抚周至"。[①] 学校设有"励学会"，是王朝俊任职时设立的，用以资助家境贫寒的学子。他接任校长后，对它进行了改革和完善，扩大学生贷学金制度。他多方筹集资金，除向社会募捐外，还鼓励本校教职员各尽所能地捐献。他以身作则，从自己的薪水中捐出一部分。他当时的月俸为 80 元，从中拿出 20 元用以助学，期限为 10年。任校长期间，通过励学社，他赞助了很多学生，使他们得以深造。曾主持山东教育长达 14 年的何思源就是受他资助的众多学生中的一位。何思源从 1928 年 6 月担任山东省教育厅厅长，一直到 1942 年 4 月改任省民政厅厅长，为山东省教育事业的发展作出了积极贡献。他在《回忆我的一生》中这样写道：

> 我于 1914 年冬中学毕业，家庭生活困难，本来不能升学，但是辛亥革命后，山东教育局规定了各县发放"助学贷金"的办法，我依靠每年贷金 100 元和校长丛禾生每年帮助 100 元，就在 1915年考入北京大学预科。[②]

丛涟珠无私地资助学生，除了关心学生成长、热爱教育事业的原因外，还有一层缘故，就是知恩图报。他在《感怀》一诗中写道："余本贫家子，无力供束脩，仰赖族长德，负笈从师游，辛亥起惨案，群季原隰哀，报恩竟无主，转向社会求……"[③] 他早年家贫，无力读书，幸得乡亲资助，始能负笈东渡。现今该他回报了，但恩主却已惨遭不幸，他只有去帮助社会上需要帮助的人。

其四，通过延聘教员，聘请名家讲学及鼓励本校教师外出学习等方式提高教师业务能力，建立一支敬业爱岗的高素质的教师队伍。他不拘形式，四处延揽学识渊博、具有教学经验的老师。例如，1924 年，他聘请从美国留学归来的王近信担任高中教员。王近信，字子愚，山东菏泽县人，毕业于美国芝加哥大学。他到校后，与丛涟珠等一起参与学校建设，为学校发展作出了积极的努力和贡献。像王近信这样的优秀教师，在当时的六

---

① 周邦道：《近代教育先进传略》（初集），中国文化大学出版部 1981 年版，第 287 页。

② 何思源：《回忆我的一生》，马亮宽编：《何思源文集》（第 2 卷），北京出版社 2006年版，第 982 页。

③ 丛禾生：《鸿泥自忆》，http：//www.congshi.net/CongArticles/ShowArticle.asp？ArticleID=96&Page=2。

中有很多，他们多是大学毕业后回校工作的校友。这些人除了知识扎实，教学能力强外，还能严于律己，遵纪守法，不谋私利。他经常组织教员外出学习，或举行教学观摩活动，提高教师的业务能力。1918年9月底，他赴南京、无锡、南通、上海等处参观学校与工厂。1922年，他派学监葛象一带领语文教师杨汉章、单庭兰等人到济南省立第一中学听课。第2年春天，又由葛学监带领数学教师严星台等人到泰安省立第三中学学习参观。同时，他还在校内经常举行观摩教学活动。教务处每学期做2次至3次活动计划，以教研组为单位，分学科进行。观摩课结束后，进行讨论和评比，对于好的，他给予表扬和奖励，并让得奖者在全体教师会议上介绍经验和体会，以达到互相学习、互相促进、共同提高的目的。此外，他还邀请名家前来讲学。如1922年5月，他与王朝俊邀请梁漱溟来校演讲东方文化。1923年夏，他又邀梁前来，并在槐坛设立讲席。

　　丛涟珠主持省立六中12年，他"倾全力办学，以校为家，往往数年不回里门"，[①]为山东培养了大批人才，特别是大量师范人才。张默生称，他培养出的人才最多，以教育成绩论，山东教育界无人能与他相比。六中也因此蜚声中外："曹属人才济济，几为齐鲁冠。即至北平升大学者，仅六中一校，亦占全省之半；其后留学东西洋者尤多。自民国十七年以后，山东教育大权，均握于曹属六中同学之手，故当时有一流行语曰：'六中、北大、哥伦比亚！'意谓非此系统，勿思在教育界得志焉。"[②]何思源在为1935年菏泽六中编辑的《山东省立六中一览》作序时写道："长江以北能与之相颉颃的学校，只有保定的育德中学，北京的师大附中。以学校为单位，每年每次升学人数与考取人数之比率，在长江以北各中学中，我们的学校占第一位。"[③]可见，当时六中在山东乃至全国教育界具有很重要的地位，享有很高的声誉。

　　1926年9月，省教育厅厅长兼山东大学校长王寿彭调丛涟珠到山大附高任主任。他考虑到附高里面有六中高中的学生，王又许他推荐六中继任校长，就答应了。1926年，张宗昌迫于形势，责令省教育厅暑假期间筹办山东大学，并委任王寿彭为代校长。这位清代最后的状元，因提倡尊孔读经遭到学生的强烈反对和抵制，又因经费问题与财政厅产生尖锐矛盾，无法继续维持局面，故在山大只待了几个月就辞职而去。

---

① 周邦道：《近代教育先进传略》（初集），中国文化大学出版部1981年版，第287页。

② 张默生：《默僧自述》，济东印书社1948年版，第6页。

③ 转自王强、马亮宽《何思源　宦海沉浮一书生》，天津人民出版社1996年版，第10页。

王寿彭辞职后，张宗昌自兼校长，丛涟珠对此非常愤慨，"斯文扫地矣"，遂辞去高中主任之职，"赴青岛避之"。

1928年8月，王朝俊欲推荐他到郁文大学任国文教员，他表示愿意回曹州教学，于是又回到省立六中任教员，并兼任重华书院学监。他是怀揣着无法按捺的喜悦心情和高远的抱负志向重返六中的，"旧友重逢，何快如也。教育为高尚事业，吾等志同道合，较诸前次初来，其希望之大，何可限量也。六中精神，即在同人为事而来，不拘形迹。此风自象一开之，盖先校长而后学监，知服务而已，奚论地位哉"。①

他在六中一直待到1937年。

1937年，他自感年迈，不便继续任事，便请辞，赴济南简居。济南沦陷后，敌伪政权曾数度请他到伪政权任职，皆被他断然拒绝。两年后，他病逝。山东教育界和曹州各界人士为他在曹州举行了追悼会，时任南华中学教务主任、六中校友王先进为其撰写挽联："幼读诗书，长留东瀛，一生学术贯中西；先管学政，后教曹南，三千子弟哭先生。"②挽联简略概括了他的生平，高度评价了他的教育功绩。

第三节　教育思想

丛涟珠没有专门论述教育问题的文章和著述，他的学生、同事和他自己的回忆录中关于教育问题的言论也仅有片言只语，这给本文考察他的教育思想给来很大困难。但实践活动总能或多或少地反映一些思想观念，而思想观念也总会指导实践活动。因此，本文只能通过对他的教育活动的考察，尽量将其教育思想展露一二。

丛涟珠以宋明理学作为教育实践活动的哲学指导思想。张默生说他是一位纯粹的儒者，是宋明理学的实行人物。理学家主张通过加强教育、道德修养等手段来改变人的气质、纯洁人的心灵、消除人的私欲。教育的首要目的，在于改变气质，消除私欲，保存太极之理，恢复天地之性。朱熹说："古之圣王，设为学校，以教天下之人。使自王世子、王子、公侯、卿大夫、元士之嫡子，以至庶人之子，皆以八岁而入小

---

① 丛禾生：《鸿泥自忆》，http://www.congshi.net/CongArticles/ShowArticle.asp?ArticleID=96&Page=3。

② 丛林：《追忆祖父丛禾生先生》，山东省政协文史资料委员会编：《山东文史集粹》（修订本　下集），中国文史出版社1998年版，第455页。

学，十有五岁而入大学，必皆有以去其气质之偏、物欲之蔽，以复其性，以尽其伦而后已焉。"① 理学的另一代表人物王阳明则提出了"致良知"与"知行合一"的命题，他认为，教育的作用是"学以去其昏蔽"。他说："性无不善，故知无不良，良知即是未发之中，即是廓然大公、寂然不动之本体，人人之所同具者也。但不能不昏蔽于物欲，故须学以去其昏蔽。然于良知之本体，初不能有加损于毫末也。"② 丛涟珠对王阳明的"致良知"之说非常推崇，成立"心学会"予以研究，并在办学中极力倡导，每个周日，他给学生讲解《大学》、《中庸》，正是根据王阳明的理学思想教导的。他要求学生克己复礼、修身养性，辨明是非善恶，择善而从，求是以立。学生听他讲课，受益匪浅。中国近代水利事业的开拓者、新中国水利部副部长张含英先生 1914 年入读于山东省立六中，他在自传中称，受丛校长的影响，他"学习很认真，并力求身体力行，起到严以律己、洁身自好的作用，并且明白了一点'治国平天下'的道理"。他认为，这是无法从课本上学到的知识。③ 王世栋主张教育家应该以其哲学的见地推行教育方法，如果说王是以法家的理念来办学的话，那么丛涟珠则是以理学的观念为办学指导思想。

他主张对学生进行性教育。在清末民初的山东教育界，他可能是最早提出对学生进行性教育的教育家，"其堪称教育界之先觉者，尚有对于'性教育'之重视"。在他看来，逸则思淫，因此办教育者不能使学生有片刻闲暇。但是，青少年正值身体发育时期，在青春期，他们血气方刚，往往难以克制自己的性冲动。而且，学生中有一部分已经结婚，离妻在外读书日久，难免思妻之念。为使学生安心于学业，避免产生淫念，他严厉取缔言情小说，一旦查到就立即焚烧。他还"常于深夜中窥听各寝室，或于日间巡视各床铺，如发觉有同床而寝者，或有遗精嫌疑者，必指名传去，作温语之告诫。并时以过来人之资格，作现身说法，而为周详之解释。亦有已婚之学生，窥见其思慕情切，反足以妨其学行，则宁给假数日而使之归"。④ 今天看来，他的这种行为似有苛刻过严之嫌，而且还涉及学生隐私，其做法有不可取之处。但也应该看到，其用意是良好的。

丛涟珠主张的性教育与当时性教育学者所倡导的性教育不同。就教

---

① 朱熹：《经筵讲义》，《朱文公全集》第 15 卷。
② 《答陆原静书》，王守仁：《王文成公全书》（一），商务印书馆 1933 年版，第 58 页。
③ 中国水利学会主编：《张含英纪念集》，中国水利水电出版社 2003 年版，第 318 页。
④ 张默生：《默僧自述》，济东印书社 1948 年版，第 6 页。

育目的而言，当时，性教育倡导者主张对青少年进行性教育的中心目的是"重在性的卫生，换句话说，即灌输性知识以减少青年的性的误用、滥用及花柳病的传染。"① 而他则是要学生把精力用于学习。就教育方式而论，他采取的是规劝解释、立身说教和带有强制性的收缴等方式。就教育内容而言，尚未有资料表明在其任职期间，在学校课程设置上开设过相关性教育课程。就教育范围而言，他只是对个别的或者某些学生进行了性教育，即"同床而寝者"或"有遗精嫌疑者"，还不是指向全部学生。因此，无论从哪个方面看，丛涟珠所主张的性教育还无法与性教育学者的性教育观相提并论，只能算是一种督促或监督学生专致读书的辅助手段。

他提倡德、智、体、劳全面发展，尤其重视对学生思想道德的教育。例如，体育方面，为了养成学生强健的体魄，六中学生自治团全体成员每年11月初就开始长跑锻炼。凌晨起，学生单衣单裤，整队前行，直到汗流津津为止。他还借鉴日本体育锻炼的方式来锻炼学生的体魄。《鸿泥自忆》中有这样的话："是年冬，学生自治团成立，并举行寒稽古，详菏中一览校史目（九），学生课外活动（一）。"② 在这里，他使用了"寒稽古"一词。"寒稽古"是一个日本名词，大意是每年最寒冷季节的深夜，举行突击训练。只是在具体做法上，丛涟珠有所改变，据张含英称，他的做法是，每年冬季寒冷的一个月中，黎明即起，围绕操场跑步一小时，然后回来休息、吃早饭。德育方面，他身体力行，以身作则，教育学生养成勤俭朴素的良好习惯和作风，不要追求锦衣美食，处贫苦环境中更应勤奋学习。"提倡着粗布制服，先生必身先着之；提倡食黑麵粗粮，先生必身先食之。尝曰：'曹属之所以多匪者，以困于衣食耳。汝辈若思美衣丰食，不唯昧于稼穑之艰难，试思处此贫困环境，岂容汝辈逍遥自在乎？'"③ 每届学生毕业，他都会"作训话韵言，注重伦理。"④

在倡导学生德智体美等诸方面全面发展这一问题上，丛涟珠与鞠思敏、王世栋、范炳辰等教育家是相同的。当然，他们教育观的相同之处

---

①　周建人：《性教育》，商务印书馆1932年版，第11页。

②　丛禾生：《鸿泥自忆》，http：//www. congshi. net/CongArticles/ShowArticle. asp？ ArticleID＝96&Page＝2。

③　张默生：《默僧自述》，济东印书社1948年版，第5页。

④　丛禾生：《鸿泥自忆》，http：//www. congshi. net/CongArticles/ShowArticle. asp？ ArticleID＝96&Page＝2。

还不仅于此。在育人环境建设、教师聘用等诸多方面也颇相同。

　　总起来看，从涟珠的教育观既深受中国传统文化的影响，又受到日本教育的启迪，而这都与他早期的求学经历有着密切关系。

　　自从确定专注于教育工作后，从涟珠便献身于山东省的教育事业。他为山东，特别是鲁西南教育事业的发展作出了重大贡献，为国家培养了一批杰出的人才，成为近代山东教育史上可圈可点的知名教育家。

第六章　曹兰珍

曹兰珍（1889—1958 年），字香谷，郓城人，1916 年创办曹州私立南华小学，1922 年创办私立南华中学并任校长，1928 年担任山东省立第二女子师范校长，1930 年创办山东省立第三乡村师范，并任校长 8 年。1937 年年底，第三乡师奉命撤退，他带领部分学生来到河南。第二年，他在许昌加入"山东联合中学"师范部。不久，联合中学迁至湖北郧阳，更名"国立湖北中学"师范部，他任校务委员兼师范部主任。1939 年，湖北中学迁到四川梓潼，改名国立六中师范部。他因多次资助学生去陕北，屡遭刁难，后转到大竹师范任女子部主任兼国文教员。1943 年，为躲避国民党抓捕，他奔赴西安，经友人介绍担任陇海铁路教育专员。西安解放后，他初任蔡家坡扶轮中学校长，后任西安铁路中学校长。他在动员学生参加军事干校和支援边疆铁路建设方面均有突出成绩，受到陕西省和中央有关部门的表扬，成为西安市进步民主人士。1958 年 7 月，他病逝于宝鸡。本章所研究的，是他在山东省期间的教育活动。他一生教育事业的辉煌时期正是发生在山东省，其主要教育观点也是在这个时期的教育活动中总结出来的。

第一节　求学经历

1889 年 10 月 23 日，曹兰珍出生在郓城县汉石桥村一个贫寒的农民家庭。他的父亲曹庆赐是一位闻名乡里的孝子，在他 6 岁时，就去世了。原本贫穷的家庭失去了顶梁柱，家境变得更加穷困，曹兰珍只能与母亲相依为命。他母亲深明义理，毅然忍受着种种苦难，决心教儿读书，育子成才。从 7 岁至 27 岁是曹兰珍的求学时期，这一时期分为两个阶段：7 岁到 17 岁是家塾求学阶段，17 岁到 27 岁为学校求学阶段。

在第一个 10 年的求学过程中，他一边学习，一边田间劳作，深切体会到民众疾苦，并养成农民的身手，这成为他"一生得力之所在"①。

1906 年，曹兰珍在伯父曹庆蓉的资助下离开家乡来到巨野，进入巨野高等小学堂求学。巨野高等小学堂成立于 1904 年。时，清廷废科举、兴学堂，巨野改书院为高等小学堂，并在东、西考棚之间新建一座明三暗五的大厅作礼堂。学堂堂长为原书院山长亓养斋。高等小学堂的成立在社会上引起震动，被视为异物，一般家庭不愿把子女送入里面读书，因此招生遇到很大困难。第一批学生有 30 人，曹兰珍就是其中之一。知县项景升对学堂很重视，不但对学生优礼有加，发顶子，给凉帽，俨然以秀才待之，而且每个月第四个星期六下午都要到学堂亲自命题让学生作文，并亲自批改。他把成绩分为四等，分别给予不同的奖励。第一等奖钱 2000 元，以下各等递减 500 元。学堂免费为学生提供膳食、纸张、书籍和笔墨。另外，每年还发给学生一套黑色哔叽黄色镶边的操衣。学堂开设的课程有五经、国文、数学、历史、地理、动物、植物、体操、音乐、国画等。教师多是饱学之士，术有专攻。在这里，他勤奋苦读，成绩优异，受到项景升的好评。

在巨野高等小学堂学习了两年多时间，曹兰珍即考入曹州公立中学堂。曹州公立中学堂成立于 1903 年，由曹州知府丁镗设立。1908 年，王朝俊被任命为学堂监督。上任后，他立即着手改革，在教学和管理方面采用新内容与新形式，一改过去学堂沉闷滞后的状况。学堂聘请日本进步学者丰田孤寒讲授日本明治维新以来的教育立国之道。丰田是日本社会党幸德秋水派革命者，把不分国际传播革命思想作为自己的职责和人生追求。任教曹州官立中学期间，他积极宣传民主革命思想，深受进步学生的欢迎。学校还设有尚志社的进步组织。曹州尚志社是王朝俊在辛亥革命前成立的秘密组织，以鼓吹革命、推翻清王朝、响应孙中山起义为目标。任学堂监督后，在他的支持和影响下，学堂也设立了尚志社，积极吸纳有志学子，储备革命力量。经王朝俊与丰田等人的积极活动，当时的曹州公立中学堂进步思想氛围浓厚，青年学生的思想进步亦很快。曹兰珍深受这种环境的感染和熏陶，思想发生了重大转变，加入尚志社，"始抱有为社会服务之思想"。② 此后，他便经常在学友中宣传

---

① 曹兰珍：《香谷自传》，转自李泽钧整理《办学先驱，师生楷模——山东教育界知名人士曹香谷先生事略》，政协山东省临沂县委员会文史资料研究委员会《临沂文史资料》（第4辑），第70页。

② 转自李泽钧整理《办学先驱，师生楷模——山东教育界知名人士曹香谷先生事略》，政协山东省临沂县委员会文史资料研究委员会《临沂文史资料》（第4辑），第70页。

孙中山的治国主张，揭露清政权的腐败，鼓动学潮，抨击时政。

武昌起义的成功令曹兰珍深受鼓舞，为了实现其为社会服务的理想，寻求救国之道，1911年，他离开曹州官立中学南下，但当行抵徐州时闻知南北议和，共和告成，便折回济南，以全优成绩考入山东高等学堂文科系。

在济南读书期间，他加入了陈翼龙领导的中国社会党。陈翼龙是湖北罗田人，受进步思想熏陶，立志铲除封建势力，拯救国家民族于水深火热，青年时即奔走于湘、鄂、苏、赣等省寻找革命志士，共同革新社会事业。1909年，他在上海结识了宋教仁，经宋介绍赴日本见到孙中山与黄兴，遂投身革命推翻清王朝的事业。辛亥革命后，同盟会发生分化，同时袁世凯篡夺政权，抢夺革命胜利果实。这让他的思想发生了重大变化，意识到非倒袁无以言革命，非团结广大群众实行社会主义无以彻底革命。于是，他与江亢虎等人在上海发起成立中国社会党，以自由、平等、博爱为宗旨，以节制资本、平均地权、各尽所能、各取所需为实施方针。1912年7月，中国社会党在北京设立支部，后即以北京支部为核心，积极建立组织，发展党员，先后在济南、烟台、奉天、张家口、太原、保定等地建立支部。曹兰珍接受了中国社会党的主张，成为党员后，积极参与讨袁活动，组织演讲，散发传单，反对袁世凯称帝。

1913年8月6日，陈翼龙为袁世凯枪杀。7日，袁饬令各省将社会党一律查禁。曹兰珍因是济南社会党成员，受到株连。这件事情对他刺激很大，使他的观念再次发生转变，"不加入任何党派"，不再涉入政治活动，而是自此抱定"为教育而教育"的信念。

1914年，他从省高等学校毕业，结束了求学生涯。毕业后，他得了重病，在家调治两年。此时家中经济已很窘迫，重病更让原本穷困的家庭雪上加霜，生活困苦到极点，"两易产业已于读书时卖尽，虽尚有地三亩，房两间，但变产不足以抵债，已取得无产阶级之地位，需款迫切，借贷无门，是为一生经历之最艰苦时期"。①

从曹兰珍的求学经历看，在第一个阶段的求学中，他不但掌握了深厚的传统文化知识，而且体会到民众疾苦，养成勤劳、简朴的生活作风。这不仅为第二阶段的学习奠定了基础，而且也对以后的从教工作产

---

① 曹兰珍：《香谷自传》，转引自李泽钧整理《办学先驱师生楷模——山东教育界知名人士曹香谷先生事略》，政协山东省临沂县委员会文史资料研究委员会《临沂文史资料》（第4辑），第70页。

生了很大影响，他的教育活动和思想观念无不折射出这一阶段生活的影子。在第二个阶段，随着新教育知识和革命思想的汲取及视野的开阔，他的思想观念发生两次大变化，最终选择教育作为自己服务社会的终身事业。

第二节　教育活动

1916—1937 年是曹兰珍办学时期。期间，他担任过曹州南华小学、私立南华中学、省立第二女子师范等学校校长之职，1930 年又受命前往临沂筹建省立第三乡村师范，并任校长 8 年。办学期间，他抱定"为教育而教育"的信念，勤恳实干，建树颇多。

1916 年，曹兰珍前往曹州担任曹州南华小学校长。南华小学是清末废科举时成立的。1904 年设立单级师范养成所，由山东革命党著名领导人王讷主持，招收城乡秀才、举人及诸学子入所学习，毕业后分作新兴学堂师资。1914 年师范班并入曲阜，经王朝俊倡议，原养成所改为公立两等小学堂，由郭俊卿负责。两年后，曹兰珍出任校长。任校长期间，他提倡废除古文，改用语体文，首创男女兼收，带领青年教师和学生排演文明戏，向封建旧道德、旧礼教展开猛烈进攻。"这在当时被封建文化统治着的菏泽就像是一股春风化开的新潮，惊动了菏泽各界。"[1]"五四运动"爆发后，他以学校为基地，向学生宣传爱国思想，组织学生上街游行，查封日货，同当地最大的商行——九间楼洋行老板作斗争，逼他交出全部日货，当场焚毁。他及其领导的南华小学爱国行动不仅得到了当地进步知识界的支持，而且得到了因日货冲击经营惨淡的中小商界的欢迎。

1920 年，他应山东省立一中校长王哲一邀请，赴济南担任该校学监。

1922 年，曹州南华两等小学校（1917 年南华两等小学堂改称两等小学校）屡闹学潮，思想守旧的校长王学孟被迫辞职，曹兰珍奉命重返南华，再次出任校长。第二年，两等小学校改为"私立南华初级中学"，原来的小学第 8 班毕业生，改为初中第一级，次年把第 9 班毕业

---

[1] 张保英：《南华先声》，中共菏泽地委党史资料征集研究委员会编《生死斗——鲁西南革命斗争故事选》（上），山东大学出版社 1991 年版，第 1 页。

生升为初中第二级，继而又把第 10 班高小毕业生升为初中第三级。校内仍附设完全制小学，高小班改为二年制，初中班定为三年制。初小四年制和预科半年制不变，同时增设职业科一班。

初等小学一二年级，每周 8 门课。国语 10 节，算术 4 节，修身 1 节，游戏 2 节，音乐、图画、手工、谈话各 1 节，共 22 节课。三四年级，每周国语 8 节，除增加作文 2 节外，又增 1 节算术，其他课程与初等一二年级相同。预科班除减少散课外，增加国语、算术各 1 节，其余课程与初等班相同，主要是为了升高等小学之故。高等小学班较初等小学班课程增多，除国语 8 节、作文 2 节、算术 5 节外，增开公民课 1 节，英语 3 节。其他还有体操 2 节，音乐、图画、手工各 1 节，每周共计 30 节课。学生进入初中班后，新增设一些课程，如一年级的植物学，二年级的动物学，三年级的矿物学，还有物理、化学、生物学、代数、几何等，每周共 30 余节课。职业科主要学习织布技术，兼学文化知识。每天早、晚各有两节课学习织布技术和文化知识，其余时间则从事织布、打线子、经线子等劳作。学校特聘请一位纺织方面的专科老师油文惠先生教授纺织技术，后来换成刘允昌先生；文化知识课由其他老师兼任。

曹兰珍以把学生培养成爱国爱民、勤俭诚实的有用之人为办学方针，以"勤、俭、诚"三字为校训。他说，诸事勤为本，古时，王要勤政，将要勤兵，相要勤务。当代学人首先要勤于国事，勤于学业，节约俭用，诚实磊落，要成为爱国爱民、勤俭诚实的有用之材。他把这 3 个字，刻制成匾额，悬挂于学校礼堂门前，时刻昭示师生。每次集中学生训话，他都会以此三字为准则，要求学生不但在校内做到这三个字的要求，而且在校外也要如此。据曾在该校读书的彭枫亭称，当时南华中学的学生，在道德品质方面，大部分是好的。这与学校的校训不无关系。

他利用早操时间给学生讲解古圣贤人的名言名句，教导他们为人处世之道。曾在该校学习，后来成为我国著名历史学家的何兹全先生在《八十五自述》中写道：

> 跑完步，天已亮，他把我们带到大礼堂前。他每天在大礼堂前廊的柱子上挂个小黑板，上面写着古圣先贤的几句格言，并给我们讲解，也介绍他们的生平。这对我们每个人一生做人处世都有很大的影响。有些话，到现在我还记得，如"是非审之于己，毁誉听之

于人，得失安之于数"、"请看风急天寒夜，谁是当门定脚人"、
"己欲立而立人，己欲达而达人"、"己所不欲，勿施于人"……①

他支持师生追求进步，追究真理，并尽可能地为他们提供条件。他
开放学禁，允许教师讲授进步课程，如语文教师可以公开选讲李大钊、
鲁迅等著名爱国民主人士的著作，史地教师可以把历代农民起义和爱国
英雄人物作为补充教材。

1922年夏，一部分师生为了解马克思主义，寻求救国救民的道路，
要求学校订阅进步书刊。这一要求得到他的热情支持，在校内腾出两间
房，由丁培之等同学具体负责，办起了"南华书报介绍社"，从北京、
上海、天津、广州等地订购了一批进步书刊，如《新青年》、《向导》、
《中国青年》、《觉悟》、《共产党宣言》等。本校和校外师生都可以借
阅，如省立六中、第二女子师范的师生常来借读。"介绍社"还负责向
师生介绍、推荐和代购书报杂志。"介绍社"存在4年，成为向城内外
各界人士传播新文化、新思想和革命理论的重要阵地。

1924年1月列宁逝世，南华中学在校礼堂悬挂列宁遗像，举行追
悼大会，曹兰珍向参加追悼会的300余名师生做了"学习列宁为劳苦大
众服务"的演讲。在演讲中，他介绍了列宁的生平和丰功伟绩，号召大
家学习列宁，继承遗志，为国家、为劳苦大众服务。1925年3月，孙
中山逝世，南华中学又隆重召开追悼大会，缅怀中山先生的历史功绩，
颂扬"联俄、联共、扶助农工"三大政策。会后，他组织学生执旗游
行和演讲。此次追悼活动在群众中产生了很大影响。通过举行这些悼念
活动，他向学生灌输爱国思想，培养他们树立为国为民服务的意识和
观念。

学校开展丰富多彩的课外活动，锻炼学生的体质，培养学生的学习
兴趣，养成学生的实践能力，促进学生的多面发展。"自从曹香谷第二
次担任私立南华中学校长之后，学校的面貌焕然一新，尤其是课外活动
丰富多彩、多种多样，活跃热烈。"②体育活动过去只是体操、拳术、
游戏等，后来基本都改为篮球、排球、乒乓球、网球、短跑、长跑、跳
高、跳远及铁饼、标枪、单双杠等新的体育项目。学校经常举行运动

---

① 何兹全：《爱国一书生八十五自述》，华东师范大学出版社1997年版，第17—18页。
② 彭枫亭：《对菏泽私立南华中学的片段回忆》，菏泽市文史资料研究委员会编：《菏泽
文史资料》（第1辑）1988年，第155页。

会，多半在秋季举行，时间为一天。1922—1926 年间，曾举行两次大型运动会。项目有田径赛、各种球类、单双杠、拔河、跳栏、两人三足竞走、舞蹈和教师游艺表演。比赛项目繁多，场面热烈。每次运动会都挤满观众，掌声与喝彩声连绵不绝，热闹异常。学校组织有话剧团，由懂戏剧的教师指导。剧团从各种报章杂志、小说或剧本中选出一些有意义的故事，编写话剧、说唱、相声、歌舞、双簧等剧目，如《棠棣之花》、《宣统出宫》、《掀洋楼》等，进行排练。曾有两三次在校内大礼堂前搭上舞台，把全校的凳子摆在台前，公开演出三天。每次演出，都有驻城机关、团体、各界人士、外校师生及街上群众前来观看，校院挤得满满的。每年元旦节，学校都会举行三天的灯谜会，由教师编写出上千条谜语，贴在用纸糊的各种形状的灯笼上，挂在礼堂和教室前面，让学生随便猜谜。猜中的就揭下来，到发奖处去领奖。奖品各种各样，有笔墨纸张、本子、手巾、肥皂、糖果、乒乓球等。学校开展的各类课外活动丰富、充实了学生的课余生活，也锻炼了学生的体魄，培养了他们肯于研究、善于思索的习惯，有力地促进了学生多方面的发展。

为解决办学经费，同时也为解决贫苦大众子女的教育问题，曹兰珍在校中设立了纺织厂和商店。经营收入，除支付营业员的工钱、纺织厂和商店扩大再经营外，其余全部交由学校管理，用作办学。

纺织厂建在校园的最西南角，是一座九间大的房子，是职业科的工厂。厂内设有近 30 架"铁机"、"顿梭平布机"和"顿梭斜纹机"。纺织厂所用的白布、线等生产原料是从上海、济南和菏泽购买的。色布的变色和条纹布上的色线，都由学生自己动手染，漂白布也是自己做。纺织厂生产的各种纺织品，均在南华商店批发和零售。

南华商店设在纺织厂西边，除销售纺织厂生产的布匹、毛巾等纺织品外，还经营化妆品、烟酒糖茶之类，差不多一应俱全。

1924 年暑假开学后，曹兰珍办了一个平民夜校，招收了 30 名贫穷孩子。这些孩子白天跟随父母沿街叫卖或帮助家里干活，晚上来学校学习。为办好平民夜校，他在校院东侧建了一座房屋做教室，购置了教桌、桌凳。夜校的教员是从初中或高小班学生中挑选的，轮流教学，每天晚上教授语文和算术。上课前教员把学校自编油印的课本、小石板、粉笔发给学生，放学时，除允许学生将课本带走外，其余均要收回，以便次日继续使用。夜校开学第一天，曹兰珍给孩子讲了办夜校的意义和目的，以后他不断来夜校给小孩子讲话或讲故事。由于种种原因，夜校没有坚持下去，不久就停办了。

1927 年，北伐军路过曹州，驻南华中学。曹兰珍素来崇拜冯玉祥将军，信服他爱国爱民的思想和平易近人、艰苦朴素的作风，趁此北伐军驻校之际，决定弃笔投戎。于是，他怀着投军救国的热忱，应国民革命军第 21 军军长吕秀文邀请，到开封担任军参议，随军转战豫、鲁、苏、冀四省。自此，他离开了南华中学。

曹兰珍任职南华中学期间，学校的社会声望日益高升，成为在全省享有很高声誉的一所中学。学校为社会培养了许多有志有为之士，如刘仰月、李鸿慈、丁培之、田位东、孔庆嘉等人。

1929 年，出于对蒋介石叛变革命的不满和对教育事业的热爱，曹兰珍离开军队重返曹州，出任省立第二女子师范校长之职。

省立第二女子师范的前身是菏泽保姆养成所。1909 年，王朝俊在菏泽城东北隅马神庙设立保姆养成所，参加学习的妇女 10 余人，多为当时教育界人士的眷属。由于她们年龄比较大，或不识字，或粗通文字，因此学习内容不以文化课为主，而是学习如何教育孩子。1915 年，养成所移至城内张油坊东街路北，更名为南华女塾。制度较以前正规，招收高小毕业生，年龄、婚否不限。此时，学校已发展为五年制中等学校。由于办学成绩显著，1923 年，省政府改南华女塾为省立第二女子师范学校，任命芦永秀为校长，增派教员，拨款建校，扩大招生。

曹兰珍任校长后，抱定办女子教育的决心，忘我服务，团结师生、提倡劳动、支持学生进步、改善校风、扩建学校、购置设备，使学校面貌焕然一新。后来，他回忆在女二师的经历时说：

> 人事融洽，精神振奋，一致抱定办女子教育的决心，提倡劳动，鼓励节俭，校风焕然一新……同事十余人均按七成或八成支薪，余额作为充实设备费用。未及一年，关于购校地，盖校舍，添班级，均以齐备。身体上劳苦，精神上愉快，此种忘我服务之精神，在本人生活史上，实为最宝贵之一页。[1]

但是，由于他支持学生的进步运动，保释共产党员，并且主持上演抨击孔孟之道的话剧《子见南子》，因此得罪了国民党县党部，被指控袒护中国共产党，并被状告到国民党省教育厅。国民党省教育厅派督学

---

[1] 李泽钧整理：《办学先驱师生楷模——山东教育界知名人士曹香谷先生事略》，政协山东省临沂县委员会文史资料研究委员会：《临沂文史资料》（第 4 辑），第 79 页。

前来检查，后决定派一个"党棍"来女师做训育主任。曹兰珍坚决反对省教育厅的这一决定，于是省厅立即派人来接替他的工作。他感到环境恶劣，难以继续工作，遂于 1929 年 11 月 "自请辞职"。

1930 年 9 月，曹兰珍奉当时的省教育厅命令前往临沂，筹建第三乡村师范学校。1929 年年初，当时的省教育厅决定先设立第一、第二和第三乡村师范学校。第一乡村师范学校设于济南，由鞠思敏为首任校长。第二和第三乡村师范分别设于莱阳和临沂，等省厅饬两县县长与教育局长勘定校址后确定成立之期。第二、第三乡师的设立一直拖到翌年 9 月，这时第一乡师已成立年余。1930 年 9 月 9 日，国民党省教育厅委任董凤宸为第二乡师校长，曹兰珍为第三乡师校长。

曹兰珍到临沂后立即联络相关单位和人员，组织建校筹备委员会，开展筹备工作。筹备委员会成员除他外，还有省立五中校长徐眉生、各县教育局负责人、教育界人士刘鹏南、叶瑶圃、陈世五等人。筹备委员会成立后立即筹措资金，勘定校址，修理校舍，制办桌椅，办理招生事宜。学校建设共花费 3 万余元大洋，全部由临沂所属 7 县所公有的琅琊模范学款提拨，没有用到省库补助。校址经勘测斟酌，选在广济禅寺。广济禅寺庙宇广大，地处临沂南关的西南角，紧靠西南哨门，出去就是一片广阔的农田，距离附近的村庄不过两里多路，庙外的西南面是一片荒凉的广场，非常适合作为校址。

他以陶行知办理的晓庄师范为楷模，借鉴晓庄师范的办学模式，结合临沂当地实际办理第三乡师。他曾参观晓庄师范，对他的触动非常大，"向日曾参观陶知行（后改行知）氏主办晓庄师范，其服务热情及办法深为感动"。他决心参照晓庄师范的办学形式办理乡师，"办理乡师，充分本此精神，同此主张，订定信条，努力以赴"。[①]

学校初建时，面积为 20 亩，有大礼堂一座、教室两座、会议室及教员准备室各一座，均系旧庙改新。校舍西南角建一炮楼以防盗匪。后来，学校规模有所扩大，基础建设亦有增加，增建了教室、寝室、食堂，并将校外西南边的荒地划入校内，整理成操场。1932 年，曹兰珍又将校门口路南的华严庵庙合并校内，改建成两座教室、一座餐厅。通过整修和扩建，到 1935 年时，学校面积达到旧制 24 亩 3 分 6 厘。

在增建基础设施的同时，曹兰珍对校园进行了规划和美化，使学校

---

① 李泽钧整理：《办学先驱师生楷模——山东教育界知名人士曹香谷先生事略》，政协山东省临沂县委员会文史资料研究委员会：《临沂文史资料》（第 4 辑），第 83 页。

不但规模扩大，而且环境优美。在他的倡导下，全校师生利用课外活动时间，先后在校内修建了两条主干道，干道之间，修建支路，与干道纵横交错。道路两旁种植树木，教室前后与空隙之地都栽花种菜。校园绿化地带划分区域，归学生分组管理。师生捡院内乱石堆建假山，修建盘路直达山顶。山下遍种绿竹，成为竹林。假山之北，搭建葡萄架。校内的大水坑被改建成荷塘，沿塘四周栽种垂柳。校长室前高搭葫芦架，满架果实累累，绿荫盖顶。教师准备室前，花台并列，群芳争艳。大礼堂前两颗古老的银杏，高达数丈，枝繁叶茂。经过美化，校园变成公园、花园、菜圃，当地百姓称之为"小公园的老母庙"。① 春夏之季，百花齐放，姹紫嫣红，群蝶翩舞，追逐嬉戏。师生豆棚瓜下，群芳之丛，闲话桑麻，读书习字，惬意舒畅，心旷神怡。

建校之初，学校的教学仪器和图书资料都很少。为保障和满足教学需要，曹兰珍多方购置。物理、化学实验仪器、生物学与生理卫生学标本共955种；音乐教学用的风琴20架，笛、箫、二胡等乐器样样俱全；体育用品有篮球、网球、排球、各种武术器械等；还有用于军事训练的步枪数十支，供学生轮流使用。图书馆除基本参考书《辞源》、《辞海》、《万有文库小丛书》外，还有哲学、文学、社会科学、自然科学、语言学、美术、各种杂志，以及鲁迅、郭沫若、茅盾等著名作家的作品。到1935年，馆藏各类书刊已有5883本。这些教学仪器和图书资源，有力地保障了教师教学和学生学习之需。

学校直接面向乡村办学，在行政机构设置、课程开设等诸方面都体现出乡村特色。学校的行政初设教务、训育、事务、文牍和校医五处，五处商承校长处决一切事务。教务处设主任1人，教务员1人，管理学校的课程，主持考务等工作。训育处设主任1人，训育员2人，负责学校的训育工作，如考查学生的思想品质，执行校中纪律等。事务处设主任1人，会计、文书、事务员各1人，办理全校的财务、杂务等事宜。校长之下分设教育、行政、村治三系，系以下分设各种委员会：教育系分设教学实施研究会、党义实施研究会、农业改进研究会、民众教育委员会、科学馆委员会、图书馆委员会；行政系分设工作分配委员会、经济稽核委员会、学校卫生委员会、建筑委员会，以及事务处理委员会；村治系分设联村自治委员会、新村建设委员会及合作运动、乡村调查委

---

① 《山东省立第三乡村师范学校义务教育实验区设立旨趣及其办法概要》，《乡村问题周刊》1933年第11—12期，第5页。

员会。各委员会分别研究及执行相关事宜，允许学生参加，以便实习校务。从行政设置看，学校办学与农村紧密联系，体现了乡村师范的"乡村"特色。学校非常重视研究活动，成立多种研究组织，研究范围涉及教学、农事、村治等多个领域，这无疑会促进学校教学、科研的发展，也便于服务当地社会，而且这些研究会还吸纳学生参与，有助于培养学生的研究能力。

课程由学校自行制定。根据1937年出版的《四年来的临沂乡师》中所载的《山东省立临沂简易乡村师范学校暂行课程标准》，学校课程分为基础课程和中心课程两大类。基础课程包括公民党义、国文、数学、历史、地理、自然、实用卫生、体育、图画、乐歌和工艺，中心课程包括农业、教育、乡村问题、合作研究和乡村活动，总共220学分。中心课程中，农业课要学习农业大意、园艺学、农作实习、土壤学、作物改良法、病虫害、农场管理；教育课要学习乡村教育、教育心理、教育学、儿童心理、心理测验、教学法、教育史、民众教育实习、教育原理、小学组织及行政、教育参观及实习、教育统计；乡村问题的教学内容包括乡村问题分析、经济问题、自治问题和教育问题；合作研究的教学内容包括合作概论和合作实施；乡村活动的教学内容是乡村社会学、民众心理和活动实施。整体看，学校开设的课程明显的体现出乡村师范教育的特色。

学校招收14—20岁的男女学生。生源地主要是临沂、郯城、费县、沂水、蒙阴、鲁西各区及江苏邳县。学生绝大部分来自乡村，有一小部分来自城市。出身自耕农、贫民和雇农家庭者，约占80%，出身中、小地主家庭者约占20%。为解决投考学生的求学问题，学校采取正取与副取相结合的办法，即每级录取100人，其中正取80人，副取20人。正取学生享受官费补助（当时政府每月补贴每位学生膳食费、书籍费共4.25元），若每学年考试位列班级40名之后，则取消官费补助。这种办法既一定程度上解决了学生的求学问题，也起到激励学生努力学习的作用。由于"招生的时候，必定有同等的资格方能入校"，对女生没有优待，这样"女生的人数就格外少了，因为他们的程度大多数总是不及男生的"。该校女学生志清在1937年第3期《中国学生》杂志上刊登《山东临沂乡师女生生活》一文，文中称校中女生"还不到三十人，三三五五的分散在各年级里，至多一班中也不过五六个"。学生毕业后，一般都回原籍，经当地教育局介绍，由各小学校长聘用担任小学教员。

　　学校实行寄宿制，对师生集中管理。全体师生一律住校，同住同食。按照学校的规定，学生一周中只能礼拜日下午外出。"我们在一星期之中没有一个时间可以出外（就是男生也是如此），除非礼拜日的下午，这是校长的主张，他为的是顾及学校的体面，因为他觉得学生在街上姗姗地来往，总是带几分浮躁的气象（尤其是女生）。不如就根本上不准外出的干脆！就是在本城居住的也不准在家过宿，否则那就有退学的危险了！"学生早晨5点起床，朝会跑步，早自习一小时。早饭后上4节课，从上午8点至中午12点。下午从1点开始上课，5点下课，两节副课，两小时课外活动。课外活动时，学生根据各自的兴趣和爱好，自由选择活动小组。学校设立的课外活动小组有体育组、武术组、园艺花卉组、书法组、绘画组、戏剧组、音乐组、劳作组和英文组。各小组皆有指导员，由教师兼任，活动内容丰富多彩，既有文娱活动，又有劳作活动。晚上从7点至9点上两小时自习课。每天的早操、朝会、课外活动、晚自习一律点名，不到者以旷课论。

　　学校从乡村教育的目的出发，要求学生生活俭朴，热爱劳动，能适应乡村环境。

　　　伊们的服装与别的学校是绝对不相同的，不是漂亮的旗袍，就是连着长点的衫子的也没有，夏天里只有一身黄布制服，冬天是一套黑布短棉袄，同男学生是一样的，腿上绑着裹腿，腰里束一条皮的带子，头发只留一寸来长，戴上军帽，有如一个男学生。你们不需要什么化妆，从来没有什么擦脂抹粉的事情。

　　　我们为了将来的服务目标是乡村，所以劳动方面特别擅长，同男学生一样的，能扛一袋子沙，也能拿起锄头来在农场里做工，真像一个乡间农妇，什么工作都能担当得起。[①]

　　学校建有一支业务素质高、责任心强的教师队伍。曹兰珍非常重视优秀教师的延揽和招聘，每到一处，他总是四处寻访，招贤纳士，选聘优秀教师。旧时临沂偏僻，交通不便，优秀教员多不愿意来此工作，为此，曹兰珍采取厚礼优待的办法，想方设法聘请优秀教员前来任教。经他努力，乡师招揽到一批具有真才实学，颇受学生欢迎的教员，如语文教师张子静、孙怒潮、赵凤轩、陈之任等，数学老师李兰斋、陈仲威、

---

　　① 志清：《山东临沂乡师女生生活》，《中国学生》1937年第3期，第16—17页。

戴伯行，生物教师于鲁溪，教育学教师朱凭虚等。孙怒潮是这些教师中很具有代表性的一位。他是湖南邵阳人，是当时文学家孙俍工的弟弟，兄弟两人曾合著《中国文学史》。他学识渊博，教学有方，讲课时言语生动，口齿流利，姿态活泼，精神贯注，讲述带着表演，能吸引全班学生。尤为可贵的是，他思想新颖，所选讲教材，除少数古典文学外，大部分皆为当时进步作家的作品。

为提高教师业务，他主持制定了各科教学研究会章程，鼓励教师进行教学研究。章程包括宗旨、组织原则、各科研究内容和方法、研究范围和注意事项等。研究范围包括"关于教材与课本问题、关于学习时间与进度问题、关于教学方法与成绩考查问题、关于教室管理问题和关于参考图书之调用与添购问题"。同时制定注意事项6条，为"各科均以部颁课程标准为依据；各科进度之规定，均须将实习时间除外，并须于可能范围内求学科之完整；会考学科之整理；小学各科教材与教法之供给；课内课外活动之联络；各科教学之联络"①。

学校的附设机构有附小、消费合作社、工读院等。附小建于1931年，位于临沂南关，为完全小学。这一年，曹兰珍邀请曾任职于省教育厅乡村教育股的委员蒋协力来临沂创办乡师附小。蒋在《办理乡师附小的几点回忆》中对曹兰珍带领师生建设附小的情况有记述，其中关于平整校院时的劳动场景的描述是：

> 刚接收后，破砖碎瓦，堆积满地，道路院落，高低不平，十足地表现出一个古庙的模样。才开学时，因为学生没有劳作的习惯，虽然有先生领着来整理，但学生仍有设法规避，和表现不高兴的面容的。嗣后因为常常的做，也就习惯成自然了。后来砖瓦石头，堆积的多了，嫌他太不整齐，而且太占地方，就由先生学生，共同计划，在桃园里面，垒一假山，既可积存砖石，又可点缀校景，于是每天课外活动的时候，全校的人，一齐下手，大的抬石头，小孩拿碎砖，不光先生和学生，分辨不出来，就是哪是先生，哪是工友，也分不清楚了。因为这次工作，有了目的，所以大家就不规避了，就不觉劳苦了。到了假山筑成以后，校院各处，就是屋角墙根间，也没有破砖碎瓦了。后来开了一个大会，庆祝假山的落成，全校小

---

① 李泽钧整理：《办学先驱师生楷模——山东教育界知名人士曹香谷先生事略》，政协山东省临沂县委员会文史资料研究委员会：《临沂文史资料》（第4辑），第92页。

朋友，每人得了一包糖果，大家更是眉飞色舞，与兴高采烈了。①

附小设有民众夜班和民众阅报所。在曹兰珍看来，在中国这样一个贫穷的国家，一切事业都应该从穷上想办法。所以，应该尽量发挥有限的经费和设施的最大效用。他利用附小的闲置校舍，成立了一所民众夜班，招收 40 余名学生，由全校教师轮流上课，教授他们国语、算术、常识和音乐等课程。他还认为，教育者应当尽力于教育事业。学校教育固然重要，但是在教育落后的中国，社会教育、民众教育也是当务之急。出于这种考虑，他们又开设了附小民众阅报所。民众可以前来阅报，增长知识。

消费合作社成立于 1933 年 9 月，设理事会，理事长由曹兰珍担任，理事会成员两人，从教职员工和学生中选。股金自筹，教职员工和学生均可入股，成为社员。社内业务分消费和生产两股，除供应师生生活用品外，还销售工读院等生产的产品。

设立工读院的目的是吸收在本校招生中未能递补的副取生及各中学、师范落榜生中的优秀者。他们入院做工人，称"工读生"。工读生享受学生待遇，在教师的辅导下从事生产和学习，一般是半日课堂学习，半日到工厂劳作。院内设针织、编织、毛织、缝纫、藤竹、金木等工艺项目。工读院生产的产品主要在消费合作社销售。

学校为供给四年级学生实习、指导学生思想、推行义务教育和民众教育及推进乡村建设，在周边开辟了试验区，如埠前店试验区、高都试验区、层山试验区。每个试验区包括若干村庄，埠前店试验区包括东西朱汪、指挥庄和大、小埠东等庄，高都试验区包括十里堡、柳林庄、东高都和西高都等庄，层山试验区包括层山、涌泉和耿墩等庄。每个试验区的中心村设一所小学，区内一切工作的实施都以该小学作中心。区内设有推广部和委员会，推广部负责计划和推进，委员会负责设计指导。

1935 年，学校在西南郊外购买民地 16 亩，开辟农业试验场，聘请时任临沂县政府第四科技术员的高树屏做农业辅导。学生轮流到场实习，进行选种育苗、下地耕种、施肥灌水。收获季节，全校师生集体出动，参加劳动。这是学校对学生进行劳动教育的重要形式。

1933 年，第三乡师易名为省立临沂简易乡村师范学校。1937 年，全面抗战爆发，乡师停办。乡师存在的 8 年时间里，共招收学生 640

---

① 蒋协力：《办理乡师附小的几点回忆》，《基础教育》1936 年第 1 卷第 3 期，第 156 页。

人，毕业约400人，① 大多数都从事了教育工作，为推动鲁南教育事业的发展作出了重大贡献。

1937年12月下旬，曹兰珍带领临沂乡师留校生110人，前往河南许昌参加了山东联合中学。第二年，学校迁往湖北，改名为"湖北国立中学"。后又迁至四川，改称"国立第六中学"。他担任校务委员兼师范部教导主任。由于他支持学生前往延安，遭到国民党当局的嫉恨，贴出"打倒赤匪曹香谷"的标语。他无法在国立六中待下去，便于1940年到四川大竹师范教书。在大竹师范期间，他仍不忘支持革命事业，不断鼓励学生前往延安。

第三节　教育思想

曹兰珍在长期的教育活动中对教育问题进行了积极的思考，在借鉴其他一些教育家的教育观的基础上，对一些教育问题阐述了自己的看法。

（一）乡村教育观

在曹兰珍看来，造成近代中国内忧外敝、经济凋敝、政局动荡的根源是民众的"穷、愚、弱、私"，"农村经济，日渐凋残，贫愚弱私，致乱之源"。② 如果不解决这四大社会顽疾，就无法从根本上扭转当前的国家危机；只有彻底根治民众的"疾病"，才能实现他们的富强与国家的强盛。而治疗穷、愚、弱、私的最好办法是教育。教育能启迪大众的民族意识，养成爱国爱乡的观念、不屈不挠的胆识和精神。只有通过教育，才能实现"国运无疆"。③

发展教育必须首先从农村入手，发展乡村教育，因为乡村教育直接针对民众的愚、私、弱、贫。在阐述乡村教育对中国社会与革命的作用时，他说："只有普及乡村教育，是唤醒民众的利器，是实行民治的基础"。在长期的农村生活和办学中，他深刻意识到民众蕴含的伟大力量

---

① 乡师毕业人数，不同的资料有不同的统计。《临沂市教育志》记为400人左右，而《山东教育通史》（近现代卷）记为300人。本书采用《临沂市教育志》中所记数字。

② 李泽钧整理：《办学先驱师生楷模——山东教育界知名人士曹香谷先生事略》，政协山东省临沂县委员会文史资料研究委员会：《临沂文史资料》（第4辑），第75页。

③ 徐兴文、孟献忠主编：《师范春秋》，齐鲁书社2002年版，第122页。

和农村在中国革命中的极其重要的地位。他认为,只要给他们以教育,就能够唤醒和发挥他们的潜能;只要改造农村,就能进而改造社会,消灭封建军阀势力和帝国主义。基于这种认识,他提出"改造小的农村,沟通大的世界"、"用犁把锄头,打倒帝国主义;在垅头田畔,肃清军阀余孽"①。

受当时各种条件的限制,发展乡村教育是一件非常艰巨的事业。对此,他在办学过程中深有体会,时常感觉到"独木难支"。他认为,乡村教育要办得好,就必须依靠集体的力量,"群策群力"。

若办教育,必需师资。办好乡村教育,就需要有大量的小学教师。他认为,必须先有足够数量的小学教师,让他们到农村去,"到民间去",发挥知识分子的作用,做改造农村的前驱,"肩此重任,小学教师,改造社会,要为前驱"②。而要培养大量合格的乡村教师,就离不开乡村师范教育。因此,发展乡村师范教育是发展农村教育的基础。

(二) 办学观

曹兰珍认为,办学应该紧紧围绕办学宗旨。办乡村师范,就是培养合格的乡村教师,发展乡村教育,为乡村服务。因而,办学的一切活动都应为实现这一目的服务。从这一观念出发,他要求课程设置、教材选用、教学要求等方面都要体现乡村特色。他主持制定第三乡师的课程,增加了既能体现师范特点,又富有乡村特色的课程。

他提出"花小钱、做好事"的办学经济原则。把有限的办学经费用在最主要的方向,把事情办好,这是他一贯的主张,"我们的经济原则是:钱要用少,事要办好"③。他屡屡告诫师生,高开销不一定能办好事,而低支出也不一定不能把事情办好。在办学经费比较困难的情况下,更应该坚持这一原则。在乡师,从学生中公选的伙食委员管理着炊事,负责上街购买米和菜。对花钱少且办得好的学生,他都会组织其他学生去"拜师取经"。在附小,他与蒋协力以两班经费办理了四个班,以三班经费办理了五个班,而且还充分利用闲置校舍办起夜班。

他主张采取"教学做合一"的办学方针。"教学做合一"的理论是陶行知提出的。陶行知认为教、学、做是一件事,其中"做"是中心,

---

① 山东省教育厅:《山东省政府教育厅视察报告》,山东省教育厅 1931 年版,第 48—49 页。

② 政协山东省临沂县委员会文史资料研究委员会:《临沂文史资料》(第 4 辑),第 75 页。

③ 同上书,第 85 页。

主张"在做上教，在做上学"。在《试验乡村师范学校答客问》中，他对"教学做合一"作了如下解释："教的法子根据学的法子；学的法子根据做的法子。事怎样做就怎样学，怎样学就怎样教。比如种田这件事要在田里做，就要在田里学，也就要在田里教。教学做有一个共同的中心，这个中心就是'事'，就是实际生活；教学做都要在'必有事焉'上用功。"① 晓庄师范是陶行知这一理念于实践中具体运用的事例之一。曹兰珍曾参观晓庄师范，受到极大触动，决心以陶行知办理晓庄师范的理念和模式来办理第三乡师。他注重学习与劳动相结合，让学生在劳作中学习，在学习中劳作；他建立试验区、民众夜校和附小，让学生把所学的理论知识运动到实践活动中，在学习中实践，在实践中学习，等等。所有这些无不体现出与晓庄师范的相似性。

环境对学校教育具有重要作用，良好的环境可以促进学校教育的发展。他主张办学者应该积极地利用环境，改造环境，为育人营造良好的氛围。在乡师，他花费大量精力和人力用于校园环境建设，将学校建设成花园式育人场所。环境建设不仅仅是自然环境，还包括人文环境。他主张加强校风和学风建设，倡导勤劳质朴、忠实诚恳、民主进步、乐观进取，反对颓废腐化、骄奢淫逸、浮夸虚张、虚伪阿谀。他以身作则，身体力行，为学生树立行事的榜样。在他的提倡下，南华中学、省立第二女子师范和第三乡师都形成了良好的校风和学风，学生大多能恪守"勤、俭、诚"的校训，努力学习，追求进步，展现出良好的精神风貌。

教育的质量如何直接取决于教师的素质。他是非常注重抓教师队伍建设的。一方面，在办学经费紧张的情况下，他仍不惜重金聘请思想进步、具有真才实学的教员；另一方面，他又注重对在职教师的继续教育，制定教法研究章程，组织教师参与教法研究。南华学校、第二女师和第三乡师的教师整体素质都很高，这与他的教师观和教师建设是分不开的。

（三）人才观

某种程度上讲，人才观是办学观的前提，有什么样的人才观，就有着什么样的办学观；要培养什么样的人，决定着办什么样的学和如何办学。

师范教育的办学宗旨之一是培养合格的各级学堂教员，乡村师范培

---

① 陶行知著，江苏省陶行知教育思想研究会、南京晓庄师范陶行知研究室编：《陶行知文集》，江苏人民出版社1981年版，第151页。

养的则是合格的乡村教师。什么样的乡村教师才算合格的？曹兰珍认为，除了掌握必备的相关知识外，一名合格的乡村教师还应该是扎根农村，献身教育，服务乡亲的；是能以身作则，严于律己，为人表率的；是具备较强的自立和自理能力，能适应艰苦的乡村生活的；是具有革命精神，能克服困难，改造农村的。

办学者应创造各种条件，为培养合格的教师提供便利。基于这种认识，在办学中，他从教师招聘、课程开设、环境建设、教学条件、实习锻炼等诸多方面尽可能地为学生创造条件和营造氛围，使学生在接受学校教育的过程中，掌握作为未来教师必须具备的基本知识和实践能力。

他认为，要培养合格的教师，办学者还应该对学生提出明确的要求，有意识地培养他们朝着适应教员职业，特别是乡村教员职业的方向努力。在第三乡师，他提出"以教育为终身事业，以乡村为极乐世界"、"用自己的心，劳自己的力，滴自己的汗，吃自己的饭"、"自我做起，养成好的习惯；以身作则，征服自然"、"以教人者教己，在劳力上劳心"。[①] 换句话说，也就是要求学生树立投身教育、服务乡村的志向；要做到自力更生，自食其力，不要成为父母的负担、社会的寄生虫，具备较强的自理能力和自立能力，能够适应艰苦的农村环境；要从自己做起，养成良好的行为习惯，以身作则，遵守学校纪律和社会道德规范；要做到教与做一致，怎么教育别人就怎么教育自己，不能做裁缝的尺子，量人不量己。只有这样的人，才能起到春风化雨，润物无声的作用。

在他看来，教育对人才的培养固然起到至关重要的作用，但个体也要加强自身的修养，只有"外铄"和"内发"相结合，才能更好地促进个体的发展。个体应该如何以主动的姿态进行自修呢？他提出六条主张：

"克勤克俭"。他引用《论语》中的"勤俭，立身之本"与"唯勤与俭，事业之基"说明一个人如果能做到且勤且俭，他的事业才能树立根基，而"个人之前途亦胥造端于是矣"。

"崇实黜华"。自欧风东渐，国人沉于浮糜，入学校则洋服高跟，生活习惯与心理全与其根生土长的乡村日渐隔离。这对个体、家庭和社会有诸多危害。他竭力提倡朴实，以求与乡村生活相适应。他说，崇实黜华不是矫揉造作，而是以与乡村生活相适应为度，故崇实黜华实为实事求是之意。

"勿怠勿荒"。无论做什么事情，都必须沉住气，不躁不急，切实

---

① 政协山东省临沂县委员会文史资料研究委员会：《临沂文史资料》（第2辑），第36页。

去做，方见成效；如果兴衰无常，时作时废，是无法成就事业的。息则旷时，荒则废业，两者皆根源于"心浅性急"，所以必须"深自敛抑"，生活才能日渐充实，事业始可于是发轫。

"任劳任怨"。他认为，只有"吃得多苦"，才能"于生命上有所体认，创发，成就也"。做任何一件事情，若想做出成就，必须"自身多出力气"；若要事业成功，必须"以任劳为第一义"。他说，任劳仅系出力，此或可以勉强为之，而任怨要难得多。即使难得多，也不能不多下工夫。

"有守有为"。何为守？"衷心有所认定而固执之也。"何为为？"即进取也。"他认为，做一件事情能否成功，很大程度上取决于时间和努力两个因素。如果今日为之，明日改之，则断无成功之理；而若有时间，却敷衍从事，则只能旷废时日，消磨生命。倘若做到"有守有为"，即使没有成功，也可以心安理得。

"胆大心细"。他认为"胆大"和"心细"各有优缺点，胆大者缺点在于"粗"，长处在于敢作敢为；心细者，缺点在于"无勇气"，长处在于周密。做事情，需将两者结合起来，既要做到精密思考，又要以绝大的勇气赶赴之，这样就能无锐不摧，无坚不攻。[①]

曹兰珍的教育思想有一个显著的特点：糅合众家，却又立足实际。他对中国农村病因的分析与晏阳初的观点颇相似。晏阳初认为中国农村问题虽然千头万绪，但基本可以用"愚"、"穷"、"私"和"弱"四个字代表。他主张教学做合一则是受到陶行知的影响。另外，他对梁漱溟的"乡村建设理论"也有研究，曾邀请追随梁漱溟的尹鲁溪、宋乐颜、高赞非等好友前来协助办学。他的乡村教育观就是在借鉴晏、陶等人的乡村教育思想的基础上，结合当地实际提炼而成的。

曹兰珍服务山东教育 20 余年，期间，他秉承为社会服务的宗旨，立足乡村，大力发展师范教育和乡村教育，为推动山东教育事业，特别是鲁南教育事业的发展做出了重大的贡献，在民初山东教育史上写下了浓重的一笔。

---

① 曹香谷：《如何获得好生活》，《乡村运动周刊》1937 年第 14 期，第 6—7 页。

第七章　清末民初山东知名教育家
特征剖析

　　处于清末民初这一特殊历史时期，作为山东教育界的知名教育家，王朝俊、鞠思敏、王世栋、范炳辰等六人在个人成长、个性品质、思想演变、教育实践经历、教育思想等诸方面都具有颇多相似之处，呈现出鲜明的共同特征。这些共同特征一定程度上反映出这一历史时期，山东基层教育工作者的共性。众所周知，共性与个性是辩证统一的，共性寓于个性之中，个性表现共性。因此，探讨他们的共同性的同时，就不能不考察他们的差别性。对他们的特征的考察和剖析，不但可以深化对他们的研究，而且还能在一定程度上对以他们为代表的这一历史时期山东教育家群体有所了解。

　　就求学经历看，他们都是从封建旧式知识分子蜕变而来的接受过新式师范教育的新型知识分子。他们受过严格的封建旧式教育，饱读儒学经籍，有些还取得初级功名。王朝俊8岁开始接受启蒙教育，跟随举人朱儒宏学习儒家经典，1902年考取附生。鞠思敏出身书香门第，很早便接受启蒙教育，20岁考取举人，21岁中廪生。王世栋生于一个半耕半读家庭，儒学传统在其故乡根深蒂固。他7岁开始启蒙，1900年参加科考成为秀才，1902年获补廪生。丛涟珠是廪生出身。

　　虽然取得科举功名，但他们却没有沿着科举之路走下去，而是转向新式教育，有的还赴国外深造。最初，他们也和其他士子们一样，在科举道路上苦苦求索，希冀通过科举进入官僚集团，从而实现自己改革社会、服务民众、报效国家的理想。在他们看来，只有成为统治集团中的成员，才能取得实现自己政治理想所需要的资源。1901年，清廷颁布兴学堂章程和学堂选举鼓励章程，要求变通科举，各省兴办学堂，规定学堂毕业后通过考试者，可得到进士、举人、贡生等出身。这是清廷向最终废除科举制度所迈出的重要一步，也是一个过渡。应该说，这一规定拓宽了读书人入仕做官的途径。但是，士子们对此规定并没有表现出多大的兴致，在他们看来，科举入仕才是正途，所以多不愿意投考新式学堂。作为儒学发祥地的山东，封建气氛特别浓厚，民众观念非常落后。尽管在 1902 年山东省就根据清廷的旨意改私塾，设学堂，但大多数士子拒绝投考；即使有投考者，也承受着巨大的压力。鞠思敏曾说，同学们都是舍家弃业，顶着压力到新式学堂读书的。这正是当时投考新式学堂考生的真实状况。在这样的环境下，鞠思敏等人能直面方方面面的压力，走入新式学堂，接受新式教育，甚至走出国门继续深造，这足以表现出他们的勇气和胆识。而其背后所隐含的，则是他们对旧式教育的最终否定和变革社会、改良政治、救国家于危难的强烈欲望。

考入新式学堂，接受新式教育，意味着他们的身份开始发生变化，即从旧式知识分子转变为新型知识分子。新式学堂的不同之处体现在课程设置方面，就是设有教育学、心理学、社会科学等近代性质的课程，如山东师范学堂设有物理、化学、教育学、心理学、实验心理学等方面的课程，采用日本教材。通过在学堂的系统学习，他们的知识结构发生转变，并能用新的知识与理论观察、思考社会问题，寻求解决的途径。王朝俊、丛涟珠、于丹绂从新式学堂毕业后又东渡日本留学深造。他们的留学背景在促使他们向新型知识分子转变的过程中起了重要作用。

这一转变对他们以后投身教育产生了深远影响。由于受过旧式教育，一方面，他们深受传统文化，特别是儒家文化影响，有着深厚的文化底蕴，这直接影响着他们的办学指导思想，如王朝俊的"先养后教"、"政教养合一"，王世栋的"法治"等；另一方面，他们对封建教育的弊端有着深刻的体会和认识，萌生了变革的想法，他们在办学过程中的所有变革活动，其实都是对旧式教育弊端的改造。由于接受过新式教育，他们习得了近代教育学、心理学、教学法等知识，这一方面加深了他们对传统教育弊端的认识程度，增强了变革的决心；另一方面，这些知识又为他们的教育改革提供了理论支持。

从职业生涯看，他们都积极投身革命，献身教育，具有丰富多彩的职业经历。王朝俊、鞠思敏、王世栋、丛涟珠、曹兰珍都出生在贫苦的农民家庭。范炳辰虽生于市民家庭，但是家境贫寒。他们自小就参加田间劳作，对乡村经济的凋敝、社会的不公和民众生活的艰辛有着切身的体会。在他们幼小的心灵里，变革社会的念头逐渐萌生。随着年龄的增长、知识的增加、视野的开阔和心智的成熟，如何解决民生问题，挽救国家和民族于危亡，越来越成为他们日夜思考的问题。

20 世纪初，以孙中山为首的资产阶级革命党人高举武力推翻清政府的旗帜，在知识分子中间大力宣传其政治纲领，并不断地在东南沿海各地举行武装暴动，成为反清的主体力量。此时，王朝俊等人已走出乡村，走进城市，在新式学堂里面学习。而新式学堂是资产阶级革命党人宣传革命主张，发展生力军的重要基地。在这里，他们对同盟会的革命纲领有了比较深入的了解，并从革命党人大无畏的流血牺牲中看到希望，找到了实现其理想的途径，于是毅然决然地接受了他们的革命主张，加入到革命队伍中，成为一名为实现资产阶级革命理想和目标而奋斗的民主主义者。

武昌首义成功的消息传到山东后，他们立即行动起来，举行武装暴动，策动山东独立，成为推动山东革命的领军人物，对促成山东独立之事起了至关重要的作用。

他们很早就从事教育工作，山东革命失利及民国成立后，最终选择教育作为自己的终生职业。他们的活动领域涉及私塾教育、基础教育、师范教育、职业教育、特殊教育、女子教育、留学教育等领域。从种类看，几乎涵盖了教育的全部类别。可以说，他们推动山东教育的改革和发展是全方位的，不仅仅局限于某一种类的教育，这有利于山东教育的均衡发展。

在投身教育事业的生涯中，他们展现了广阔的教育视野，积累了丰富的教育教学经验。他们对山东教育的落后有着深刻的认识，将改变落后的山东教育，使其走到全国先进行列作为自己义不容辞的责任。他山之石，可以为错，亦可以攻玉。走出去，以开放的姿态，学习外省和国外的先进办学理念，从外地引进优秀教育人才，推动山东教育尽快转型和发展，是他们在办学中形成的共识。为此，他们曾外出考察或学习，江浙、上海、河北、江苏、南京、日本，都曾留下他们的身影和足迹；邀请名家来校讲学，黄炎培、陶行知、张伯苓、梁漱溟、胡适、周作人、沈尹默、美国植物学家柯脱博士、美国教育家柏克赫司特女士、印度诗人泰戈尔都曾应邀来山东讲学；从外省招聘业务能力强，具有真才实学的教师来鲁任教。当时，山东各学校多从省立高师毕业生中选用教员。他们打破这一惯例，从外省聘用教员充实教学力量，汲取外地先进教学经验。浙江的郑又桥、湖北的陈绍斐、安徽的唐锐秋等名师，应鞠思敏之邀来山东任教，为山东教育事业的发展作出了积极的贡献。教育家应该立足现实，望眼未来。王世栋等人以大无畏的胆识和勇气，以发展的眼光对教育教学进行大刀阔斧的改革，涉及教材革新、聘用女教员、白话文教学、体育教育等诸多方面，震动了封建势力还很强大的山东社会。尽管某些改革未能取得成功，但是它代表了教育发展的必然趋势，为此后的山东省教育变革奠定了基础。

从教育思想看，丰富的教育活动经历，使他们积累了丰富的教育教学经验。

第一，他们都是教育救国论的积极倡导者和践行者。晚清时，教育救国思潮泛滥。早期维新派、康梁改良派、资产阶级革命派，甚至部分政府官员都积极倡导教育救国。早期维新派提出，若要国家强盛，必应重视教育，改良教育，采用西方教育制度。何启、胡礼垣在《新政论议》中提出，一国人才，视乎学校，学校隘则人才乏，学校广则人才多。冯桂芬对科举制度进行了尖锐的批判，斥责它禁锢人的心思才力，败坏天下人才。他指出，若要造就天下人才，必须改革科举，倡导西学。郑观应认为，西方国家强盛的根源在于重视教育，"泰西之强，强于学，非强于人"。在他看来，只有人才兴，国方能盛，"学校者，人才所由出；人才者，国势所由强"①。以康梁为代表的维新派认为，中国衰落的根本原因在于教育不良、学术落后，救亡之道必须从改良教育入手。《上海强学会章程》写道："中国之弱由于学之不讲，教之未修。"② 梁启超称，救弊之法，在于废科举兴学校。孙中山把教育放在立国之本的位置，强调教育是关系人才培养和国家强盛的重大问题，设学育才不能稍缓，"必多设学校，使天下无不学之人，无不学之地。则智者不致失学而嬉，而愚者亦赖学以知理，不致流于颓悍；妇孺亦皆晓诗书。如是，则人才安得不盛，风俗安得不良，国家安得不而不强哉！③" 为了实现推翻、清朝、政权、建立资产阶级共和国的目标，革命党人常以办教育为名暗中宣传革命思想，启迪民智，培养反清志士。

王朝俊、鞠思敏等人很早就对教育的作用有着深刻的认识。这不仅仅是因为中国传统文化中历来对教育的重视，而且还在于他们对农村环境及民众生活状况的切身体验。教育能提供给农民一技之长，帮助他们解决生计。不过，在农村生活阶段，他们对有志之士，如早期维新派和资产阶级改良派等，所倡导的教育救国并不了解。他们早期生活的农村多处偏僻之地，当时社会上盛行的维新之风气很难吹到这些地方。他们对外部世界的了解，严格地说，是始于他们进入省城新式学堂。在省城

---

① 《西学》，郑观应：《盛世危言》，蓝天出版社 1999 年版，第 28 页。

② 《上海强学会章程》，《万国公报》光绪二十一年第 83 期，第 16 页。

③ 《致郑藻如书》，孙中山著，广东省社会科学院历史研究室编：《孙中山全集》（第 1 卷），中华书局 1981 年版，第 2 页。

读书期间，他们不但接触到新式教育，阅读到各种维新、革命学说，而且接触到社会上流行的各种教育思想和思潮。随着阅历的增加，视野的开阔及新知识的汲取，他们对教育作用的认识上升到一个新的高度，将其与救亡图存联系起来。

虽然认识到教育能救亡图存，但在处理教育与革命的关系问题上，他们的态度经历了一个细微的变化。相对教育效力的充分显现而言，暴力革命的效力要明显和快速得多。换言之，教育效力的发挥具有迟缓性和长期性，而暴力革命则是疾风骤雨式的。资产阶级革命派虽然非常重视教育，但在早期阶段，他们更多的是将教育作为宣传革命的一种助力手段。只有暴力革命，而不是教育才能推翻腐朽的清王朝，建立起资产阶级共和国。加入同盟会后，他们一方面积极投身革命运动，另一方面也积极地办学，而办学的目的一是提高受教育者的文化程度，开启民智，二是宣传革命理论，培育革命有生力量。在这两个目的中，第二个目的是直接的、主要的。因此，可以说，在这个阶段，他们在处理教育与革命的关系上，偏重于革命。随着山东独立之事的挫折与失败、南北议和的发生及袁世凯窃取辛亥革命的胜利果实，他们逐渐意识到资产阶级革命的缺陷。民国的建立未带来国家的强盛，未使国家摆脱内忧外患的危机，民众依旧愚昧无知，仍然生活在水深火热中。这一系列的问题，使他们更深刻地意识到，若要真正实现国家的强盛，必须投身教育，广育人才。于是，在对待教育与革命的问题上，他们的重心发生偏移，更侧重于教育或者说完全选择了教育。丛涟珠对革命尚未成功而革命党人就争权夺利非常反感，于是转向教育，以教育作为自己的终身事业。从此之后，他们全身心地投身教育事业，矢志不渝，一直到死，都念念不忘教育。

重视教育，倡导教育救国，对唤醒民众，教化社会，改革暮气沉沉的山东教育，推进其发展具有重大的积极意义。毋庸置疑，他们通过自己的行动推进了山东教育事业的近代化进程，为山东乃至国家培养了大批大有作为的优秀人才。但是，教育不是万能的。只有教育方向和一定的社会制度一致并不受其制约时，才能发挥教育的作用；否则，教育的主导作用就会受到限制，甚至受到破坏。封建思想观念在民众心中根深蒂固，不是仅仅依靠教育，也不是一朝一夕就能改变的。国民党统治下的社会，派系林立，党派纷争，教育得不到应有的重视。王朝俊、范炳辰、王世栋在办学的过程中屡遭挫折，就说明教育万能论是行不通的。晚年，鞠思敏、王世栋对教育万能论进行了反思，认识到"单纯的教育救国是不能实现的，关键是国家制度来决定和制约教育"①。

第二，重视文化建设，注重发挥文化的教育功能。众所周知，文化与教育相互联系，相互影响，又相互制约。文化制约着学校培养人的规格，影响着教育内容；而教育能保存、传递、传播和创造文化。鸦片战争后，西方近代思潮纷纷传入中国，西学东渐给中国传统文化强大冲击和震撼。维新运动和辛亥革命期间，西方资产阶级的民主和科学观念得到广泛传播。1918年9月，陈独秀在上海创办《青年杂志》，揭开了新文化运动的序幕。他在《警告青年》一文中，率先扛起民主和科学的大旗，向封建主义及其意识形态发动了进攻。新文化运动将斗争矛头直指封建专制的理论支柱——儒家文化，宣扬民主，反对封建专制；宣传科学，反对封建迷信和愚昧；提倡白话文，反对文言文。1919年爆发的"五四运动"，是一次伟大的文化运动，传统伦理文化受到前所未有的沉重打击。在"五四运动"的推动下，新文化运动产生了更深刻、更广泛的社会影响。全国各地出现了大批宣扬新思想、新文化的进步社团和刊物。先进文化的传播对教育产生了重大且深远的影响，促使中国的传统教育观念发生巨大变化，促成教育教学的改革，推动了教育的发展。

鞠思敏、王世栋、范炳辰、曹兰珍认识到新文化运动的巨大能量，毅然决然地站出来，成为山东新文化运动传播的领路人。他们组建文化团体，创办刊物，创建文化书社，引进进步书籍，宣传新文化，并将其与山东教育结合起来，用新文化革新陈腐观念，革新教学内容，推动山东教育事业发展。1913年10月创办的教育图书社，代销中华书局出版的各类书籍，辅助山东教育发展。它所引进的进步书籍，受到山东教育界的普遍欢迎。1919年9月鞠思敏、王世栋、于丹绂等创办的"尚学会"，办有会刊《新文化介绍》，由王世栋主编，分设文学、哲学、伦理、教育、社会五个栏目，介绍新兴学术思想，研究时局，先后出版"文学号"、"教育号"、"哲学号"。教育图书社和"尚学会"对推动新文化运动在山东的传播和教育事业的发展发挥了举足轻重的作用。他们购进大量进步书籍，充实图书馆。学生通过借阅，广泛接触到新思想、新文化，对学生追求科学、进步和民主，抵制愚昧和专制，培养新时代的青年起了重要作用。

他们不仅通过创办刊物、书社等形式宣传新文化，辅助教育发展，而且还身体力行，参加到抵制专制、争取民主的斗争中。他们高举"五

①　王恒：《王祝晨传》，吉林人民出版社2004年版，第288页。

四"所宣扬的民主旗帜，同军阀专制进行了坚决的斗争，用自己的行动宣传了"五四"新精神。1920 年元旦，济南市学联组织青年学生演出反帝爱国新剧，遭到军警干涉和破坏，一些学生被砍伤。鞠思敏立即呼吁济南各大中学教职员，组成"济南教职工联合会"，声讨反动军警的暴行，痛斥他们破坏民主，支持学生斗争。可以说，在山东文化界和教育界的反专制斗争中，鞠思敏、王世栋、范炳辰、曹兰珍始终走在队伍前列。

与鞠、王、范、曹四人不同的是，王朝俊则极力推崇中国传统文化，主张复兴以孝悌为中心的伦理文化，并糅合西方的民主和科学观念，予以改造，赋予其时代内涵，而对"五四"所重点宣传的马克思主义则持保守，甚至抵牾的态度。"五四"期间，他带着疑惑和迷茫与丛涟珠经北大学生徐彦之介绍晤见蔡子民、胡适等人，试图了解马列主义的情况。但是，通过了解，他认定马列主义不适合中国国情。

> 适于此时北大新潮发生，蓬蓬勃勃大有廓扫一切之气势，旧欧化尚未认清，新俄化又席卷而来，致使教育界同人目迷五色，莫知所从，而吾所得一知半解之教养思想亦遂不敢自信，心理上乃稍稍发生变动，以为只要社会能均平解决，自不必执定一说，新潮流既趋向均平，总认为有商量余地，以其反对资本主义之欧化也，遂邀同六中校长丛禾生先生经北大学生徐彦之介绍晤见蔡子民、李石曾两先生，谈许久不得要领，始知两先生虽居北大中坚地位，其实是莫名其妙，后又谒见胡适之先生，并参读各种新书，始知北大新潮来路是本俄化精神解决均平问题也，不唯国性民情多不适合，而强不均使之均，强不平使之平，结果徒滋纷乱。[1]

与王朝俊一样，丛涟珠对五四新文化也没有表现出多大热情。

第三，在办学理念上，他们具有相似之处，也有不同点。在办学中，他们都紧抓办学宗旨，围绕办学宗旨开展教育教学。如办理师范学校，其宗旨是培养以后能胜任教学工作的合格的师范生。合格的师范生不仅要掌握必需的教育教学理论知识，而且还要经过必要的实践锻炼。这样，他们毕业后，才能尽快适应教师角色。众所周知，一名合格的教师应该具备的知识结构起码包括本体性知识、条件性知识和实践性知

---

① 　王鸿一：《三十年来衷怀所志之自剖》，《村治月刊》1930 年第 11 期，第 1—2 页。

识。本体性知识和条件性知识可以通过系统的理论学习获得，而实践性知识则必须经过实践的锻炼如实习、见习等方式获取。鞠思敏等人非常重视学生实践性知识的获得，尽可能地为学生营造实际锻炼的良好条件。

他们都强调师资建设，把建设一支高素质的教师队伍摆在办学的重要位置。众所周知，教育教学质量的高低关键取决于教师队伍素质的高低。一位优秀的教员不仅应具有丰富的教育教学知识、稔熟的教学技能，而且还应具有优良的道德品质。在聘用教师时，他们不但要考虑教师的教学能力，还要考虑教师的思想品德。只要教师能胜任教书育人的职责，受学生欢迎，他们就聘用，而很少考虑教师的出身和政治倾向等个人因素。他们注重在职教师的管理，通过定期或不定期的考核与培训、外出考察与学习等方式，调动教师的工作热情，提高教师的业务能力。

他们都注重校园环境建设，发挥校园环境的育人功能。环境对人的成长和发展会产生重要的影响。墨子以素丝作喻，说明环境对人产生的影响。他说："染于苍则苍，染于黄则黄。所入者变，其色也变。"① 陶行知在1923年提出，天然环境和人格陶冶很有密切关系。鞠思敏等人非常注重校园自然环境和人文环境的建设。通过植树育花，美化校园，为学生营造静谧优美的学习场地。通过创建各种研究组织、兴趣小组和运动团体，组织音乐会、游艺会、球赛等多种形式的艺体活动，培养学生良好的学习风气。

在治学指导思想和办学风格上，他们却存在较大不同。思想是行动的指南，正如王世栋所言，教育家应该具有哲学眼光，不应只注意教育教学方法和技术，而抛弃哲学或社会的观点；教育家应该从他的哲学的或社会的见地，建立或推行他的教育教学方法。王朝俊主张复兴中国传统文化，以伦理问题为核心，借鉴西方的科学与民权，按照孙中山三民主义精神，进行适合时代的改造，试图以此解决中国教育问题。他主张"政养教合一"，并将此作为办学的指导思想。王世栋以法家的治事思想为办学的指导思想。他做事果敢，突出一个"严"字，教师不合格，解聘教师；学生不听话，就开除学生。在教学方法上，他提倡环境刺激说，认为做校长的要创造环境，刺激逼迫学生，以激发他们的学习欲望。在家庭教育方面，他也秉承这一理念。丛涟珠以宋明理学作为办学

---

① 墨子著，戴红贤译注：《墨子》，书海出版社2001年版，第11页。

指导思想。他是宋明理学的实行人物，力倡王阳明的良知之说，并成立"心学会"予以研究。他给学生讲解《大学》、《中庸》，也是根据王阳明的理学思想教导的。行为处事方面，他也以理学作为指南，并以此要求学生。鞠思敏将道家与儒学结合起来作为自己的治学指导思想。他崇尚无为，主张瓜熟蒂落，总是识在人先，事在人后。他以"仁"办学，学生犯错，他只惩戒，不开除。对屡教不改的学生，他让家长领回，进行家庭管教，仍给学生保留学籍，什么时候管教好了，再回学校读书。

治学指导思想的差异导致他们办学风格明显不同。王世栋曾就自己的办学风格与鞠思敏、于丹绂的做过比较。他说，鞠思敏崇尚无为，主张瓜熟蒂落，他则注重有为，主张敏则有功；他不如于丹绂能闯，却比他有后劲。就如运动会赛跑，于擅长短跑，而他则善于长跑，而且越到最后越有劲。王世栋属于激流勇进、不怕非议，不达目的不罢休类型的人，只要在位，不论职务大小，总想干出点成绩来。换言之，他的办学风格属于激进型的。鞠思敏属于温和型的人，办学追求稳步推进，而不是急进急退。他主张民主办学，凡事与同事商量着来，注重权衡各方面的利益。

第四，他们的教育思想具有某些共同特征。首先，他们对教育教学问题的论说并没有多少新颖之处，几乎都是前人或时人提出或主张的。但是，这些主张在当时的山东教育界，特别是对落后偏远地区的教育而言，却是新异的。其次，他们的教育教学主张虽然涉及家庭教育、基础教育、中等教育、师范教育等多层级、多种类，但是没有构成系统的、完整的思想体系。再次，他们的教育思想具有很强的实践性。一方面，他们的教育教学观是从办学中总结、升华而来的；另一方面，用这些观点指导办学，取得了良好的效果。换句话说，他们的教育教学观是源于实践，并在实践中得到检验的。最后，他们的教育教学观具有很强的现实性。清末民初的山东教育是落后的，这不仅表现为教育发展的速度慢，而且还表现为教育教学理念落后。他们的主张正是针对山东教育的弊端提出的，旨在革除弊病，更新理念，促其发展。因此，他们的主张具有很强的针对性和现实性。

从人格角度看，他们有共同的地方，亦表现出明显的个性特征。人格是个体独具的各种特质或特点的总体，是每个人特有的心理——生理性状或特征的有机结合。人格结构系统包括认识方式、动机、气质、性格和自我调控等成分，其中气质体现了高级神经活动类型的差异，而性格则体现了社会道德评价方面的差异。他们在人格方面的相似之处表现为：他们都具有不惧艰难、敢闯敢为、坚忍不拔的品质。新理念的推行、对教育教学的改革必须会触动既得利益个人或集团的利益，遭到他们的强烈抵制。这是王朝俊、王世栋等人在办学中屡遭挫折的主要原因。面对挫折，即使身陷囹圄，他们也没有丝毫退缩，置个人安危与利益于不顾，锲而不舍地进行教育教学改革。他们都具有高尚的职业道德情操，富贵不淫，威武不屈，表现出爱国教育家的可贵的道德品质。鞠思敏曾多次违背政府当局的意愿，保护和救助进步学生。济南沦陷后，日伪政权曾邀请鞠思敏、丛涟珠二人到伪教育厅任职，借助他们的声望推行奴化教育，遭到他们的断然拒绝。鞠思敏还与王世栋留守正谊中学，抵制奴化教育。他们的行为真正体现了一位正直的爱国教育家不与官僚政客同流合污、不惧怕淫威、不屈服于权威的高尚的道德品质与崇高的民族气节。

人格具有独特性，人与人之间没有完全相同的人格。在性格和行为举止方面，他们具有很大的不同。鞠思敏内道外儒，举止落落大方，心胸坦荡，宽容心强。他谦虚谨慎，为人低调，不喜欢张扬，不喜欢与他人争强夺胜。他常说，就办学成绩而言，他愿意位居倒数第二，因为倒数第一容易被淘汰。丛涟珠是一个纯粹的儒者，性喜宁静，朴厚忠淳，乐群敬业。王世栋精力充沛，性情豪爽，敢闯敢为，当仁不让，曾直言就办学成就而言，他应居正数第二。他意志坚强，做事具有一股牛劲，凡是认准的事，不达目的誓不罢休。同事都称他"王大牛"，具有牛的秉性。

第八章　清末民初山东知名教育家
历史地位评析

　　历史的发展离不开人类的活动，它"不过是追求着自己目的的人的活动而已"①。在历史发展的过程中，每个人都扮演者特定的历史角色，起着或大或小的作用。因此，研究历史，就不能不研究历史人物，特别是对历史发展发挥过重要作用的人物，而研究历史人物，就不能不对他们的历史地位作出评价。那么，在考察了王朝俊等教育家的思想轨迹、人生经历后，有必要对他们在清末民初山东的历史地位作出评析。马德坤与张晓兰所著的《民国山东四大教育家研究》从借鉴西方先进教育经验，改革山东近代教育的角度分析了鞠思敏、王世栋、范炳辰和于丹绂四人的历史贡献，所论较为中肯，为本书的研究提供了有益的启发。但是，仅仅从教育的角度来考察鞠思敏、王世栋等的历史功绩似显不够全面。无可否认，他们的主要活动领域在教育，他们的主要贡献也在教育。但是，处于清末民初这个特点的历史时期，他们所关心的、所从事的又不仅仅局限于教育，在变革政治、革新文化、改良风俗、改善民生等方面，他们的作为也可圈可点。

　　他们是山东辛亥革命的重要发起者和推动者，在策划山东独立，推翻清政府在山东的统治的武装斗争中作出重要贡献。他们是山东同盟会的主要成员，通过宣传革命纲领，发展革命力量，推动了山东革命力量的发展。山东同盟会的活动始于同盟会成立之初。同盟会成立后，在国内设立 5 个支部，其中北方支部设于烟台。在日本，许多山东籍留学生为实现救国救民的志向纷纷投身革命。1906 年时，已有 56 名山东籍留学生加入同盟会。其中，就有王朝俊、丛涟珠和范炳辰。在国内，鞠思敏、王世栋也加入了同盟会。参加革命党后，他们主要以参与办学的方

---

① 马克思、恩格斯著，中共中央马克思、恩格斯、列宁、斯大林著作编译局译：《神圣家族，或对批判的批判所做的批判》，人民出版社 1958 年版，第 118 页。

式，如山左公学、自新学堂，在学员中广泛宣传同盟会的革命纲领和政治主张。经他们的努力，一大批有志学员加入同盟会，壮大了山东革命力量，为山东辛亥革命积蓄了大批生力军。

1911 年武昌革命党举事成功的消息传到山东后，山东的革命党迅速行动起来，筹划举事响应。同时，武昌的革命党也致檄山东，希望山东革命党"速举义旗，右我鄂军……直捣巢穴，复汉宫之威仪，建共和之民国"。① 济南和烟台是同盟会会员比较集中的地方，成为山东革命的中心。他们策划在济南搞独立，在胶东和其他地区发动武装起义。在济南，鞠思敏、丛涟珠、王朝俊等参与策动巡抚孙宝琦独立。独立取消后，济南形势恶化。鞠思敏与刘培源、曲璜离开省城，经烟台返回荣成，发动武装起义，组成"荣成军政府"。王朝俊与刘汉辰则联合曹州地区十一县的学界、士绅筹备起义，准备曹州诸县独立之事，旋因山东独立取消，未能付诸实施。尽管山东的革命活动遭到守旧势力的沉重打击，遭受严重挫折，但是，晚清政权在山东的统治毕竟结束了。在废除旧政权，建立新政权的斗争中，王朝俊、鞠思敏等人发挥了重要的作用。

他们是民初山东政治民主运动的主要倡导者、参与者和领导者，在抵制军阀专制，争取政治民主和人权自由的斗争中作出了重要贡献，有力地推动了民初山东政治民主化的进程。军阀政治的一个主要特点是独断专制。通过暴力手段，维护其专制统治，进而维护其所代表的大地主和大资产阶级的利益，这是军阀政权存在的根本目的。对外依附帝国主义，出卖国家权益和民族利益；对内争夺地盘和其他统治资源，漠视民主、民权与民生，是军阀政权统治的外在表现。辛亥革命及民国的建立，使民主、共和观念深入人心。新文化运动及随后的"五四运动"，使政治民主、人权自由观念得到更广泛的传播。这样，军阀的政治独裁统治与民众的政治民主运动成为不可调和的尖锐矛盾。

从中华民国成立到南京国民政府确立在山东的统治，先后有周自齐、靳云鹏、张怀芝、张树元、田中玉、郑士琦、张宗昌七位北洋系军阀督鲁。在他们统治山东期间，专横暴戾、镇压革命、横征暴敛、穷兵黩武，政治上一片黑暗。以统治时间较长的靳云鹏为例，他督鲁期间，正值袁世凯窃取正式大总统职位之后走上独裁统治时期。他紧跟袁世凯的反动足迹，充当袁镇压革命、实行独裁的帮凶。在他的高压政策下，

---

① 《黎元洪檄山东文》，《顺天时报》宣统三年九月十三日。

山东的党派活动遭到沉重打击。山东国民党负责人徐镜心被捕杀，丁惟汾被迫回家放牛，还有其他一些国民党党员或被迫离开省城，或被迫逃离山东，只有王朝俊等少数人坚持留下来。为反对袁世凯同日本签订"二十一条"，中国人民进行了抵制日货、游行抗议等活动。但是，在山东，由于靳云鹏的镇压，抵制日货运动未能发展起来。1928 年 5 月，国民党将张宗昌、孙传芳部逼出山东，结束了北洋军阀在山东长达 17 年的统治，建立起国民政府在山东的统治。国民党同样实行独裁统治，民众丝毫没有政治的民主和自由，特别是韩复榘统治期间，镇压革命、阻挠进步学生的爱国运动，使山东的革命活动和爱国学生的进步运动遭到严重破坏和损失。

在山东的民众反独裁与争取民主的斗争中，鞠思敏、王世栋、范炳辰和曹兰珍做了大量的卓有成效的工作，推动了本省政治民主化运动。一是做了大量的宣传活动，促进了民主观念在社会的传播。通过创办刊物，举行纪念会、追悼会等形式，在社会，特别是在学生中广泛传播自由、民主、民权观念，为政治民主运动奠定了思想基础。1919 年春夏之交创办的"尚学会"在传播新文化方面发挥了重要作用。范炳辰说，不明人权或放弃人权或蔑视人权是造成公众祸患和政治腐败的唯一原因。他要为公众讲明这一道理。孙中山逝世后，二师举行追悼会。他撰写长篇祭文，歌颂孙中山为革命奋斗终生，鞭挞袁世凯、张勋等反革命小丑，拥护新三民主义，号召学生继承孙中山遗志，"群起负担，共商国是"。① 列宁逝世后，南华中学举行追悼会，曹兰珍在会上号召师生学习列宁，为祖国劳苦大众服务。二是亲身参与反对专制，争取民主的斗争。1919 年 5 月 7 日，山东各界召开"五七"国耻纪念大会，鞠思敏、王世栋等率学生参加。为响应北京的五四运动，一师、一中和正谊中学学生组织联合会，示威游行，排斥日货，王世栋等人从中指挥。三是鼓励、支持学生的民主斗争。1920 年元旦，正谊中学和省立一中的学生因在大明湖演出反帝爱国新剧遭到军警的殴打，鞠思敏立即呼吁组织教职员联合会作两校学生的后盾。联合会与省政府交涉，迫使当局做出让步，承担受伤学生的医疗费用并道歉。1932 年春，当国民党省党部催逼鞠思敏开除第一乡师的进步学生时，他想方设法保护这些学生。在军阀专制独裁的政治统治下，鞠思敏、王世栋、曹兰珍等人不顾个人

① 中共泰安市委党史征集研究办公室、泰安市政协文史资料委员会：《泰山青松范明枢》，黄河出版社 1996 年版，第 66 页。

安危，或亲身参与，或大力支持学生参加抵制军阀专制、争取民主和自由的进步斗争，一定程度上打击了反动当局的嚣张气焰，推动了山东政治民主运动的发展。

他们推动了新文化在山东的传播，为发展山东文化事业作出了重大贡献。我国历史学家何干之在其所著的《近代中国启蒙运动史》中，对"新文化"作出如下解释：

> 所谓新文化，在"文化"之上，加一个新字，是指资本主义文化，不是指比资本主义低一级的封建文化，也不是指比资本主义高一级的文化。在世界历史上，资本主义文化的兴起和封建文化的没落，是反映着资本主义经济的兴起和封建经济的没落的。

普遍地认为，1915 年《青年杂志》的创刊揭开了中国新文化运动的帷幕，是中国新文化运动开始的标志。而按照何先生的理解，中国的新文化运动早在 19 世纪 40 年代后就开始了。鸦片战争后随着西学东渐的进行，西方资本主义文化大量传入中国；而中国社会各阶级、各阶层的有志之士出于本阶级利益的需要，通过翻译西方著述、创办报刊、设立学校、派遣留学生等形式，使这些异质文化在中国得到广泛传播。"中国的机械工业，是西方资本主义势力东侵以后的产物，所以张李的洋务运动、康梁的维新运动和孙中山先生的三民主义，是新旧转变期中的意识的反映，也可以说是新文化运动。"[①]

新文化的内涵在不同历史时期有所不同，大致可以"五四运动"为分界线。"五四"之前的新文化主要是反封建的资本主义上升时期的文化，宣传资产阶级的民主主义和科学思想；"五四运动"后的新文化"还包括了帝国主义时代的文化，如柏格森、罗素、杜威等人的没落的资产阶级思想"。[②]提倡民主，反对专制；提倡科学，反对愚昧；提倡白话文，反对文言文，特别是宣扬马克思列宁主义，是"五四"后新文化运动的主题。

知识分子是文化的人格代表，也是文化传播的主体。他们不但是文化的生产者和创造者，也是文化的载体和文化传播的媒介。在山东新文化传播的媒介中，王朝俊、鞠思敏、王世栋等人是重要成员。王朝俊虽

---

① 何干之：《近代中国启蒙运动史》，生活书店 1947 年版，第 85—86 页。
② 朱玉湘：《中国近现代史论丛》，山东大学出版社 2005 年版，第 247 页。

然极力推崇中国传统伦理文化，却不是守旧泥古，而是主张汲取西方的民主和科学，在此基础上对其给予时代性的改造。王世栋生平的一大功绩是提倡新文化运动，他首先在山东竖起新文化运动的大旗。五四运动期间，他与鞠思敏等人领导各自学校的学生参加，成为山东教育界响应北京五四运动的主要力量。在一师和附小任职期间，他推行白话文教学，实行男女同校，从外省聘请女教员，在社会上产生了极大影响。他的这些革新措施，得到了不少人的响应，鞠思敏就是他的一大支柱。而他实行的结果，"不久即形成一种新势力"。他们还为学生购进五四期间的新书籍，组织尚学会，宣传新文化。组织尚学会是他与鞠思敏等人提倡新文化的办法。尚学会在青年学生中产生了深远影响，为推动山东新文化运动作出了重大贡献，其介绍新文化的"文学号"风行全省各地，供不应求，"当时稍有志趣的山东青年，几乎无人不受启示。"①

他们对山东文化事业发展的贡献还表现在地方志的编写与研究上。鞠思敏在 1934 年曾受委托续修《荣成县志》。他经过多方调查访问、查阅资料，并参考其他地区的地方志，拟定荣成县续志拟例和续志目录。与原志相比，续志总纲由 10 个增至 16 个，要目由 70 条增至 123 条。他还聘请南通的袁绍昂、荣成的许俊斋等人协助编纂。至抗战前，他主持的编纂工作已经完成沿革、人物、政治、教育等 6 卷。王世栋非常关心地方志的编写。1954 年的全国人代会上，他提交了建立史志办公机构的提案，获得通过。中央成立"全国文史资料委员会"。山东则走在各省前列，首先成立"山东文史资料委员会"。1957 年，他又在《大众日报》上发表《编辑山东地方志的初步办法》的文章，为编辑山东地方志献计献策。

他们为改善山东陈旧的社会风气，推动社会教化作出了一定贡献。山东是孔孟之乡，儒学思想在这里，特别是在乡村，根深蒂固。受儒学的影响，民众思想趋于守旧，对新思想和社会变革存在普遍的抵触情绪。张默生说，山东在接受新思想方面是较为落后的省份。近代学者胡朴安先生对济南人的保守性做过精辟的阐析。他说：

> 济南人有三种特性：一曰简，二曰质，三曰重守旧……至论济南人之保守特性，则入其境即见。沿途诸苦力大抵蓄发为辫。及履衢市，入餐馆，目之所接，无往不遇垂辫广袖之徒。于此见济南人

---

① 张默生：《王大牛传》，东方书社 1947 年版，第 33—34 页。

固守旧习，不知改革之特性。其街市有三种营业，最足令人注意：其一为辫线店，高悬黑色之辫线甚多；其二为首饰铺，玻璃匣中所陈设者，大抵皆南方三十年前之古旧银器；其三为售手帕者，大方巾蓝花甚粗俗，小方绢有紫红者，有红而带黑者，亦皆南方三十年前通行之物。不意一国之内，其南北程度之相去竟若是也。尤可笑者，济南各名胜，大抵标有白纸小签，如"休息日女士游览"等语，触目皆是。此又足见济南人保守特性之深也。①

省城尚且如此，何况穷乡僻壤呢？王朝俊、范炳辰等人的活动领域主要是在农村。在这里办学，他们遇到了诸多困难，主要原因之一就是这里的守旧势力比较强大。

山东社会风气的陈腐和民众思想的守旧让王朝俊等人不安。他们意识到，只有破除思想的禁锢，改良社会风气，才能实现教育的顺利变革，才能改变社会的落后。在改良社会风气，革除陈腐观念方面，他们做了大量工作。一是向社会宣传新思想、新观念，革除不符合时代要求的封建残余。王朝俊主张人伦观要因时变革，因革损益，废弃片面礼教和婚姻丧祭等一切不合时代的痼习。王世栋在《普及教育意见书》中提醒当局注重女子教育，招收女学员，给予职业教育，通过发展女子教育，实现男女教育的平等，推进民族的解放。二是通过办学实现教育教化社会的功能。《礼记》上讲，化民成俗，其必由学。唐代学者孔颖达说，欲教化其民，成其美俗，非学不可。也就是说，教育在教化社会方面具有极其重要的作用。曹兰珍说，只有普及乡村教育，才能唤醒民众，才能实现民治。王朝俊、王世栋、范炳辰等通过招收女学生，实行男女同校、同班等教育改革，给予女子受教育的权利，改变男尊女卑的传统观念，实现男女教育地位的平等。三是以自己的家庭教育为社会树立典范。在家庭教育中，王世栋向子女灌输爱国思想，鼓励他（她）们树立远大的志向。在范炳辰的教导下，女儿不仅没有缠足，而且都接受了相当程度的教育。他们的努力，在当时守旧势力比较强大的山东，刮起不小波澜，给思想陈腐的社会吹进屡屡清新之风。

他们为改善民生，实现地方社会稳定付出了一定努力，取得了一定成效。孔子认为，"庶"、"富"和"教"是治国要解决的三个重要条件。"庶"是指要有较多劳动力；"富"是要使群众有丰足的物质生活；

---

① 胡朴安编著：《中华全国风俗志》（下），上海科学文献出版社 2008 年版，第 413 页。

"教"是使人民受到政治伦理的教育。在他看来，"庶"与"富"是"教"的先决条件。只有在此两者基础之上开展教育，才会取得社会成效。明代学者王廷相在《御民篇》中称："天下顺治在民富，天下和静在民乐，天下兴行在民趋于正。"① 民富、民乐才能安心受教，才能安于生活，社会才能稳定。

在山东农村，经济萧条，天灾人祸，民不聊生，乡民生活特别困苦。位于鲁西的曹州，"农多商少，故无巨富，若小康之家，虽有余粟，亦乏流动资财。其不足以供饔飧者，比比皆是矣"，村民一旦失去生产，"往往流为强暴"。郓城县"贫者居十分之八，富者居十分之二"。②

王朝俊、鞠思敏等人出生于农村，长期生活在农村，对农村的衰落和农民生活的艰辛有着切身的经历和体会。他们清醒地意识到，如果不设法解决乡民的生计问题，他们不但无力供应子女读书，而且还可能铤而走险，沦为匪盗，危害社会安全和稳定。王朝俊主张政教养合一、先养后教。他说，伦理化的教育就是教养化的教育。所谓教养，就是人们不明白的道理，设法让他明白；人们没有饭吃，想法给他饭吃。他认为，中国农业立国的国情决定了必须有安定和谐的家庭才能有稳定发展的社会。家庭和睦则兄弟互助、夫妇协调，分工合作，同享康乐。只有解决了生计问题，才能实现家庭的安定。否则，人们为生计所迫为盗，何谈家庭稳定，何谈社会稳定？基于这种认识，他重视实业教育，创办曹州善后局，办理草帽编等，教给农民和匪盗谋生之计。王世栋提出设立农事试验场，作为农民观摩实习之用。他又建议设立职业学校，给予乡民职业教育。范炳辰指出，中国乡村需要教育，至少应该在乡村教育中增加实业类内容。他说，中国的大量农民没有谋生技能，无法自立，导致国家长久衰弱。他在办理泰山武训小学期间，建设泰山陈列馆，内置各种植物标本等陈列物，向乡民开放，让山民到馆内参观学习，提高其农业、林业科学技术知识。经他们努力，许多农民获得了一定谋生技能，很多人弃盗从良。如一些匪盗在王朝俊创办的自新学堂习得农务、从工之技，成为造福桑梓，有益于社会的人。这对实现地方社会环境的安全和稳定具有积极意义。

他们的大半个人生都贡献给山东教育事业，为山东教育的发展做了

---

① 侯外庐等编：《王廷相哲学选集》，科学出版社 1959 年版，第 18 页。
② 林修竹编辑：《山东各县乡土调查录》，山东省长公署教育科印行 1920 年版，第 133、170 页。

大量卓有成效的工作，作出了不可磨灭的历史贡献。具体表现在：

他们推进了山东教育的近代化进程，在量，更在质上促进了它的发展，一定程度上改变了山东教育的落后局面，缩短了山东省与教育先进省份的差距。这是他们对山东教育的最大贡献。中国教育的近代化始于19世纪60年代。1861年10月，恭亲王奕䜣向清廷奏请求设立同文馆，延请教习，教授外国语言文字。奕䜣所奏立即得到清廷的允准。曾任同文馆总教习的美国传教士丁韪良认为，中国的新教育于此肇端。这一说"经受住了时间的考验"，为我国学界普遍认可。① 清末新政是中国教育近代化发展过程中的一个重要阶段，于此期间清廷颁布和施行的一系列教育改革措施，极大地推进了中国教育近代化的发展进程。新文化运动与随之而来的五四运动，促成中国前所未有的教育改革运动。一大批爱国教育家吸取和借鉴了欧美国家教育改革的具体经验，掀起了一场广泛深入的教改热潮，使中国教育近代化的历程，终于与世界教育发展的总趋势，大体上保持了同步。这是中国近代教育史上从未达到过的水平。中国教育近代化进入了一个崭新的阶段。

山东教育的近代化起步相对晚一些。19世纪80年代山东才出现新式学堂。1889年，北洋水师提督丁汝昌呈请北洋大臣李鸿章代奏，请求设立威海卫水师学堂，得清廷允准。学堂课程设置分为内堂课目和外场课目。其中，内堂课目有国文、英文、数学、物理、化学、天文、航海学、电学实验等。威海卫水师学堂是山东省最早的新式学堂，它的建立揭开了山东教育近代化的帷幕。但是，此后，山东新式学堂的创办基本处于停滞状态。戊戌变法期间，山东巡抚张汝梅曾准备筹办新式学堂，但随着维新运动的失败，他的计划成为泡影。直到清末新政时，在山东巡抚袁世凯、周馥等的主持下，新式学堂才普遍建立起来。山东教育近代化进入一个全面发展时期。清末新政时期山东的教育改革取得的两个重要成就，一是尽管封建政治体制对教育的影响仍然无处不在，但是却兴起"一种新教育制度"；② 二是培养了一批发展新式教育所急需的人才，奠定了山东教育进一步发展的人才基础。

王朝俊、鞠思敏等六人就是这些人才的杰出代表。还在求学期间，他们实际上就已经担负起破除封建残余、继续推进山东教育改革的历史使命。如鞠思敏等创办的正谊中学，就是践行新式教育理念的学校。脱

---

① 陈学恂主编：《中国教育史研究》（近代分卷），华东师范大学出版社2001年版，第33页。

② 赵承福主编：《山东教育通史》（近现代卷），山东人民出版社，第51页。

离学生生活，投身教育事业后，通过一系列强有力的改革等措施，他们大大地推进了山东教育近代化的历程：

一是筹拟山东教育发展规划，为山东教育勾勒发展蓝图。1915年，王世栋与鞠思敏外出考察回省后，草拟"山东省教育改良计划"，并提交省政府和北洋政府教育部，对改良山东教育提出构想。1916年，王世栋等拟定"山东教育行政会议提案"。1923年，他又草成"一个极其平庸的山东教育行政五年计划"。1928年，鞠思敏起草《山东教育发展规划》，建议将全省教育发展重点放在农村。尽管这些计划、提案、规划未得到当局的应有重视，但是他们的主张对指导山东教育发展具有重要的价值，而且他们在办学中实际上已经在施行其中的某些主张了。

二是创建学校，增加山东新学校的数量。王朝俊等人在教育生涯中，新建了许多学校，有公立的，也有私立的；有基础教育，也有中等教育；有女子教育，也有职业教育。据粗略估计，六人共约新建了36所各类学校或具有教育职能的机构。其中，属私立性质的有28所左右。六人中尤以王朝俊和范炳辰新建的最多，其中王朝俊创建了大约12所，范炳辰创建了8所左右。新建学校中，不乏成效显著者，在全省乃至全国都享有一定声誉，如私立正谊中学。尽管私立学校由于各种原因，最终或夭折，或归并公办，但是他们的努力扩大了民国后山东教育的总体规模，推动了山东教育量的发展。

三是锐意改革旧式教育，沉重打击了封建残余势力对教育的影响和阻挠，为山东教育带来股股清新之风，使山东教育的面貌为之一新。清末新政时期的教育改革虽然使山东教育呈现出新的面貌，但它毕竟是封建统治者自上而下进行的改革，大量的封建要素被保留下来，而这些封建要素成为阻挠教育进一步发展的主要因素。只要消除这些封建残余，教育才能摆脱桎梏，大踏步地前进。而这一重要任务，历史性地落在了王朝俊、鞠思敏等教育家的肩上。他们对山东教育进行了一次全方位的改革，这次改革是对封建残余的一个沉重打击，是对教育的一次大的解放和发展。他们的改革涉及教育观念、教学思想、教学方法、教学内容、教学环境、师资队伍等等。以教育观念的改革为例，他们给予当地社会最强烈的震撼和冲击的，莫过于倡导和实行女子教育。这里所说的女子教育，不仅仅指创办女学，招纳女子进校读书，还包括实行男女同校、男女同班与聘请女教员教学等措施。尽管早在1904年，历城知县王伯安就在济南创办男关女学，开启了晚清山东女子教育之门。但是，新政期间创建的女学"真正坚持下来的并不是很多"，① 至 1909 年时，仅存 3 所。王朝俊等人积极创办女子学校，招纳当地女子入学读书。如在王朝俊的支持和帮助下创办的彭楼女子小学、红船女子小学、桑氏女塾，范炳辰在泰安上河桥北、太天书观西南创建了女子小学，等等。与新政时期成立的女学不同的是，王朝俊等创办的女学多坐落在乡村比较偏僻的地方。这里的封建思想观念远比城镇坚固得多，而这些学校的成立无疑会对乡民的封建观念造成强大的冲击。王世栋不但倡导女学，而且还在省立第一师范附小实行男女同校和同班，聘请女教员教学。这一举动所引起的社会效应是震撼的，得到进步人士的热情欢迎与支持的同时，也遭到守旧势力疯狂地攻杵。王世栋坚持下来，并取得胜利。这一胜利是对"男女有别，古之定制"、"男女混在一起，有失道德体统"的彻底否定。他们的教育改革沉重打击了封建残余势力对教育的禁锢，为山东教育带来清新气息，使山东教育中的新元素大有增加，使教育教学在质上有了很大提高。"绪论"曾言，与教育先进省份相比，山东教育在教育观念、教学方法等方面是落后的。经王朝俊等人的一番改革，山东教育在这些方面与先进省份的差距有所缩小。

四是造就了大批教育人才，奠定了山东教育更进一步发展的人才基础。教育是通过不断地为社会输送新生力量来实现自身服务社会的目的的。王朝俊等是清末教育改革培养出的新式教育家，他们服务教育后，又培养出大批教育人才。他们的学生散布在山东各地，为山东教育的发展做出了应有的贡献。他们的学生当中对山东教育贡献最大的，当属何思源。何思源在曹州读中学期间，王朝俊、丛涟珠是他的校长。两位恩师对他的影响甚大，其道德、品行、学识和风范深深熏陶了他。1928年，他出任山东省教育厅厅长，掌管山东教育全局直到 1942 年。曾于30 年代在他的领导下工作的河北人李质君，追忆了他任厅长期间的主要工作，如整顿教育厅班子，新组建的班子人才济济，骨干人员多是本省教育界名流；组建教育设计委员会，制定教育发展规划和措施；整顿教育经费，扩大经费来源，建立保障经费独立制度，等等。李质君认为，在何任职期间，"山东的教育与河北省相比，是要先进得多"②。当然，何思源的功绩也有范炳辰、丛涟珠、鞠思敏等人的功劳。范、丛等

　　① 曹立前：《晚清山东新式学堂》，山东文艺出版社 2004 年版，第 92 页。
　　② 李质君：《何思源主持山东教育的政绩》，山东省政协文史资料委员会编：《山东文史集粹》（修订本下），中国文史出版社 1998 年版，第 387 页。

人都是设计委员会的主要成员。

　　放眼全国，王朝俊等六人的贡献也是不容小视的。这不仅仅在于山东是中国重要省份之一，而且还因为他们培养了一批为国家作出突出贡献的杰出人才，如中国共产党的创始人、中共"一大"代表王尽美，抗日殉国的名将张维中，著名学者季羡林，朱树屏，著名作家臧克家，等等。王朝俊等人对这些人的影响很大，而这些人对王朝俊等老师的印象也非常深刻。在其回忆录、自传中，常能看到他们对王朝俊等老师的深情追述。

　　总而言之，王朝俊、鞠思敏等六人从教育救国的基点出发，通过不断的探索和奋斗，为山东乃至全国作出了重大历史贡献。他们的功绩是多方面的，若仅就清末民初山东教育而言，真正推动它发展，并为以后更进一步发展奠定良好基础的正是以他们六人为代表的基层知名教育家。

参考文献

1. 朱熹：《朱文公全集》第 15 卷。

2. 王守仁：《王文成公全书》（一），商务印书馆 1933 年版。

3. 琚鑫圭等编：《中国近代教育史资料汇编》（实业教育 师范教育），上海教育出版社 1994 年版。

4. 教育部编：《第一次中国教育年鉴》，开明书店 1934 年版。

5. 中国第二历史档案馆编：《冯玉祥日记》（第 4 册），江苏古籍出版社 1992 年版。

6. 殷梦霞、李强编：《民国教育公报汇编》（第 123—124 册），北京图书馆出版社 2009 年版。

7. 山东省政府教育厅编：《山东省政府教育厅视察报告》，山东省教育厅 1931 年版。

8. 陆兴焕编：《山东省政府教育厅第一次工作报告》，文昌县教育局 1929 年版。

9. 林修竹编辑：《山东各县乡土调查录》，山东省长公署教育科印行，1920 年版。

10. 胡朴安：《中华全国风俗志》，中州古籍出版社 1990 年版。

11. 中华民国大学院编：《全国教育会议报告》，商务印书馆 1928 年版。

12. 冉昭德、陈直主编：《汉书选》，中华书局 2009 年版。

13. 司马光著，萧放、孙玉文点注：《资治通鉴》（下），中国友谊出版公司 1993 年版。

14. 梁漱溟：《中国民族自救运动之最后觉悟》，村治月刊社 1932 年版。

15. 何干之：《近代中国启蒙运动史》，生活书店 1947 年版。

16. 梁漱溟著，中国文化书院学术委员会编：《梁漱溟全集》（第 4 卷），山东人民出版社 1991 年版。

17. 梁漱溟著，中国文化书院学术委员会编：《梁漱溟全集》（第 7 卷），山东人民出版社 1993 年版。

18. 墨子著，戴红贤译注：《墨子》，书海出版社 2001 年版。

19. 邓广铭：《邓广铭全集》（第 10 卷），河北教育出版社 2005 年版。

20. 陶行知著，江苏省陶行知教育思想研究会、南京晓庄师范陶行知研究室编：《陶行知文集》，江苏人民出版社 1981 年版。

21. 孙中山著，广东省社会科学院历史研究室编：《孙中山全集》（第 1 卷），中华书局 1981 年版。

22. 郑观应：《盛世危言》，蓝天出版社 1999 年版。

23. 吴伯箫：《烟尘集》，上海文艺出版社 1979 年版。

24. 马宽亮编：《何思源文集》（第 2 卷），北京出版社 2006 年版。

25. 侯外庐等编：《王廷相哲学选集》，科学出版社 1959 年版。

26. 周建人：《性教育》，商务印书馆 1932 年版。

27. 山东大学校史编写组：《山东大学校史资料》（第 5 期）1983 年版。

28. 鄄城县政协文史资料委员会：《鄄城文史资料》（第 4 辑　纪念辛亥革命八十周年），鄄城县政协文史资料委员会 1991 年版。

29. 政协山东省郓城县委员会文史科：《郓城文史资料》（第 3 辑），政协山东省郓城县委员会文史科 1988 年版。

30. 山东省政协文史资料委员会编：《山东文史资料选辑》（第 30—31 辑），山东人民出版社 1991 年版。

31. 政协齐河县文史资料委员会编：《齐河文史资料》（第 4 辑），政协齐河县文史资料委员会 1996 年版。

32. 中国史学会济南分会：《山东近代史资料》（第 2 分册），山东人民出版社 1958 年版。

33. 泰安市郊区政协文史资料研究委员会：《文史资料选辑》（第 4 辑），泰安市郊区政协文史资料研究委员会 1984 年版。

34. 山东省政协文史资料委员会：《山东文史集粹》（教育卷），山东人民出版社 1993 年版。

35. 菏泽市政协文史资料委员会：《菏泽文史资料》（第 2 辑），菏泽市政协文史资料委员会 1990 年版。

36. 山东省政协文史资料委员会编：《山东文史集粹》（修订本　下集），中国文史出版社 1998 年版。

37. 政协山东省临沂县委员会文史资料研究委员会：《临沂文史资料》（第4辑），临沂县委员会文史资料研究委员会1988年版。

38. 泰安市委员会文史资料研究委员会：《泰安文史资料》（第2辑），泰安市委员会文史资料研究委员会1987年版。

39. 张春常、李秋毅：《济南师范学校百年史》，齐鲁书社2002年版。

40. 赵承福：《山东教育通史》（近代卷），山东人民出版社2001年版。

41. 李涛主编，济南市政协文史资料委员会编：《文化名人与济南》，黄河出版社2002年版。

42. 济南市政协文史资料委员会、济南市教育委员会：《解放前济南的学校》，济南出版社1991年版。

43. 伟俊主编：《民国山东史》，山东人民出版社1995年版。

44. 中共菏泽地委党史资料征集研究委员会编：《鲁西南革命斗争故事选》（上），山东大学出版社1991年版。

45. 山东省济南师范学校编：《山东省济南师范学校校史——光辉的里程》，山东省济南师范学校1992年版。

46. 中共济南市委党史研究室编：《济南党史研究》（第1辑）2006年版。

47. 李经野：《曲阜县志》（1—2），台湾成文出版社1968年版。

48. 中共曲阜市党史研究室编：《中国共产党曲阜市历史大事记》（1919.5—1996.12），中共党史出版社1998年版。

49. 张福山主编，济南市史志编纂委员会编：《济南市志》（6），中华书局1997年版。

50. 李钟善等总主编，徐兴文、陈纪周主编：《师范群英光耀中华》（第7卷上），陕西人民教育出版社1993年版。

51. 察应坤、邵瑞著：《王鸿一传略》，黄河出版社2003年版。

52. 周邦道：《近代教育先进传略》（初集），中国文化大学出版部1981年版。

53. 王恒：《王祝晨传》，吉林人民出版社2004年版。

54. 菏泽市牡丹区政协文史资料委员会编：《桑圣耀纪念文集》，菏泽市牡丹区政协文史资料委员会，2002年版。

55. 何兹全等编：《一位诚实爱国的山东学者》，北京出版社1996年版。

56. 何兹全：《爱国一书生八十五自述》，华东师范大学出版社 1997 年版。

57. 张默生：《王大牛传》，东方书社 1947 年版。

58. 水天中编：《煦园春秋：水梓和他的家世》，中国艺苑出版社 2006 年版。

59. 季羡林：《我的求学之路》，百花文艺出版社 2002 年版。

60. 季羡林著，季羡林研究所编：《季羡林忆师友》，当代中国出版社 2006 年版。

61. 王玉琳、张鹏编著：《泰山青松范明枢》，中共党史出版社 2005 年版。

62. 中共泰安市委党史征集研究办公室、泰安市政协文史资料委员会编：《泰山青松范明枢》，黄河出版社 1996 年版。

63. 泰安市政协文史资料委员会：《革命老人范明枢》，泰安市政协文史资料委员会 1991 年版。

64. 张默生：《默僧自述》，济东印书社 1948 年版。

65. 王强、马亮宽：《何思源：宦海沉浮一书生》，天津人民出版社 1996 年版。

66. 中国水利学会主编：《张含英纪念集》，中国水利水电出版社 2003 年版。

67. 中共山东省委党史研究室、中共诸城市委编著：《王尽美传》，红旗出版社 1998 年版。

68. 王云主编：《山东巡抚》，农村读物出版社 2003 年版。

69. 朱玉湘：《中国近现代史论丛》，山东大学出版社 2005 年版。

70. 贺国庆主编：《教育史研究：观念、视野与方法——中国教育学会教育史分会第十一届学术年会论文集》，河北大学出版社 2009 年版。

71. ［英］爱德华·霍列特·卡尔著，吴柱存译：《历史是什么》，商务印书馆 1981 年版。

72. 《村治月刊》1929 年第 1 期。

73. 《村治月刊》1929 年第 2 期。

74. 《村治月刊》1930 年第 11 期。

75. 《民鸣月刊》1937 年第 6 期。

76. 《民鸣月刊》1937 年第 7 期。

77. 《东方杂志》1906 年第 3 期。

78. 《东方杂志》1904 年第 6 期。

79. 《政府公报》1915 年 3 月 3 日第 1011 号。

80. 《教育报》1913 年第 2 期。

81. 《基础教育》1936 年第 3 期。

82. 《山东教育月刊》1930 年第 3 期。

83. 《学生杂志》1925 年第 1 期。

84. 《中国学生》1937 年第 3 期。

85. 《乡村运动周刊》1937 年第 14 期。

86. 《乡村问题周刊》1933 年第 11—12 期。

87. 《顺天时报》宣统三年九月。

88. 马德坤：《王祝晨教育思想研究》，山东大学 2007 年硕士学位论文。

89. 马德坤：《王祝晨教育改革思想的当代借鉴》，《人民论坛》2011 年第 17 期。

90. 宋思伟、刘振佳：《古代士君子儒中国近现代的人格蜕变与转型：以近现代山东省著名教育家、曲阜师范学校原校长范明枢为案例》，《济宁学院学报》2009 年第 3 期。

91. 察应坤、邵瑞：《王鸿一的"村本政治"思想及其对梁漱溟的影响》，《山东师范大学学报》（人文社会科学版）2011 年第 2 期。

92. 谌耀李：《王鸿一先生荣衰录》，《菏泽师专学报》（社会科学版）1989 年第 3 期。

93. 丛禾生：《鸿泥自忆》，http：//www. congshi. net/CongArticles/ShowArticle. asp？ ArticleID = 96&Page = 1。

附录《鸿泥自忆》

原文来源于：http：//www.congshi.net/CongArticles/ShowArticle.asp?
ArticleID＝96&Page＝1。

鸿泥自忆序

人之一生，恰如雁之北乡南翔。凡所经过，辄留爪迹。他人多不注意，即偶或注意，亦只识其为过路之鸿，且爪迹印于泥土耳。而于鸿渐之艰苦，其情绪之委曲，则无由悬揣也。虽揣测焉，而亦必不尽合。唯其自忆，则虽时过境迁，而固历历如在目前，不但可以自忆，而且可以自道。余今行年六十三矣。凡以前所经历，谓之鸿泥可也。自忆而自记之，亦一有趣味事。至所记述，共分四阶段。二十八岁以前事，为第一阶段。二十九岁至三十九岁，为第二阶段。四十岁至五十三岁，为第三阶段。五十四岁以后，为第四阶段。分年叙事，并以诗歌联文，达其余情焉。

中华民国二十六年，旧历丁丑元旦，潜齐禾生氏自序。

先代志略

丛氏一族，起自文登。文登有丛氏族葬老茔二。柳林其一也。最古，在县北五十里之群山中。据茔内碑刻世系并序，谓先世原姓金氏，汉金大将军敬侯日磾裔，避曹魏乱，於黄初元年来。初居威海长峰村一带，地处丛山中，因以丛为姓。且名其山曰丛家岘。而碑刻世系，因宋末金元之乱，必有一二世失考，与今族谱世系，不能衔接。惟族谱所载，始祖讳德佑，二世祖讳世通，三世祖讳俊忠，四世祖讳实荣，皆安葬于柳林老茔（茔有墓碑家有木主）。又其一则青石岗祖茔（在文登县城东北一里之北山东南坡）。自五世以下，始皆安葬于此。五世祖讳春。业儒六世祖讳兰（明进士，仕正德嘉靖朝官至南京工部尚书。生平事迹，明史有传）。七世祖讳磐（选贡，仕明陕西昌府通判）。六世、七世祖，皆被乡人尊崇，从祀文庙内之乡贤祠。八世祖讳仲楫（岁贡，仕明山西交城县县尹）。九世祖讳思迁（明庠生职业教学）。十世祖讳雅士（明庠生，职业教学）。十一世祖讳于岱（清庠生，职业教学）。十二世祖讳进（清庠生，职业教学）。十三世祖讳廷建（清庠生，职业教学）。十四世祖讳述武（业儒，教学）。十五世祖讳式元，字只一（涟之高祖，业儒。中年后，数年在家设塾训蒙。年五十余卒）。十六世祖讳方乾字履亨（自幼学儒，年二十，父只一公殁，接父家塾训蒙，旋因家贫，衣食不给。乃赴文之南海石岛商埠，竭族长某先生，谋就商。族长以履亨公近视，谓不宜于商，乃介绍於某药店，学习医药。然公以医理玄妙，难精，易于误伤人命。唯制药则成法可守，负责较轻，习之。学成后，即回城，在东关自设药铺，曰敬义堂。只售药而不行医。年七十余殁）。十七世即涟之祖父（详后宣统元年先大父事略）。

壬寅光绪二十八年，二十八岁，五月初八日，妻荣氏病故。六月，与章字山村陈姓女温其订婚。八月，以廪生赴省应庚子辛丑科乡试不第，遂投考师范科被录。族弟珨珠亦被录，十月同赴济南入山东省立师范馆，是科共考取师范生二百余名，分送保定、北京及日本三处入学，以储各府县中小学及师范传习所师资。先送北京京师大学堂若干人，余在省贡院设临时师范馆，调剂诸生入馆，候明年选送。有国文算学二门功课，学生均系官费，待遇甚优，东抚周馥，特派候补道方燕年，赴日本弘文学院院长嘉纳治五郎，接洽送学生事。故在济南渡岁，是年秋，姊丈陈病故。

右二十八岁以前，在吾之年谱，为第一阶段。以前二十余年事，关于家庭者多，暂不欲披露，故以此年起。

癸卯光绪二十九年，二十九岁。三月，方燕年自日本回。遂与大学堂兼师范馆总办陈恩涛，挑选赴日留学生五十四名。余五十余名送保定（丁惟汾在内）。计送日本长期留学生，綦衍麟、丛涟珠、珨珠等十三人，外有自费生一人邱天柱。速成师范生四十人。仍以方燕年为留学监督，带领东渡。余与珨珠，即于启行前，请假回籍省亲。四月余续娶陈氏。经辛壬癸甲四日，即由烟台登轮赴上海，随同监督东渡。方监督在济启行时，曾由山东省库支出学生治装费，以每人银百两之数。即在上海为诸生治装，单夹中国服与被褥手巾等，丝绵参半。六月初，由神户下船，换火车赴东京。即入宏文学院。

甲辰光绪三十年，三十岁，仍在日本东京宏文学院留学。四月，师范同学高著元等四十人毕业随方监督回国。是年日，俄国交决裂，遂开战。日皇卫兵至东京出发，民众热烈钱送，人人有死敌之心。日本人军国教育精神，可见一斑。日俄战争日军胜利号外志感：

　　号外声兼号外铃，随风响彻五轩町（宏文学院所在地町名）。车夫道左争传看，万岁高呼不忍听（日本教育普及，苦力人等，皆能阅报）。

其二

　　血肉拼将旅顺争，竞传广濑（海军中佐，曾为余所练习柔道馆中教师。是役日人攻旅顺，俄人守之甚固，而广濑发令于其军舰，犯死直入，炮击舰沉，仍填海死者数百人，后者继入，遂登岸占旅顺，而日胜俄败之势以定）似田横。全船战士填沧海，博得倭邦神社名（日本东京，有靖国神社。内陈为国战死将士画像及战利品。天皇春秋两祭，战死者之家族，亦与祭焉。其国人深以为荣。故尚武精神特盛）。

　　乙巳光绪三十一年，三十一岁。六月，宏文学院普通科毕业除徐树人留日候考大学外，余皆回国，到省就职。先是送日送保师范速成毕业后，即由山东学务处，派赴各县官立小学堂充教员兼师范传习所教员。如王鸿一回国后，即派充菏泽县官立小学堂充教员，兼师范传习所教员。至是，山东学务处，又将山东百七县，分为十四路，每一路派查学员一人，即以留日普通毕业生任之。不足之数，暂由旧时一榜两榜及第人员代充。以故同学回国，皆到省就查学委员职。而师范学堂总办方燕年（回国后巡抚委充是职），禀留綦衍麟与余，充师范学堂东文教员。惟余在日本时，即发生一种思想，以为欲建立新国家，必先培养人才，而国家官费学生，究属有限，唯一妙法，即有资产之家，自费遣子弟出洋留学。即欲毕业回国，在登州各属劝导，以立其基。毕业两月前恳同乡留日进士莱阳王葵若、宁海（海牟平）曲荔齐及其他黄县丁佛言等，写信与各县绅富之有力者，为我介绍，请其帮同劝导。又以四十余元集存之款，购买标本图书等，凡可表见文明教育一斑者若干份。拟所到之处，作为赠品，以新人之耳目，又特托曲荔齐，请其同科状元赴日留学之夏全和（是年清廷派进士馆新科进士同赴日本，学习政治）为我写扇一把。拟赴各县时，即持此扇，以欢动之，知出外留学之有益也。及回国后，先到烟台，谒见渔业公司决办王季樵先生①，说明己志。王甚

---

　　① "决办"应为"总办"。王季樵即王锡蕃，山东黄县人（今龙口市），进士，户部侍郎，因参与戊戌变法被革职。1904年秋，山东巡抚周馥以山东沿海渔产多系小本营生，渔利渐被外人所得，迭饬省农工商局督率官商设立渔业公司。省农工商局咨准周馥聘请王锡蕃总办登莱二府渔业公司。1905年，王锡蕃在烟台创办山东渔业公司，自任总办。

为嘉许（王系清翰林，曾主考福建，后官至礼部右侍郎。德宗锐意变
法，命京官三品以上大员，保护明通进务人才。王遂保其主考福建时所
中举人林旭，即六君子之一，后慈禧太后，推翻新政，诛六君子，即戊
戌政变。王亦坐保林旭挂误罪，革职在籍。王与山东巡抚杨士骧为进士
同年，故与以此职）且曰，杨抚台东巡见面时，亦曾发此思想，但余无
暇作此，今汝愿实行劝导，甚好，然恐至各县时呼应不灵。吾愿以一臂
之力相助。即由伊往见东海关道何秋辇，请其为我分函各县知事，招待
帮办。王亦函致各知县介绍。因此劝导自费出洋留学之举果发生效力。
自七月至九月，余周游登州府属十州县，并于院考时赴登州府劝导，终
得八十三人情愿自费出洋留学。内并有半官费生二十余人（当时日本留
学用费，年不过三百元。半官费者，由县官款助一百五十元）。九月杪，
同于烟台登轮，赴日本东京。此事禀报巡抚时，并于自费生中，为女生
马秋仪（谢鸿寿之妻）、幼生孙某及弟汝珠三人，请给官费，立经批
准。余乃赴省就师范学堂东文教员职。月薪库平银肆拾两，始得粗备甘
旨，奉养祖父父母矣。十二月，山东巡抚杨士骧，委余充登州府各县劝
学员，劝办公立私立学校。是年，孙逸仙先生（即中山先生）在日本
东京，改组同盟会，留学生纷纷加入。日政府准中国政府国书，令各校
取缔，激起风潮，留学生回国，作革命运动者甚多。徐君镜心、谢君洪
涛、陈君命官等，同回烟台创立东牟公学。邀余赞助，亦为募集捐款一
千余两。翌年正月，公学成立。并约湖南同志胡瑛来充教员。

　　丙午光绪三十二年，三十二岁。在登州各县劝办小学及私塾改良。
计共添设小学十余处，师范两处，皆私立者。海阳岠隅院，庙产甚富，
亦提办高初等小学一处。六月，蒙山东提学使连甲，调充学务公所省视
学。辞，请仍赴日本留学，核准。七月东渡，入早稻田大学专门部政治
经济科。冬十月，孙逸仙先生，复来东京。一日，余路遇胡君瑛，伊遂
邀余同赴孙先生寓所，介绍相见。即加入小组革命会议。在座者有黄克
强、章太炎、胡汉民等人。黄克强，并引余入别室，造山东同志通信密
电码。至午，孙先生留用午餐，开饭一桌，孙先生为主自陪。十二月，
仍被山东提学司电调回国，充省视学。盖准同乡留日生禀请也。时余弟
汝珠、族弟琯珠、琪珠，皆在东京留学。琪珠亦官费生，余为请准者。
故同乡既以义务望余，不得不归国肩任。上年，姊太病故。遗子庆和，
茕茕气无依，令入县立小学，不便，乃送入黄县龙口近村，王君厚庵所
创办之育英学堂肄业。又为遂九季父，请准官费，入登州府立师范学
堂。时季父已考取邑庠生员。

　　丁未光绪三十三年，三十三岁。正月，赴省就省视学事。陈甥庆和来省，令入省立工艺传习所学习织业。以甥年已十五，应谋自立生活故也。三月，赴登州区查学。为弟汝珠婚事，以亲命为决议订婚於荣成孟家庄梁姓女。因梁姓为荣成世家，其女必知妇道，庶成婚后，必能宜室宜家也。

　　戊申光绪三十四年，三十四岁。正月，弟汝珠娶妇梁氏。鼓乐灯彩，郑重举行。亦以博亲欢也。四月，妻陈赴济就医，住城内孟家胡同。内弟陈星朗，自正月来省，我教以国文，及普通常识。至是令接其姊来，并令在寓照料一切家事，有暇，即教以学，甚努力，故虽年已及冠而学至三年，竟能写信记账算账，有高小优等毕业程度。秋，余赴武定区查学。及秋末冬初，清德宗崩。不数日，慈禧太后亦崩。溥仪即位，甚幼。其父伦贝勒摄行政事。而清运益衰矣。

　　己酉宣统元年，三十五岁。正月，祖父病故，享寿八十四岁。五七，安葬於青石岗祖茔。葬仪酌用士礼（文俗因丛刘于毕等族，皆有官至卿大夫者，故其后虽已无卿大夫之职，然而旧习相沿，苟家道稍富，葬亲仍用卿大夫礼，甚至他姓从无有官职者，亦皆用之。成为风气。即大门对面，席札高大之棚，内设牌伞等仪仗。照壁上画贪狼，形似麟，足踏八宝。照壁左右，高搭鼓乐楼，又两侧高札辕门。自开吊至发引，须用三日，少者二日，东西鼓乐楼相间奏乐，以喇叭大锣小钹大鼓，每楼须用鼓乐手六人，至少四人。楼下尚有鼓乐手四人，击鼓吏一人，伺候吊客行礼，实属僭分。余家自高曾以上数世，即不以为然。而家境亦贫，故只用平地喜乐棚一，无照壁辕门等。头日开吊，次日发引。此次族众请用大殡办法，即大夫礼，吾与父，均以不合先人意即酌定士礼。门首竖牌坊，前席札鼓乐楼一题主礼相，延请如仪而照壁辕门等概不敢僭用。其后余葬父母，亦照此办理。亲友或非之，亦不顾虑），遵古道也。十月，妻陈生男，五日殇。冬，令弟汇珠来省学机织。

先大父事略

　　先大父讳启谟字嘉言。自幼业儒，弱冠后在本街设塾训蒙，并植菊百余盆以自娱。年三十，先曾大父抱病家居，先大父继所业，入药肆，即敬义堂。夜侍亲疾，衣被偶有沾污，洗濯烘丽，皆躬亲之。年余，曾大父病故。时先大父三男二女，男婚女嫁，用度日增，而入不敷出，渐至贫乏，又为先仲父染店赔累，负债甚多，年六十余，遂破产，自是不暖不饱者十余年。大父性和厚，笃于躬行，淡于名利，与人无争。在药肆几四十年，以素未习医，售药而不诊病。谓人命至重，不敢冒昧。然于乡人之贫病无力延医者，往往询悉病状，确有治疗把握者，赠以相当药物。曰：此药平和，效则遂愈，否亦无损。肆内有闲院，闲屋数椽。至一七集期，乡人稍相识者，辄假为休息之所，并存放物品，自院至屋，充塞无插足地。平时则城关老师耆宿，清谈消遣肆间。而于博弈饮酒，一切浪漫之行，素为先大父所不取，故此等人亦不至焉，要亦无所取怨于人。宣统元年正月，以腹泻疾，数日病故。年八十四。辛亥冬，文登光复，反动派聚众围城，惨杀新界五六十人，焚烧数家。余家幸免于难者，乡老卫护晓示之力也。是时药肆歇业已数年，先大父辞世亦三年，而没世不忘旧德，尚足以庇其家者，足见贫不为病，惟祖德不可或忘耳。

庚戌宣统二年，三十六岁，省寓移西关东流水街。令侄女毓秀，入省立女子师范附设高等小学班肄业。三月，堂弟沛珠来省，令入工艺传习所学制肥皂、洋蜡、漂白等。赴东临路查学，夏以王鸿一做媒，侄女毓秀，许字韩季和长子秀森为婚。妻陈生男，七日殇。秋末义女张秀芬来，冬，王木匠携妻子四口，赁住刘姓房东西北屋一间，王病，不能作工，无力购药且断炊。欠房主赁价二月，房主将下逐客令。余闻家人言，即令代纳房价，供王饭食，给值，令速医治，五月病愈。

辛亥宣统三年，三十七岁。先是提学使司陈以省视学宋绍唐、杜坦之及余、杨嘉干、方作霖又新补王朝后，办事认真、负责，极为信任，而各课职员，皆外省在此候补人员，多敷衍者，吾等公荐赵正印（即赵新儒，亦留日者）为总务课长，陈提学即委任之，且依为腹心。我等尤精神焕发，竭其心力，决将全省各县学务，大加整顿兴办。凡此完全出自公益心，无私毫利己杂念，所谓此心可质诸天日者。然而好事难成，夏优级师范毕业生朝考及第回省，大肆攻击。我等以退避贤路，化争为让主义，相率辞职。秋七月，余奉提学使司委充高等师范学堂监学兼伦理科教员。八月，武昌义师突起。山东革命同志，日出奔走运动响应，军界第五师协统贾聘卿及政界要人，咨议局议员等均同意，遂成立山东全省独立联合会，公举夏溥齐为会长，并推巡抚孙宝琦为山东独立临时政府都督，当场宣告独立，启用临时政府关防，出示布告各处。余与族弟瑄珠，亦被推为联合会职员（瑄珠新从日本毕业回国，故亦加入）。开会二次，各界意见不一。韩君季和谓余曰，事之成败，尚不可知，而争权之风起矣。人弃我取，教育为人所薄者，此立国基本事业，我辈当仍守素志，以身任之。勿令此界冷落也。余深以为然，即慨然以致力教育为己志，不作他念矣。联合会旋以五师统制张及藩司张广建、警察厅长聂宪藩等反对，取消。孙宝琦遂挂冠归。而是时烟台民党，以恐吓之术，举火焚渔棚、鸣炮，东海关道某大惊，仓猝登轮逃走，民党遂组织山东革命军政府，举胡瑛为都督，王葵若为民政长。文登荣成民党，亦相率请本县知县响应，伊等不敢，即请其自动退职，公举民政长，荣成为刘鉴清（优级师范毕业），文登为业珀珠（日本早稻田大学政治系毕业），并各举知识阶级知名者为佐理员，组织妥善，本可维护地方，以待新中央政府之大定。乃烟台民党，声言将行北伐。都督府派委左慰农赴文荣联络，且募集捐款。在文时，初以大贴请城关大绅，不至。左大怒，继以票传，得罪巨室甚深。而反动之机一开，遂嫁祸当地办事人不浅矣（左至文登，系十二月初九日。初十日，又赴荣成，办法亦如在文时）。十二月初十日，余自省回籍，路过烟台时，胡都督尚未来，杜某暂代。时丁惟汾、王乐平，皆在都督府充要职。余与相见时，丁惟汾固邀余同意，接福山县（距烟台十八里）民政长事，谓现任某，非同志也。余即以志在教育辞谢，伊不以为然，且曰，即请都督下委令。回寓，即有福山新界人谢某（日本留学生）与王某（军界人）代表县民欢迎。是夜有县同乡王某、曲某敦劝，谓君与珀珠，兄弟两民长为二县开新局面，何光荣也。然余性甚强，觉军政非己所长，且心恶虚荣，必以己志为守，即深夜出雇车扇子，未明己行，即王曲二人亦不知也。及至家，仅住一日。遂赴县东三十里章字山村（余外祖及岳家，皆居此村），开始实行余之教育工作（余到烟时，即往书店，购买小学教科书各种、粉笔一盒、小学生运动小旗二支，并到木匠铺，立制活页小黑板一。以上等件，合作一包，便于携带。拟回文时，即周游各乡之有私塾者，劝令改良教法，多招生徒，余为亲身实验，以示办法，盖毕业后，曾参观日本小学教法，兴趣全在脑中，必欲乘机一试为快也），即与该村塾师及学东，妥商改良私塾办法，以彼处为唱首，遂留住数日，作教法试验。适此时，已有奸人在西南乡葛吕二集一带，散布谣言，谓革命之举，全系孙文乱党所为，大逆不道。在省乱党，已经失败，解散。清军东开，已至莱州矣。我县如不驱除此辈，必有附逆连坐，洗县不测之祸（此即左烟委得罪之某劣绅所煽动者，酷哉）。乡人大为所动，遂以木牌大书"按村出人赴县，开会平乱，火速"等字。村村传递，一日夜传遍。二十一日，纠众啸聚文登城，四面包围，约有万人（皆执旧式兵器及土炮。揭庙中旌旗，敲锣击鼓。为首者骑马执令旗，以资指挥）。县政府虽名为军政分府，其实何尝有兵？不过有旧式铅子洋枪十余杆之警备队而已。琯珠又不令其开火对抗，托人出城疏通，无效。二十二日夜，琯珠潜率数人出城西走，城遂陷。伊等入城，遂就县政府成立保安围练总局，推出首领。大索党人而杀戮之。计此次死难民党，丛姓琯珠、琪珠等十人，及他姓烈士死者，五十九人。余以身在东乡，故得赴威海避之，幸免于难。然而危险万分矣。

辛亥文登党祸

不夜（文登古名）。城上奎楼（文城东南角上，有魁星楼一座，系昔周学官所倡修）倾，（楼已三十余年，工料坚实。是年春三月某日，暴风雨，楼忽倾倒。奎星铁铸像也陷于城下深池中）纷纷骇传兆大凶。是岁武昌义师起，四方响应黎元洪。鲁省独立虽取消，烟台光复及文荣。时有粗莽左烟委，酿成巨变起内讧。鼓咚咚，炮轰轰，虻氓拥聚如蜂。密密包围城四面，居高射击丰山峰（文登城四面皆靠山。丰山，在城东北二里）。可怜夜半石城陷，民长被戕尸失踪（琯珠行至城西十五里胡家庄，与从者相失，遂被乱者凶殴死。复焚其尸骨以灭迹）。渠魁飞传大索令，城乡义士一纲空。或投烈火化灰烬，或被押解总局中。天飞雪，地拆冰，裂肤堕指起朔风。赤身夜缚大堂栏，日中枪毙东城东。城边河岸白沙地，几度鲜血染猩红。亲朋环视不敢救，妻子逃散霜尘蒙。一炬烧尽华宅第，杀气上逼日贯虹。逞凶残贼将何求，百年反动后辱蒙。愚顽无知亦已矣，我欲昂首问天公。浩劫往古未前闻，何辜降此独憎憎。

壬子民国元年，三十八岁（一月一日，孙中山先生被举为中华民国第一任大总统，时尚在南京就职）。自上年十二月二十一日，闻变后，章字山村人，劝余即速逃避。余知彼等惧被余累，大惶恐也。即於日将暮时，由大街出村，北行（令众人皆见，使知无累，以安其心）。村北二里许有小山（即章字山），乃登其巅，入松林内，坐石上，俟日落昏黑，方赴山后蓝宅村，扣门入星朗之岳父黄叟家（黄久丧妻、无子），只伊孤身一人，欲在其家暂借宿一夜，次日黎明，即早北去。伊知情势紧急，立闭重门，熄灯，低声相与语，未至二十分钟，而其胞侄黄兴扣门来矣。叟不便拒绝，开门令其入，切嘱严守秘密，勿谓我等在其家。谈片刻，黄兴出。叟甫闭门，则有星朗之二兄来。请速回章子山藏匿为便，北方村村相戒严，捉秃子。危险不可行（余与星朗，皆已剪发即彼等所谓秃子也），此时回去，可不令一人知。遂从之归，小儿等已睡，遂藏密室内，次日黄叟来言，我等自伊家出未一时许，而黄兴已同数人入其室搜索，险哉！此与湖南黄克强同名也，何不良如是。时四乡搜查新界人，送县枪毙，日有所闻。余知生死有命，坦然如恒，且日以此理为星朗解释，以宽其心。直至正月三日，余曰，可以行矣（余知乡人甚重年节，此时心于过年，赴亲家拜年，搜秃必松缓），乃与星朗戴假发辫，提拜年礼物，佯为赴戚家拜年者。星朗家在村南边，伺无行人时，出门，迂道北上。仍由陈二兄陪送余等，北行二十五里，至英威海租界内之孟家庄。时如出地狱而至乐土也。在汝珠弟妇母家，住一日。次日，即赴威海码头。自客岁十二月二十一后，烟台都督府，以南京政府已成立，且知清政府亦将退让，与南京政府正在协商条件。故于文荣惨案办理松懈，迄无一兵一卒前来弹压。正月间，乃派代表在威海，与文登作乱者之代表，议解散事，反为彼等所轻视，不之听。直至正月秒，始派百余兵来文，放数排枪，乡人即鸟兽散。然而文登死难民党五十九人，已完全含冤入地下矣。噫！是时威海码头，有天足会所办之女子小学，余即为其小学教师。四月山东都督府成立（南北和议成，宣统逊位、孙将大总统职权，让于袁世凯、南京政府，亦即取消）。周自齐为山东都督。以王葵若为民政长，烟台都督府取消中条件也（其余烟台都督府职员，或他就，或归都督差委）。时王鸿一为提学使，欲委余充普通科长，余辞，遂充委会计科副科长（旋副科长改为一等科员）。时临清、寿张等县，禀请都督府，委余充该县民政长，周都督令秘书杨兆庚，取余同意，概行辞谢。盖以教育为己志，本已早定，一思惨死之诸弟，及惨死之文登诸同志，痛恨极矣，尚有何心肝做官为宦耶。王鸿一深知余志纯洁，十一月，委余充省立保姆养成所所长。遂筹划创设，正式办学校矣。冬，弟汇珠取妇李氏，族弟玉齐以余意为介绍也。弟愚弱无能，难以自立，年三十余，无与议婚者。李姓所深知。但相信余与弟，必能同苦乐而不相弃，故情愿许婚。

威海天足会女校教学

壬子春回海上游，潜形女校暂勾留。诸生请业皆闺秀，孤客望乡类楚囚。不夜城头难雪恨，大明湖畔复何求。抱关只为亲父老，富贵何心万里侯。

孪赞华臣（即琯珠兄弟三人）三弟照相放大。

自君遭惨祸，会而到何时。幸在留东日，写真小像遗（余与弟汝及琯、琪、环五人）。取来为放大，坐对忆丰姿。梦见求终渺，空将暗泪滋。

癸丑民国二年，三十九岁。春，保姆养成所成立。由山东各县保送学生百余人，共分两班，三年毕业。校址即就毛家坟（今名全胜街）之全节堂育婴堂房屋。添建讲堂及应用各室办理，即今女子师范学校之初基（余所经手建筑校舍，至今依然）。先是，余於宣统二年，查学至毛家坟街小学，其东邻全节堂屋崇宏，规模颇大。询诸小学教员某，知系藩司所管慈善事业公立机关广仁堂所设。占地十八亩，房屋数十间，内有节妇百余名，婴孩四十余名，常年款银四千余两，而办法太旧，名为慈善，实似变相监狱，甚无谓也。慨然思有以改革之，乃于查学报告内，附以条陈，请提学司转请抚部院核准，将该全节堂及育婴堂，改办保姆养成所及女小学。节妇年青者令其学习保姆，育婴堂婴孩满六岁者，令其入小学。节妇老者及照章赡养婴孩幼者。提学司罗，亦以为然。欲办未果。三年，提学司陈，分别呈准。亦因辛亥之役，暂行搁置。至是，始经着手，一切措施，惨淡经营，均称妥适，深为学界所嘉许。义女张秀芬，亦入小学。秋，雷光宇接教育司长职（即提学使司，改为教育司，归并都督府），一再邀余及范明枢，帮忙司务，且许余仍兼保姆养成所所长职，余以不受兼薪许之。遂由都督周委余充教育司第三科科长。六月，弟汝珠毕业回国，充山东法政专门学堂教员。十月，接老亲及弟妇来省。惟汇珠弟夫妇，在文登本宅。

哀族侄保范（燮臣昆弟惨死后，赞华皆无子，惟燮臣一子，名保范，政变起时，从其母毕氏逃居孟家庄梁姓戚家。余念先族叔韫石公待我之德，欲携至省城，入校求学，继其父志。不料是岁冬，竟染白喉，殇，韫石公遂绝嗣，而余亦无从报德矣）。茕茕在疚儿，相见泪如雨（元年余到孟家庄时，与其母子一见，痛哭不可仰视）。一线存生机，成器只望汝。奈何忽夭殇，地下寻乃父。数世香烟断，曾不念尔祖。"汝父仇恨深，我心已荼苦，汝祖德莫酬，何以慰肺腑。嗟嗟彼苍天，耳目何聋瞽。积善反降殃，巨奸封万户。何怪世道下，举目尽豺虎"。

以上十一年，为第二阶段。

甲寅民国三年，四十岁，三月，保姆养成所，改为省立第二女子师范学校并附设保姆班，仍以余为校长（原有第二虹桥女师，为省立第一女师校）。六月，辞教育司科长职。七月，王鸿一约余主办曹州中学（前曾改为省立第十一中学，此期始改为第六）。余以中学为造就社会中坚人才，且知虽我主办，鸿一必能以大力相助，故慨然许之，遂经鸿一呈请巡按使蔡儒楷（时山东都督府结束，改为巡按使）。委余充省立第六中学校长。八月，赴曹就职，时有学生一、二、三、四四个班，又新招五、六两班。时校中组织，悉仍鸿一前定，葛象一为学监（民国二年，本校校长，本年上期鸿一为校长即充学监，故仍旧）。楚笑轩为庶务，侯功备以英文教员兼教务，新到范明枢，为二、三班国文教员兼学监，亓养齐为第四班国文教员，余自兼第一班国文及各班修身教授。其余各同事，详菏中一览校史目（八）。各同事精神一致，进行校务。十二月，父病痰症，旋愈。资助陈甥庆和在济南府门前大街开设泰顺和杂货店。

乙卯民国四年，四十一岁，六月，第一班生毕业，作训话韵言，注重伦理，资遣毕业生年长者四名（郭锡公、赵佩川、张会仲、田正溪），入省单级师范传习所学习（先是，余到校时，见原定学监庶务，薪俸甚薄，教员兼职员者，支教员薪。而自府立中学，改为省立第十一又改为第六，经费增加，校长薪俸，定为八十元。虽兼功课，而亦嫌多寡悬殊，且因韫石族叔绝嗣，欲报德而无由，故扩大范围，默许报诸社会，乃比照教员兼职员例，如侯范，将此薪分记会计账簿，一为六十元，以之自费及寄充家费，为实支之数，一二十元，不自支用，留以助学，假定限期，以十年为度，至是鸿一提此议，作资遣单级生用，后即助升学者）。是年冬，学生自治团成立，并举行寒稽古，详菏中一览校史目（九），学生课外活动（一）。八月，父染偏枯疾，经德化医院诊治，一月即愈，次女毓明生。

感怀

余本贫家子，无力供束脩。仰赖族长德，负笈从师游。辛亥起惨案，群季原隰哀。报恩竟无主，转向社会求。四海皆兄弟，旧封古□侯（谓金日磾）。① 捐资人称善，我心反自羞。本欲得志，万间开广厦，夙愿何能酬。

丙辰民国五年，四十二岁。校内初次举行敬老会，详菏中一览校史目（九）学生课外活动（五）。第二班生毕业。夏，吴大州居正，在胶

---

① □处为"金日磾"。丛姓来源有几种说法，其中之一认为姓氏属于以地为姓，源于金姓，其依据是《池北偶谈》中的相关传说记载。汉武帝时，国势强盛，又有卫青、霍去病、李广等能征惯战的勇将，便开始大肆征讨匈奴以除外患。金日磾（mìdī）本是匈奴休屠王的太子，14岁时被霍去病所掳，后来深得汉武帝赏识，不仅被御赐以金姓，还被特封为车骑将军。武帝去世时，遗诏金日磾与霍光共同辅佐汉昭帝，金日磾尽忠职守，不敢怠惰。他的子孙后代从此累世在朝廷为官，传历七代，直至王莽篡权。汉末，金日磾的后裔金祎因为联刘反曹而被曹操杀害并株连族人，后人为避患而东迁至丛家岘（今山东文登），并在此定居下来。他们以地为氏，称丛姓，并尊金日磾为得姓始祖。

东作第二次革命举动，日人乘机扰乱济南秩序，随处放枪，居民纷纷逃避。五月，父与继母回籍，妻陈携两女来曹，赁住六中校东侯姓屋。八月，添办附设小学（八十日洪宪时期，教育部有中学附设小学令，本校既有习过单级小学师资，立即提出预算，呈请设立，故经巡按使署，批准立案开办，其他省立中学，亦有同样呈请，均已后期矣）。计自本年秋季设立小学，至民国十三年夏，奉省长公署令，小学结束停办，共计八年，小学经费，仍归中学增加一班之用，详后。民国十三年九月二十九日，庆华生。适校东大操场落成，开本城各校联合运动会，三日。

操场落成

校东有土坑，纵横八九亩。陵谷势不平，废弃年已久。利用作操场，造成经众口，无须觅雇工，操作责自负。临淄雪门翁，张仲同孝友（张雪门先生，临淄县孝廉也，为人教友，热心公益。时充本校国文教员，对于此种劳作训练，大感兴味，时师生共同抬土，张独以双肩各抬一筐，其一端则二学生各抬其一，名之曰二龙吐须）。二龙任双肩，群龙斯有首（张先生如此兴奋，于是学生皆努力工作，故成功甚速）。连锸挥汗雨，启土深且厚（如王近信掘土是也，当时即知其做事魄力厚）。或舁上满筐，如骏效奔走。经年课余功，奚容一篑苟。

亓老兴味多，种黍酿春酒（亓养齐，莱芜县孝兼也，年几六旬，饶有大趣，操场将台乃伊率学生用板筑旧法筑成，所谓筑之登登，削屡平平也。及大坑初平即全种以黍。亓老亲手煮糜酿黄酒数瓮，及年节时，师生痛饮以尽其欢焉）。师生饮无量，欢呼旨且有。是秋广场成，坦平形长方。亓老倡筑台，我武资维扬。纪功拟刻石，终焉卜允臧。全城校联会，运动兴尤长。适我初生子，愚公志可偿。欢腾历三日，祝此寿无疆。

丁巳民国六年，四十三岁，春，本校初次举行追远会。详菏中一览校史目（九），学生课外活动（五）。夏，第三、四班生毕业。六月，发嫁侄女毓秀於韩门，秀森亲迎如仪。弟汇珠携妇李氏，借居章字山母舅荣姓家，弟愚弱无能，不足以应家务，不得已，令异居于此，为购田数亩，令自耕食，随时到家省亲（直至十五年，父年甚高，且弟自居，亦至无力治此小家庭，乃又托亲族，强劝其夫妇回家）。冬，曹寓侯姓屋卖於孔姓，妻陈移住校前土地祠南院屋。十二月，陈文林内兄来。是年秋，余患痢疾。

吊时樾生（时君克荫，字樾生，同留学日本，又在省城师范学堂同事，因与监督方燕年意见不合，方向巡抚杨言之，于是余与时君，同被委为府劝学员，余在登州，时在曹州，丁巳年十二月，余与时君家属住同院，时君已故於湖北监利县县长任中，故作此诗以吊之）。

忆昔东游回，师校同供职。多拂监督意，抚院降札饬。同委劝学员，东西各分翼。嗣我长六中，君宰监利邑。遭时多战争，数月无消息。君有妻与子，奉母来曹州。中心多疑虑，土谷神签求。签语亦云吉，一家方解尤。奈何鄂电至，应召赴玉楼。君志何慷慨，直堪吞五洲。胡乘黄鹤去，白云空悠悠。成功知有命，奚在人营谋。

戊午民国七年，四十四岁。学校成立心学会，以及各科研究会。详菏中一览校史目（九），学生课外活动（三）。二月，妻陈携眷回省，赁住三和街卜姓屋。曹州土匪猖獗，镇署邵营长为所擒杀，攻破曹县濮县城，清翰林徐继孺在籍被戕，本城亦一日数惊。六月，第五班学生毕业。七月回省，在济南医院治痢疾，月余始愈。数日后，赴北京教育部，参加中等教育会议，暇与鸿一往访蔡元培、李煜瀛、胡适等，询以教育主张。时伊等正倾向于欧化新思潮，而于我国固有文化之可以自信者，似皆鄙弃之，若不足重轻者。以是意见不合，窃以为教育名流，亦徒负盛名耳，真谛必不如是之浅也。乃与鸿一及诸同事商订教育宗旨，不敢苟同於时论。八月末，又赴南京、无锡、南通、上海等处，参观学校及工厂。

过无锡东林书院谒杨龟山先生祠

圣学千秋乱小儒，狂澜力挽赖程朱。先生南宋肩承启，遗庙东林存步趋，恶蜀潮流今更险，颠危世道孰来扶，当门定脚乾坤老，日月常新焉可诬。

已未民国八年，四十五岁，春，学校成立励农会。详菏中一览校史目（九），学生课外活动（五）。夏，学生自治团，开第一次支部代表大会。详菏中一览校史目（九），学生课外活动（一）。六月，第六、七班学生毕业。侄女毓秀，毕业省立女子师范学校（旧制四年毕业，计自宣统二年春入小学，至是已十年矣）。

慰亡兄（兄湘珠，自清甲午年故后，吾只为兄悲，今侄女成人，而嫁而毕业，吾始破啼为笑，故慰之）。

忆汝昏绝时，目光注弱女。颠连又几年，终得与余处。读书十年成，论婚室又巨。地下且笑乐，勿复更酸楚。

庚申民国九年，四十六岁。三女毓昭，生。六月，第八、九班生毕业。夏回籍省亲。内侄陈德昭，来曹入小学。九月，痢疾又犯，济南医院诊治三星期，无效，留日同班友陈金生（即陈宪镕），时充山东省立医院院长，为余诊治，服药四星期，痊愈。

金生医学

学医有心得，吾友本天才。胸怀洒落，相见笑颜开。三渡扶桑去，五易寒暑回。学成窥症结，妙用自心裁。世俗炫欧美，对此或疑猜。余时病痢久，屡试百药乘。痛苦为君言，君言亦易哉。对症试奇方，二竖不为灾。频年访国手，每觉意徘徊。谁知古和缓，乃是同岑苔。

辛酉民国十年，四十七岁。三月，给资陈甥庆和回籍娶妻刘氏。弟汝珠，续娶弟妇梁氏，汝弟元配梁氏，於去岁七月病故，兹所续者，仍其堂妹也，夏，第十、十一班生毕业，新生招至二十（一、二、三）三班，校舍不敷，二十三班，乃在文庙设分院，并令楚君宝卿住分院，以便管理。是年，全校学生十二班，小学三班。

慰亡姊

姊故二十年，汝目定不瞑。身亡夫又死，幼子苦零丁。杕杜伤无仁欠，谁与成家庭。嗟我十龄时，与姊同无母。我不抚汝儿，忍令姊无后。读书能工商，今又为娶妇。庶见子生孙（陈甥娶妇后，即偕妇来省与同营商，颇足自给，甥妇刘连生四子，民国二十四年长子汝霖已入市立中学肄业，次子亦入小学）。为姊荐春韭。地下如有知，转悲为喜否。

壬戌民国十一年，四十八岁。四月，鸿一特约北大讲师梁漱溟先生来校演讲东方文化。夏，第十（二、三）班生毕业。学生自治团，开第二次支部代表大会。秋，第十四、五、六、七班学生，始行分科。计文科二班，理科一班，师范一班（时教育部令有分科制，且地方需用小学师资，故令学生随意自定）。是年，学生共十四班，二十六、七两班，在文庙分院。

美梁先生漱溟

欧美来风雨，后生辄醉迷。焉知霸术陋，肆口毁仲尼。惜无孟叟辩，横议任猖狻。南海梁生者，文化究中西。历下初演讲，入耳辄心怡。金玉惠南华，妙绪尤纷披。具此五丁力，庶勉歧路歧。

癸亥民国十二年，四十九岁。春，梁漱溟赴陈坡读书（梁对亚三为人，甚为感报，且欲实地观察乡村情形，故有此举）。夏，来校演讲，设讲席於槐坛（当时常以此与礼堂，同为演讲重地）。第十四、五、

六、七班生毕业，义女张秀芬，女子师范毕业，资送赴北京投考师范大学，未取，令入补习科。

槐坛

古槐连抱上参天，历劫心空不计年。晚有北楼依树起（楼系前清府署时物。何时建筑，不知其年），焚香展拜奉槐仙。礼堂改建留余地（自民国废府，即以此署全地址归中学，当时以楼改作礼堂，而人数增多礼堂须更扩大，佥议将后墙向外开大，而余不忍伐此古树，故指挥匠人将左右后墙外开，中一间后墙则以槐下为限。内缩二三尺，为保存老槐也，并为培土筑台，台下四周，约以半圆形之坛围护之，即槐坛），犹幸勿伐天年延。筑坛其下说诗礼，洙泗遗泽流涓涓。是谁传来北鄙声，礼义诟病功利先。从兹槐坛顿冷落，花坛却筑大门前。炎炎大言满墙壁，虚堂镇日少诵弦。吁嗟乎，古槐无心心自远，只愁花好不常妍。

甲子民国十三年，五十岁。四女毓融，生。夏，第十八、九、二十班生毕业。小学第四、五班生毕业，奉省长公署令，小学停办，乃呈请就原有小学经费，改添中学一班（自本校成立小学后，其他省立中学，因不能设立，常以六中亦当停办小学为词，不然，他中学亦可援例设立，至此教育课——自三年下期，司改为课——公事上无法应付，幸课内有老股员徐方平，系余在教育司时同事即与切商此款不提走办法，伊云，只可改办中学一班，且许以批准。于是小学虽停，而此款仍在，且随中学一班经费数，逐有增加，直到二十四年七级五班毕业后，始经教育厅命令减此班经费矣，惜哉）。秋，添办高中两班，请梁漱溟先生来充主任（盖从王鸿一先生议也）。重华学院，亦于是年成立，经费另有地方款，即曹州河南八县摊捐（鸿一所筹）。王近信留美回国，留充高中教员。冬，犯喉症，马子斌先生医治，七日愈。学生自治团第十周期纪念。在校服务同学，为余画像装镜，存图书馆。是期寒稽古，余大兴奋，随同跑步，手执大灯笼，上书五十岁之青年。盖年虽半百，饶有春夏气也。冯芝先生来校，演讲科学，与梁先生分道扬镳。

服务旧同学为我画像志感

自我来兹土，驹光忽十年。学犹遵古道，友更爱多贤。四世旧封地，千秋新结缘。但愁此画像，师道愧冰渊。

乙丑民国十四年，五十一岁。客冬，镇署吕参谋长润齐，成立国民军第五军，响应革命军，山东督军郑士琦，几与决裂，人心惶恐。本年春，山东军务督办张宗昌，派旅长褚玉璞、毕庶澄，带兵入曹，解散国民军第五军，派吴长植为曹州镇守使。人心震恐，幸未冲突。夏，第二十一、二班生毕业，本年上期，梁先生未来，高中改组，楚宝卿充高中主任，王子鱼、张华甫充教员。七月，回籍省亲。八月行至威海，得偏枯症，幸不重，星朗内弟，送余到济南医院诊治三星期，不见效力，又赴德华医院，经科武资诊治，极有效力，服药数月，病愈。是年夏，秀芬考入北师大预科，仍令回校。冬，毓秀、毓贤、毓明、庆华回文登，为避乱也。

述病

千里还乡雨滂沱，汽车中止累奔波。又遇海风受寒湿，脑中热血涨如河。障川细管似决溃，半身无力起沉疴。幸我先天禀气厚，损伤嗜好亦无多。西医为配宁神药，服用六月体气和。方悟今生衰将至，学易如何始寡过。

丙寅民国十五年，五十二岁。正月，革命军至省城南八里洼，人心大恐，家眷借住济美中学。四月，回校，第二十三、四、五班毕业（彼等要求提前考试毕业，不准，乃至六月一日毕业）。曹州镇守使杜凤举，诱捕匪军二百余名，引至城隍庙大泽中，以机枪尽毙之，戾气甚大也。七月，回省。八月，山东教育厅长兼山东大学校长王寿彭，调余充大学附设高中主任，余以身有宿疾，且此高中，即原有四道高中合并附设，六中高中学生在内，又六中校长王许我荐人代替，故许之。乃荐委楚宝卿代理第六中学校长。计自民国三年八月来曹，至此共十二年。来时，鸿一曾约以至少十年，至是既践前言，而于六中精神关系，正有加无已也，是期将四道高中学生，合组文科五班，理科五班，余仍任课，讲经学。冬，毓秀以姑病回郓城。

丁卯民国十六年，五十三岁。三女毓昭，入正觉寺小学。三月，以喉症殇，妻陈痛极，致疾，颇重。夏，携贤明、庆华回籍，高中文科毕业二班，理科毕业一班。八月，妻陈携子女回省，高中续招文科五班，理科二班（外有机织科一班，在大学工科附设）。十月，开全省大学中等学校联合运动会。阴历十二月十五日，王寿彭辞大学校长职，闻继任校长为张宗昌自兼。余曰，斯文扫地矣，遂于二十六日，告半月假，二十七日又具呈辞高中主任职。盖此职不宜向张请辞，恐为所疑忌也。

感遇

清谨家风余独狂，有方游子久离乡，妄怀教育英才愿，却负门闾慈父望。无咎无誉空白首，避人避地几回肠，称觥正拟祝亲寿，不料春来墓祭伤。

以上十四年，为第三阶段。

我之鸿泥自忆，第三、第四阶段，从何年划分，大费思考。终以十六七两年为界，十六年为三期之终，即以十七年为第四期之始。何也？人之一生，亦如一年气候之有春夏秋冬，如三期为秋，第四期则为冬矣。秋冬之交，则草木黄落，老物休息，藏果实以待来春生机之动也，故于冬属智，於春属仁，贞下起元，理数固然，大智无所依傍凭藉，唯谦受益。故地位之崇高，享受之优厚，名声之赫濯，苟非德修道凝之群子处之，则反足以增其辱而速其死，无甯其隐逸不显也。故自十七年以后，爱我者或以吾气运衰退，今不如昔，不免为吾咨嗟者。岂知惟其如此，乃见天之不我遐弃，而曲成乎我也。盖吾生斯世，将何为乎？曰求仁而已。夫仁则在乎？其熟之矣。风霜侵剥，皆所以助其敛成，此种陶炼，真所谓求之不得者。顾反降格以求。舍嘉穀之坚好，而下侪莨稗哉！此所以随我所遇，乐天而不已也（丁丑元月十七日志）。

戊辰民国十七年，五十四岁。二月，旧历元旦，张宗昌就山东大学校长职。余即赴青岛避之。住张华甫寓，数日，新高中主任发表梁宪中。适次女毓明，染肺病甚重，余回省二日，即殁。年十四，已入高小二年级矣。正月十五后，高中梁主任，请我担任讲经（书经）。许之。遂由山大与以讲师聘书。夏历二月十七日，父病四日，故。享寿八十有五。夏历三月二十一日，安葬於青石岗祖茔。时济南则有五三惨案发生。学校发给保管费停办。时山东省政府，暂在兖州，后住泰安。何思源奉委教育厅长职，在泰安。夏，革命军北伐成功。蒋、冯、阎、李，在北平开国事集团会议。鸿一特函约余赴北平，谓与阎有成议，办一规模较大之垦殖学校，以便开发西北。乃直至阴历七月秒。阎又覆鸿一函，谓款尚无着，缓办。于是鸿一欲荐余於郁文大学，充国文教员。余慨然曰，无须，余仍回曹教学耳。鸿一大喜跃，曰，此最佳也。吾与星五在外经营农村教育计划等事，以开后进之出路。兄与亚三在内造育人才。吾辈所志济矣。此种计划，当以二十年为度，吾等不过七十余耳。至此再事息肩休养，实未晚也。即于其生辰七月二十九日，为余设酒钱行。次日，搭车南下。时亚三为重华学院长，教员未请妥。郭俊卿为第六中学校长（何厅长委）。余来任授六中国文一班，并任重华学院国文教员兼学监。旧友重逢，何快如也。教育为高尚事业，吾等志同道合，较诸前次初来，其希望之大，何可限量也。六中精神，即在同人为事而来，不拘形迹。此风自象一开之，盖先校长而后学监，知服务而已，奚论地位哉。

殇女吟

老友李华亭，有女甫十龄。宿疾忽加剧，应电济返宁。五日复来校，明珠海底倾。一夜未成寝，太息不忍听。其故无须问，我已事先经。老妻哭娇儿，日夜不住声。百千劝无效，如醉唤难醒。仓猝与远别，泣更如雨零。呜呼造物者，汝神胡不明。果为天仙谪，何赋气与形。生既十周岁，胡又戕其生。遗音留啼笑，幻影见空庭。塞聪且闭目，魂来梦里惊。谁知丧女苦，百倍囚拘图。安得无知觉，一醉如刘伶。

后　记

　　这本书是我的博士启动金项目的成果。起初原拟以我的博士学位论文《晚清地方外交研究》申请博士启动金项目，终因某些原因，未能如愿。时，我的导师，湖南师范大学历史文化学院李育民教授主持的国家出版基金项目《湖南近现代外交人物传略》正在撰写中，我参与《刘彦》一章的撰稿。受此启发，想到山东近代教育人物。经查阅已有的研究成果，发现史学界对近代山东教育人物，特别是清末民初山东知名教育家的研究甚为薄弱（当时，马德坤等所著的《民国山东四大教育家研究》尚未出版），我便将《清末民初山东知名教育家研究》定为选题。

　　撰写文稿，我遇到了诸多困难。最主要的，一是史料问题。后人研究历史无法投身前人的生活场景去亲身体验和经历，只能根据史料，重构过去的情境。没有史料，就无法研究历史；没有足够史料的支持，就无法完整地再现当时的情况，得出客观合理的结论。王朝俊等六人虽然曾撰写做一些文章，出版过少量著述，但是由于各种原因，保留下来的很少。为了搜集到第一手资料，利用工作之余，我曾到济南、临沂和菏泽市图书馆或档案馆查阅，挖掘到部分原始资料。还有一些知名的教育家，如曾是山东四大教育家之一的于丹绂，由于缺少足够史料的支持，我只好忍痛未做专章探讨。二是教育理论功底问题。尽管"教育史学的学科性质主要姓'史'而不是姓'教'"，但做教育史研究毕竟需要丰厚扎实的教育学功底。虽然数年的研究生教育为我做史学研究奠定了一定基础，但在教育学方面我几乎是空白。为做好教学和科研工作，也为能圆满地完成本书稿的撰写，自2010年参加工作以来，我丝毫未敢松懈，恶补教育学方面的知识。但是，知识的积淀是一个比较缓慢的过程。尽管我猛补了两年有余，但在本书的撰写过程中仍感觉到自己在这方面的不足，致使一些分析不够透彻，成为一大缺憾。

　　我做教育史的研究始于2010年从湖南师范大学毕业进入聊城大学

教科院从教。攻读博士学位时，我的研究方向是近代政治制度和条约制度。由条约制度转而研究中国教育史，这是一个很大的转变。在此转变过程中，时任聊城大学副校长、博士生导师李剑萍教授、教育科学学院院长于源溟教授给了我很大的、积极的帮助与指导。可以说，正是在他们的引导下，我走上教育史教学与研究之路。在教学和治学的两年里，两位教授仍不忘对我的指导和关怀，给了我前进的动力。

我的历史学研究的功底积淀于我在湖南师范大学攻读研究生学位期间。李育民教授不但传授我如何治学，更教育我如何为人。他严谨的治学态度，光明磊落的处世方式深深地影响着他的学生们。受教于他，我受益匪浅。书稿完成后，李老师抽时间审阅了文稿，提出了一些意见，并欣然为书稿作序。

书稿的撰写，还得到了聊城大学教务处副处长胡志坚教授和教育科学学院傅蕴老师的支持与帮助。他（她）们一直关注着文稿的进展，不但积极提供资料来源，而且还认真审阅了稿子，提出了一些中肯的意见和建议。我的师弟，湖南省社会主义学院谢建美博士，也审阅了部分文稿，提出了一些修改建议。

书稿能够付梓出版，得到了中国社会科学出版社的大力支持。出版社历史与考古出版中心副编审郭鹏老师对书稿的选题申报、审阅和出版做了大量工作，在此表示衷心的感谢。

雄关漫道真如铁，而今迈步从头越。做科研是艰苦的，需要研究者静下心来，心无旁骛全身心地投入进去。书稿的出版，只能是我科研之路的开始，后面的路仍很长，很艰难。但是，我愿意以此为鞭策，在科研路上求索奋进。